应用型本科院校"十三五"规划教材/经济管理类

Financial Management

财务管理

（第4版）

主　编　佟伯承　宋海涛
副主编　周广平　安慧心　张慧妍　董莉平
主　审　周　航

哈尔滨工业大学出版社
HARBIN INSTITUTE OF TECHNOLOGY PRESS

内容简介

本书作为应用型本科院校的规划教材,编者依据应用型本科人才的培养目标和服务地方经济的要求,广泛吸取以往财务管理教学和教材建设的经验,结合财务管理学科的新发展与企业财务管理的新实践,系统地阐释了企业财务管理的基本理论、内容、方法和技巧。本教材以企业财务活动为主线,以企业各项财务决策为主要内容,按照财务预测、财务决策、财务预算、财务控制、财务分析的体系框架编撰而成。全书共十二章,第一章为财务管理总论,第二章为财务管理价值观念,第三章至第八章为与筹资、投资、经营、分配有关的财务预测、财务决策,第九章为财务预算,第十章为财务控制,第十一章为财务分析,第十二章为公司并购管理。本书内容深入浅出,注重理论性与实践性的结合,突出能力导向,有很强的实用性,各章配有学习要点及目标、导入案例、小资料、本章小结、复习思考题、案例分析等内容,既注重基本理论的讲授,又突出实践能力的培养,有利于学生运用所学知识解决实际问题。

本教材可作为应用型本科院校经济类与管理类专业教材,也可作为在职人员培训教材或自学参考用书。

图书在版编目(CIP)数据

财务管理/佟伯承,宋海涛主编. —4 版. —哈尔滨:哈尔滨工业大学出版社,2018.7(2019.1 重印)
ISBN 978-7-5603-7499-4

Ⅰ.①财… Ⅱ.①佟…②宋… Ⅲ.①财务管理-高等学校-教材 Ⅳ.①F275

中国版本图书馆 CIP 数据核字(2018)第 141923 号

策划编辑	杜 燕
责任编辑	王勇钢
出版发行	哈尔滨工业大学出版社
社 址	哈尔滨市南岗区复华四道街10号 邮编150006
传 真	0451-86414749
网 址	http://hitpress.hit.edu.cn
印 刷	黑龙江艺德印刷有限责任公司
开 本	787mm×960mm 1/16 印张 19.5 字数 424 千字
版 次	2010年8月第1版 2018年7月第4版 2019年1月第2次印刷
书 号	ISBN 978-7-5603-7499-4
定 价	42.80 元

(如因印装质量问题影响阅读,我社负责调换)

《应用型本科院校"十三五"规划教材》编委会

主　任　修朋月　竺培国

副主任　王玉文　吕其诚　线恒录　李敬来

委　员　（按姓氏笔画排序）

丁福庆　于长福　马志民　王庄严　王建华
王德章　刘金祺　刘宝华　刘通学　刘福荣
关晓冬　李云波　杨玉顺　吴知丰　张幸刚
陈江波　林　艳　林文华　周方圆　姜思政
庹　莉　韩毓洁　蔡柏岩　臧玉英　霍　琳
杜　燕

序

哈尔滨工业大学出版社策划的《应用型本科院校"十三五"规划教材》即将付梓,诚可贺也。

该系列教材卷帙浩繁,凡百余种,涉及众多学科门类,定位准确,内容新颖,体系完整,实用性强,突出实践能力培养。不仅便于教师教学和学生学习,而且满足就业市场对应用型人才的迫切需求。

应用型本科院校的人才培养目标是面对现代社会生产、建设、管理、服务等一线岗位,培养能直接从事实际工作、解决具体问题、维持工作有效运行的高等应用型人才。应用型本科与研究型本科和高职高专院校在人才培养上有着明显的区别,其培养的人才特征是:①就业导向与社会需求高度吻合;②扎实的理论基础和过硬的实践能力紧密结合;③具备良好的人文素质和科学技术素质;④富于面对职业应用的创新精神。因此,应用型本科院校只有着力培养"进入角色快、业务水平高、动手能力强、综合素质好"的人才,才能在激烈的就业市场竞争中站稳脚跟。

目前国内应用型本科院校所采用的教材往往只是对理论性较强的本科院校教材的简单删减,针对性、应用性不够突出,因材施教的目的难以达到。因此亟须既有一定的理论深度又注重实践能力培养的系列教材,以满足应用型本科院校教学目标、培养方向和办学特色的需要。

哈尔滨工业大学出版社出版的《应用型本科院校"十三五"规划教材》,在选题设计思路上认真贯彻教育部关于培养适应地方、区域经济和社会发展需要的"本科应用型高级专门人才"精神,根据前黑龙江省委书记吉炳轩同志提出的关于加强应用型本科院校建设的意见,在应用型本科试点院校成功经验总结的基础上,特邀请黑龙江省9所知名的应用型本科院校的专家、学者联合编写。

本系列教材突出与办学定位、教学目标的一致性和适应性,既严格遵照学科体系的知识构成和教材编写的一般规律,又针对应用型本科人才培养目标及与之相适应的教学特点,精心设计写作体例,科学安排知识内容,围绕应用讲授理论,做到"基础知识够用、实践技能实用、专业理论管用"。同时注意适当融入新理论、新技术、新工艺、新成果,并且制作了与本书配套的PPT多媒体教学课件,形成立体化教材,供教师参考使用。

《应用型本科院校"十三五"规划教材》的编辑出版,是适应"科教兴国"战略对复合型、应用型人才的需求,是推动相对滞后的应用型本科院校教材建设的一种有益尝试,在应用型创新人才培养方面是一件具有开创意义的工作,为应用型人才的培养提供了及时、可靠、坚实的保证。

希望本系列教材在使用过程中,通过编者、作者和读者的共同努力,厚积薄发、推陈出新、细上加细、精益求精,不断丰富、不断完善、不断创新,力争成为同类教材中的精品。

第4版前言

随着企业经营环境的变化和资本市场的发展,金融市场的环境和条件、资本市场竞争的激烈程度都发生着前所未有的变化,新的管理理念层出不穷、新的融资工具和管理技术日新月异。这不仅为企业带来了新的发展机遇,同时也导致竞争的加剧和新风险的产生。面对激烈的竞争,企业要想求得生存与发展,必须重视企业的管理。由于财务管理是企业管理的重要组成部分并始终贯穿于企业管理的全过程,因此企业财务管理的水平直接影响到企业管理水平的高低,进而影响到企业经营效益的好坏。为此,拓展财务研究的深度和广度,提高企业理财能力,挖掘企业理财功能,对促进企业发展,实现企业价值最大化具有重要意义。

财务管理是组织企业财务活动、处理企业财务关系的一项经济管理工作,是利用价值形式对企业生产经营活动的管理,是企业管理的重要组成部分。我国市场经济的发展和新时代智能技术的应用以及西方国家贸易保护主义抬头的趋势,使得企业之间的竞争愈发激烈,新型的商业业态不断涌现,新业态催生了新岗位,新岗位对从业人员提出了新的更高的要求。这一切都使得财务管理的内外环境发生了极大的变化,这便要求财会人员以及其他经济管理工作者系统地学习财务管理的新理论、新方法和新技巧,提高财务决策的能力和科学化水平,优化企业和社会资源的配置,提高资源的使用效率并有效规避风险,进而不断为企业和社会创造更高价值。

财务管理是经管课程体系中一门专业基础课,我们根据应用型本科院校课程设置的实际情况,结合多年来的教学实践编写并修订了这部教材。在修订过程中,我们将新颁布的《企业会计准则》、《审计准则》、《公司法》、《证券法》、《破产法》、《税法》等相关的新知识、新内容融入书中,以培养学生专业理念,突出专业知识、基本方法和提高学生的理论联系实际的能力为出发点,对财务管理基础知识进行了系统的梳理,突出对财务管理基本理论和基本方法的阐述,以简洁明晰的语言阐明财务管理的基本概念、基本内容和基本方法,对财务管理的核心内容(筹资、投资、经营和分配等主要财务活动)进行了简洁、系统的阐释,体现了理论性、技术性和实践性的统一。使教材的难易程度与应用型本科院校学生的学习能力和培养目标相匹配,突出对学生实践能力的培养,从而不断提升财务管理专业水平、执业能力和专业创新能力。

本教材共分十二章。第一章,财务管理总论,介绍财务管理的概念、目标、原则、环节、环境等财务管理基础理论;第二章,财务管理的价值观念,阐述财务管理的两大重要基础理念——时间价值和风险价值,这两大基础观念贯穿于企业财务管理活动的始终;第三章至第八章重点阐释企业财务决策中的筹资、投资、经营和分配四项财务活动;第九章,财务预算,讲述如何将企业的预测、决策方案具体化、数量化;第十章,财务控制,阐明如何对企业的财务管理活动实施有效的监控;第十一章,财务分析,讲解如何对企业总体经营状况作出分析评价;第十二章,公司并购管理,简析并购的相关内容和风险规避策略。

  本教材由黑龙江财经学院、哈尔滨金融学院、哈尔滨广厦学院等院校的教师共同编写,由哈尔滨商业大学周航教授担任主审,由佟伯承、宋海涛担任主编,周广平、安慧心、张慧妍、董莉平担任副主编。各章的编写分工为:佟伯承负责编写第一章、第二章、第三章、第四章;宋海涛负责编写第五章、第六章、第七章;董莉平负责编写第八章;安慧心负责编写第九章;张慧妍负责编写第十章;周广平负责编写第十一章、第十二章。全书由佟伯承规划、修改及编稿。

  教材在编写过程中,参考了大量的国内外财务管理专家和学者的著作,借鉴了他们很多创造性的观点,在此,对他们表示感谢。还要感谢哈尔滨工业大学出版社的编辑及工作人员,他们在组织编写及校订本书过程中给予了大量的支持与帮助。

  由于时间和水平有限,书中难免有疏漏和不足之处,恳请各位读者批评与指正。

编 者
2018 年 6 月

目　　录

第一章　财务管理总论 ··· 1
第一节　财务管理概述 ·· 1
第二节　财务管理目标 ·· 5
第三节　财务管理原则与工作环节 ··· 11
第四节　财务管理环境 ·· 15
本章小结 ·· 19
复习思考题 ··· 20
案例分析 ·· 20

第二章　财务管理的价值观念 ·· 22
第一节　资金时间价值 ·· 23
第二节　风险与收益分析 ··· 35
本章小结 ·· 43
复习思考题 ··· 43
案例分析 ·· 44

第三章　筹资管理 ··· 45
第一节　企业筹资概述 ·· 46
第二节　权益资金筹集 ·· 55
第三节　长期负债资金筹集 ··· 62
第四节　混合筹资 ··· 71
本章小结 ·· 75
复习思考题 ··· 76
案例分析 ·· 76

第四章　资本成本和资本结构 ·· 78
第一节　资本成本 ··· 79
第二节　杠杆原理 ··· 88
第三节　资本结构 ··· 94

本章小结 ………………………………………………………… 105
　　复习思考题 ……………………………………………………… 105
　　案例分析 ………………………………………………………… 106
第五章　项目投资管理 ……………………………………………… 107
　　第一节　项目投资概述 ………………………………………… 108
　　第二节　项目投资的现金流量分析 …………………………… 111
　　第三节　项目投资决策评价指标 ……………………………… 116
　　第四节　项目投资决策评价方法 ……………………………… 124
　　本章小结 ………………………………………………………… 129
　　复习思考题 ……………………………………………………… 129
　　案例分析 ………………………………………………………… 129
第六章　证券投资管理 ……………………………………………… 132
　　第一节　证券投资概述 ………………………………………… 133
　　第二节　股票投资 ……………………………………………… 136
　　第三节　债券投资 ……………………………………………… 142
　　第四节　基金投资 ……………………………………………… 147
　　本章小结 ………………………………………………………… 150
　　复习思考题 ……………………………………………………… 151
　　案例分析 ………………………………………………………… 151
第七章　营运资金管理 ……………………………………………… 152
　　第一节　营运资金概述 ………………………………………… 153
　　第二节　现金管理 ……………………………………………… 158
　　第三节　应收账款的管理 ……………………………………… 166
　　第四节　存货管理 ……………………………………………… 175
　　第五节　流动负债的管理 ……………………………………… 181
　　本章小结 ………………………………………………………… 186
　　复习思考题 ……………………………………………………… 186
　　案例分析 ………………………………………………………… 186
第八章　收益分配管理 ……………………………………………… 188
　　第一节　收益分配概述 ………………………………………… 189
　　第二节　股利理论和企业价值 ………………………………… 191
　　第三节　股利分配政策 ………………………………………… 194

第四节　股票分割和股票回购 …………………………………… 199
　　本章小结 …………………………………………………………… 202
　　复习思考题 ………………………………………………………… 202
　　案例分析 …………………………………………………………… 203

第九章　财务预算 ……………………………………………………… 204
　　第一节　财务预算概述 …………………………………………… 204
　　第二节　财务预算的编制方法 …………………………………… 207
　　第三节　日常业务预算与特种决策预算 ………………………… 215
　　第四节　现金预算与预计的财务报表 …………………………… 219
　　本章小结 …………………………………………………………… 222
　　复习思考题 ………………………………………………………… 222
　　案例分析 …………………………………………………………… 222

第十章　财务控制 ……………………………………………………… 224
　　第一节　财务控制概述 …………………………………………… 224
　　第二节　责任中心控制 …………………………………………… 227
　　第三节　标准成本控制 …………………………………………… 232
　　第四节　作业成本管理 …………………………………………… 234
　　第五节　内部转移价格 …………………………………………… 236
　　本章小结 …………………………………………………………… 237
　　复习思考题 ………………………………………………………… 238
　　案例分析 …………………………………………………………… 238

第十一章　财务分析 …………………………………………………… 240
　　第一节　财务分析概述 …………………………………………… 241
　　第二节　财务分析方法 …………………………………………… 245
　　第三节　财务指标分析 …………………………………………… 248
　　第四节　财务综合分析 …………………………………………… 263
　　第五节　综合绩效评价 …………………………………………… 265
　　本章小结 …………………………………………………………… 268
　　复习思考题 ………………………………………………………… 269
　　案例分析 …………………………………………………………… 269

第十二章　公司并购管理 ……………………………………………… 271
　　第一节　公司并购概述 …………………………………………… 271

第二节　公司并购的运作……275
第三节　并购的风险分析……278
本章小结……279
复习思考题……280
案例分析……280

附表……282

参考文献……298

第一章 Chapter 1

财务管理总论

【学习要点及目标】

通过本章学习,要求掌握企业财务管理的概念、财务活动及其内容、财务关系及其内容;掌握企业财务管理目标的三种观点;了解财务管理的环境;了解财务管理的环节;理解财务管理的原则。

【导入案例】

如果你不打算从事企业的财务管理工作,那么为什么还要学习财务管理知识呢?

一个很好的理由是"为未来的工作而准备。"越来越多的企业正在削减经理职位,而把公司金字塔的各个层次糅合在一块,这是为了降低成本和提高劳动生产率。结果,剩下的经理的职责范围变得很宽。未来的成功经理应该是一名团队首领,他的知识和能力保证他既能在组织内纵向流动,又能横向流动,即从事复合型的工作。所以,在不久的未来,掌握基本的财务管理知识将是你工作中不可缺少的关键要素。

第一节 财务管理概述

财务管理是对财务活动和财务关系的管理。企业的财务活动是围绕资金运动开展的,并在财务活动过程中体现各种财务关系。因此,要理解财务管理的含义,首先必须弄清什么是资金和资金运动,然后进一步理解企业的主要财务活动,最后分析企业资金运动过程中体现的那些财务关系。

一、财务管理的含义

在市场经济中,企业的一切财产物资都是有价值的,都凝结着无差别的社会必要劳动,这种社会必要劳动的货币量化就是资金。资金是企业开展一切经济活动的血液和灵魂,没有资金企业就无法存在。企业资金的实质就是生产经营过程中运动着的价值。

企业的再生产过程是一个不断循环和发展变化的过程。这一过程的开始总是通过各种渠道取得资金,如投资者投入或借入资金,我们把企业取得资金的活动称为资金投入。从静态来看,企业所取得的资金总是表现为一定的财产物资,但从动态分析,企业资金总是不断从一种形态转化成另一种形态,也就是说企业的资金总是处于不断的运动之中,企业正是在资金运动中提供各种商品和服务,从而不断发展壮大。在企业再生产过程中,资金从货币形态开始,依次通过供应、生产和销售三个阶段,分别表现为不同的形态,最终又回到货币形态,这就是资金的循环。企业的资金循环是周而复始,不断重复进行的,这就是资金周转。有时,部分资金并不直接参与企业再生产过程,而投资到其他单位,成为对外投资;还有部分资金并不总是处于企业再生产过程中,而是退出企业的资金循环和周转,如上缴税费、分配利润、归还债务等,我们称之为资金退出。我们把企业资金的投入、资金循环和周转以及资金的退出等统称为企业的资金运动。资金运动是企业生产经营过程的价值方面,它以价值形式综合地反映着企业的生产经营过程。企业的资金运动,构成企业生产经营活动的一个独立方面,具有自己的运动规律,这就是企业的财务活动。企业的财务活动离不开人与人之间的经济利益关系。

一言以蔽之,企业财务是指企业在生产经营过程中客观存在的资金运动及其所体现的经济利益关系。前者称为财务活动,后者称为财务关系。

财务管理是企业组织财务活动、处理财务关系的一项综合性的管理工作。

二、财务活动

企业财务活动构成了企业财务管理的内容,就是企业组织资金运动过程中的各种经济活动,包括筹资活动、投资活动、资金营运活动和分配活动四个方面。

(一)筹资活动

筹资是指企业为了满足投资和资金营运的需要,筹集所需资金的行为。

在筹资过程中,一方面,企业需要根据战略发展的需要和投资计划来确定各个时期企业总体的筹资规模,以保证投资所需的资金;另一方面,要通过筹资渠道、筹资方式或工具的选择,合理确定筹资结构,降低筹资成本和风险,提高企业价值。

企业筹集来的资金按其来源分为两类:一是企业自有资金。自有资金也叫权益资金,在资产负债表上构成股东权益部分。筹集自有资金有向投资者吸收直接投资、发行股票、企业内部留存收益等方式。其投资者包括国家、法人、个人等。二是企业债务资金,是通过企业向银行借款、发行债券、应付款项等方式取得,在资产负债表上构成负债部分。

(二)投资活动

投资是企业根据项目资金需要投出资金的行为。企业投资可分为对内投资和对外投资两种,企业将资金用于购建固定资产、无形资产、流动资产等称为对内投资,企业将资金用于购买其他企业的股票、债券,或与其他企业联营,或投资于外部项目称为对外投资。

企业在投资过程中,必须考虑投资规模(即为确保获取最佳投资效益,企业应投入的资金数额);同时还必须通过投资方向和投资方式的选择,来确定合适的投资结构,提高投资效益、降低投资风险。

【小资料】

《圣经》中有这样一则故事:马太有三个儿子,他在临死的前一年把他们叫到床前,给他们每人100个金币,并告诉他们一年后请他们带着全部金币来到自己的病床前。一年后,三个儿子依约来到了马太的床前,大儿子辛辛苦苦自食其力,100个金币完整无缺;二儿子好逸恶劳,将100个金币花得仅剩下了3个金币;小儿子用100个金币做本钱经商,已经有两百多金币了。马太把大儿子和二儿子的金币和全部的家产都交给了小儿子,并说:让穷的更穷,富的更富吧。这就是经济学中常说的"马太效应"。

(三)资金营运活动

企业在日常生产经营活动中,会发生一系列的资金收付行为。首先,企业需要采购材料或商品,从事生产和销售活动,同时,还要支付工资和其他营业费用;其次,当企业把商品或产品售出后,便可取得收入、收回资金;最后,如果资金不能满足企业经营需要,还要采取短期借款方式来筹集所需要资金。为满足企业日常营业活动的需要而垫支的资金,称为营运资金。因企业日常经营而产生的资金收支,便是企业的资金营运活动。

在一定时期内,营运资金周转速度越快,资金的利用效果就越好,企业就可能生产出更多的产品,取得更多的收入,获取更多的利润。

企业需要确定营运资金的持有政策、合理的营运资金融资政策以及合理的营运资金管理策略,包括:现金和交易性金融资产持有计划的确定;应收账款的信用标准、信用条件和收账政策的确定;存货周期、存货数量、订货计划的制订等。

(四)分配活动

资金分配活动就是对企业取得的各种生产经营收入,依照现行的法规、制度和决议进行分配。企业资金分配的结果,表现为把企业净收入分配给职工、经营者、所有者、债权人及其他投资者和国家。如果这种分配公平合理,便能够调动各方面的积极性,增强企业凝聚力,从而有助于提高企业的生产经营业绩。反之,如果分配上有意倾斜,厚此薄彼,弄虚作假,必将严重损害企业形象,使损失方对企业失去信心。因此,企业需要依据法律的有关规定,合理确定分配规模和分配方式,确保企业取得最大的长期利益。

三、财务关系

财务关系是指企业在进行财务活动过程中与各方面所发生的经济利益关系。企业的财务关系概括起来主要包括以下几个方面。

1. 企业与投资者之间的关系

主要指企业与其投资者之间发生取得企业资本与利润分配的经济关系,是各种财务关系中最根本的关系。企业的投资者主要有国家、法人和个人等。

2. 企业与债权人之间的关系

这是指企业向债权人借入资金,并按合同的规定支付利息和归还本金所形成的经济关系。企业的债权人主要有债券持有者、贷款机构、商业信用提供者等。

3. 企业与被投资者之间的财务关系

主要是指企业与其被投资单位之间发生的投资与利润分配的关系。企业通常以购买或直接投资的形式向其他单位投资,并依据出资份额参与受资者的经营管理和利润分配。

4. 企业与债务人之间的财务关系

主要是指企业将其资金以购买债券、提供借款或商业信用等形式出借给其他单位所形成的经济关系。

5. 企业与政府之间的财务关系

这是指政府作为社会管理者,通过收缴各种税款的方式与企业形成的经济关系。这种关系体现一种强制和无偿的关系。政府无偿参与企业的利润分配,企业按照税法规定向中央政府和地方政府缴纳各种税款。

6. 企业与供货商、企业与客户之间的财务关系

主要是指企业购买供货商的商品或接受其服务,以及企业向客户销售商品或提供服务过程中形成的经济关系。

7. 企业内部各单位之间的财务关系

企业内部各职能单位和生产单位既分工又合作,共同形成一个完整的企业系统。企业内部各单位之间,相互提供产品和劳务所形成的资金结算关系,体现了企业内部各单位之间的财务关系。

8. 企业与职工之间的财务关系

主要是指企业向职工支付劳动报酬过程中所形成的经济利益关系。企业在处理这种关系时,要遵照国家有关劳动法规,充分保证劳动者的经济利益,调动员工的积极性。

四、财务管理的特点

财务管理区别于其他管理活动的特点在于,它是一种价值管理,主要利用资金、成本、收入、利润等价值指标,运用财务预测、财务决策、财务预算、财务控制、财务分析等手段来组织企业中价值的形成、实现和分配,并处理这种价值运动中的经济关系。财务管理具有很强的综合性,它涉及和影响到企业生产经营活动各方面的质量和效果,能够及时组织资金供应,有效使用资金,严格控制生产耗费,大力增加收入,合理分配收益,又能够促进企业有效开展生产经营活动,不断提高经济效益。

第二节 财务管理目标

企业是在国家宏观调控下,按照市场需求自主组织生产经营,以提高经济效益、劳动生产率和实现保值增值为目的的经济组织。企业财务管理的目标离不开企业的总目标,并受财务管理自身特点的制约。

一、企业的目标及对财务管理的要求

企业是指从事商品生产、流通或者服务活动,在法律上具有一定独立地位的盈利性经济组织。它的生存与发展必须以获得利润为基础。可见,盈利是企业的最终目标。任何企业一旦成立,就会面临竞争,并且始终处于生存与倒闭、发展与萎缩的矛盾之中。企业必须获利才能生存并不断发展。因此,企业目标可以具体细分为生存、发展和获利。

(一)生存

企业生存的"土壤"是市场。一方面,企业付出货币从市场上获取资源;另一方面,企业必须向市场提供商品或劳务换回货币。由此可见,企业在市场中生存的基本条件是:以收抵支。否则,企业将萎缩。如果企业长期亏损,扭亏无望,最终会被市场淘汰。

企业生存的另一个基本条件是到期偿债。企业为了扩大业务规模或满足经营周转的临时需要,可以对外借债。国家为了维持市场经济秩序,从法律上保证债权人的利益,要求企业到期必须偿还本金和利息。否则,就可能被债权人接管或法院判定破产。

由此可见,企业生存的威胁主要来自两个方面:一是长期亏损,它是企业终止的根本原因;另一个是不能偿还到期债务,它是企业终止的直接原因。亏损企业为了维持营运被迫进行偿债性融资,借新债还旧债,如不能扭亏为盈,迟早会因借不到钱而无法周转,从而不能偿还到期债务。

力求以收抵支和偿还到期债务的能力,减少破产的风险,使企业能够长期、稳定地生存下去,是对财务管理的第一个要求。

(二)发展

企业是在发展中求得生存的。在科技不断进步的现代经济中,产品不断更新换代,企业必须不断推出更好、更新、更受顾客欢迎的产品,才能在市场经济中立足。在竞争激烈的市场上,各个企业此消彼长、优胜劣汰。一个企业如不能发展,不能提高产品和服务的质量,不能扩大

自己的市场份额,就会被其他企业排挤出去,企业的停滞是其死亡的前奏。

企业的发展集中表现在扩大收入,扩大收入的根本途径是提高产品的质量,扩大销售的数量,这就要求不断更新设备、技术和工艺,并不断提高各种人员的素质。在市场经济中,各种资源的取得都需要付出货币,企业的发展离不开资金。因此,筹集企业发展所需要的资金,是对财务管理第二个要求。

(三) 获利

企业只有获利,才有存在的价值,建立企业的目的就是为了盈利。已经建立起来的企业,虽然有改善职工收入、改善劳动条件、扩大市场份额、提高产品质量、减少环境污染等多种目标,但盈利是最具综合能力的目标。盈利不但体现了企业出发点和归宿,而且包括其他目标的实现程度,并有助于其他目标的实现。

从财务上看,盈利就是使资产获得超过其投资的回报。在市场经济中,资金都有其成本。每项资产都是投资,都应当是生产性的,要从中获得回报。

综上所述,企业的目标是生存、发展和获利。企业的这些目标要求对财务管理完成筹措资金并有效地投放和使用资金的任务。企业的成功,在很大程度上取决于它过去和现在的财务政策。财务管理不仅与资产的获得及合理使用的决策有关,而且与企业的生产、销售管理发生直接关系。

为了实现企业管理的目标,在财务管理上应力求保持以收抵支和偿还到期债务的能力,使企业生产经营活动能继续进行下去;合法筹集企业发展所需的资金,使企业能在发展中求得生存;通过合理有效地使用资金,使企业获利来实现企业的最终目标。

二、企业财务管理目标

企业财务管理有以下几种具有代表性的目标。

(一) 利润最大化目标

利润最大化目标就是假定在投资预期收益确定的情况下,财务管理行为将朝着有利于企业利润最大化的方向发展。以追逐利润最大化作为财务管理的目标,其主要原因有三:一是人类从事生产经营活动的目的是为了创造更多的剩余产品,在商品经济条件下,剩余产品的多少可以用利润这个价值指标来衡量;二是在自由竞争的资本市场中,资本的使用权最终属于获利最多的企业;三是只有每个企业都最大限度地获得利润,整个社会的财富才可能实现最大化,从而带来社会的进步和发展。在社会主义市场经济条件下,企业作为自主经营的主体,所创利润是企业在一定期间全部收入和全部费用的差额,是按照收入与费用配比原则加以计算的。它不仅可以直接反映企业创造剩余产品的多少,而且也从一定程度上反映出企业经济效益的高低和对社会贡献的大小。同时,利润是企业补充资本、扩大经营规模的源泉。因此,以利润最大化为理财目标是有一定的道理的。

以利润最大化作为财务管理目标的缺点：

(1) 利润最大化是一个绝对数指标，没有反映创造的利润与投入资本之间的关系，因而不能科学的说明企业经济效益水平的高低，不便于在同一企业的不同时期、同一时期的不同企业之间进行比较。

(2) 利润最大化没有考虑利润实现的时间，没有考虑项目报酬的时间价值。

(3) 利润最大化没有考虑风险因素，片面最求利润最大化，可能导致企业承担过大的风险。

(4) 追求利润最大化可能导致企业经营决策中的短期行为。利润最大化往往会诱使企业只顾实现目前的最大利润，而忽视了企业的长远发展，与企业发展的战略目标相背离。

(二) 每股收益最大化目标

所有者作为企业的投资者，其投资目标是取得资本收益，具体表现为净利润与出资额或股份数(普通股)的对比关系，这种关系可以用每股收益这一指标来反映。每股收益是指归属于普通股股东的净利润与发行在外的普通股股数的比值，它的大小反映了投资者投入资本获得回报的能力。

每股收益最大化的目标将企业实现的利润额同投入的资本或股本数进行对比，能够说明企业的盈利水平，可以在不同资本规模的企业或同一企业不同期间之间进行比较，揭示其盈利水平的差异。与利润最大化目标一样，该指标仍然没有考虑资金时间价值和风险因素，也不能避免企业的短期行为，可能会导致与企业的战略目标相背离。

(三) 股东财富最大化

股东财富最大化目标是指企业财务管理活动要实现的结果是为股东带来更多的财富，在保证企业长期稳定发展的基础上使股东财富总价值达到最大。随着现代企业制度的建立，企业所有权与经营权相互分离，所有者投资企业的目的是资产保值增值，财务管理目标便由利润最大化转变为股东财富最大化。以股东财富最大化为财务管理目标，要求管理者在生产活动中选择能使未来支付给股东的利益最大且不确定性最小的方案。在上市公司，股东财富是由其所拥有的股票数量和股票的市场价格两方面决定的，在股票数量一定时，股票价格越高，股东财富也就越大。

相对于利润最大化和每股收益最大化，以股东财富最大化为财务管理目标具有以下优点：

(1) 考虑了货币时间价值和风险因素。因为股东获取财富时间的早晚和风险的高低，会对股票价格产生重要影响。

(2) 能反映投入资本与获取利润的关系。因为股票价格是对每股股份的一个标价，反映的是单位投入资本的市场价格。

(3) 在一定程度上能避免企业在追求利润上的短期行为。因为不仅目前的利润会影响股票价格，未来的利润预期也会对股票价格产生重要影响。

(4)对上市公司而言,股东财富最大化目标比较容易量化,便于奖惩和考核。

但是,以股东财富最大化作为财务管理目标也存在以下缺陷:

(1)股东财富最大化目标通常只适用于上市公司,非上市公司难以应用,因为非上市公司无法像上市公司一样随时准确获得公司股票的市场价格。

(2)过分强调股东利益,对企业其他利益相关者的利益重视不够。

(3)股票价格受多种因素影响,这些因素并非都是公司所能控制的,而把不可控因素引入理财目标很显然是不合理的。

(四)企业价值最大化目标

投资者建立企业的重要目的,在于创造尽可能多的财富。这种财富首先表现为企业的价值。企业价值就是企业的市场价值,是企业所能创造的预计未来现金流量的现值,反映了企业潜在的或预期的获利能力和成长能力。未来现金流量的现值这一概念,包含了资金的时间价值和风险价值两个方面的因素。因为未来现金流量的预测包含了不确定性和风险因素,而现金流量的现值是以资金的时间价值为基础对现金流量进行折现计算得出的。企业价值即未来现金流量的现值,用公式表示为

$$企业价值 = \sum_{i=1}^{n} \frac{企业未来年收益}{(1+贴现率)^i}$$

由于企业未来收益的不确定性,企业价值很难用该公式衡量,而只能是理论公式。对于股份公司来说,股票价格被认为是企业各方面因素的共同作用结果,可以用来衡量企业价值大小。

以企业价值最大化作为财务管理的目标,其优点主要表现在:

(1)该目标考虑了资金的时间价值和风险价值,有利于统筹安排长短期规划、合理选择投资方案、有效筹措资金、合理制订股利政策等。

(2)该目标反映了对企业资产保值增值的要求,从某种意义上说,股东财富越多,企业市场价值就越大,追求股东财富最大化的结果可促使企业资产保值或增值。

(3)该目标有利于克服管理上的片面性和短期行为。

(4)该目标有利于社会资源合理配置。社会资金通常流向企业价值最大化或股东财富最大化的企业或行业,有利于实现社会效益最大化。

以企业价值最大化作为财务管理的目标也存在以下问题:

(1)企业的价值过于理论化,不易操作。

(2)对于非股票上市企业,只有对企业进行专门的评估才能真正确定其价值。而在评估企业的资产时,由于受评估标准和评估方式的影响,这种估价不易做到客观和准确,这也导致企业价值确定的困难。

(五)相关者利益最大化

在现代企业是多边契约关系的总和的前提下,要确立科学的财务管理目标首先就要考虑哪些利益关系会对企业发展产生影响。在市场经济条件下,企业的理财主体更加细化和多元化。企业的利益相关者应当包括股东、债权人、企业经营者、商品购买者、原材料供应商、企业员工、政府等。因此,在确定企业财务管理目标时,不能忽视这些相关利益群体的利益。

相关者利益最大化目标的具体内容包括如下几个方面:

(1)强调风险与报酬的均衡,将风险限制在企业可以承受的范围内。

(2)强调股东的首要地位,并强调企业与股东之间的协调关系。

(3)强调对代理人即企业经营者的监督和控制,建立有效的激励机制以便企业战略目标的顺利实施。

(4)关心本企业一般职工的利益,创造优美和谐的工作环境和合理恰当的福利待遇,培养职工长期努力地为企业工作。

(5)不断加强与债权人的关系,培养可靠的资金供应者。

(6)关心客户的长期利益,以便保持销售收入的长期稳定增长。

(7)加强与供应商的协作,共同面对市场竞争,并注重企业形象的宣传,遵守承诺,讲究信誉。

(8)保持与政府部门的良好关系。

相关者利益最大化作为财务管理目标,具有以下优点:

(1)有利于企业长期稳定发展。

(2)体现了多赢的价值理念,有利于实现企业经济效益和社会效益的统一。

(3)这一目标本身是一个多元化、多层次的目标体系,较好地兼顾了各利益主体的利益。

(4)体现了前瞻性和可操作性的统一。

正因为如此,相关者利益最大化是现代企业财务管理的理想目标。企业应在相关者利益最大化的基础上,确立现代企业财务管理的理论体系和方法体系,并在企业实际工作中,围绕这个目标开展各项生产经营活动。

三、不同利益主体财务管理目标的矛盾与协调

企业从事财务管理活动,必然发生企业与各个方面的经济利益关系,在企业财务关系中最为重要的关系是所有者与经营者、债权人之间的关系。企业必须处理、协调好这三者之间的矛盾与利益关系。

(一)所有者与经营者的矛盾与协调

企业是所有者的企业,企业价值最大化代表了所有者的利益。现代公司制企业所有权与经营权完全分离,经营者不持有公司股票或部分持有股票,其经营的积极性就会降低,因为经

营者拼命干的所得不能全部归自己所有。经营者与所有者的主要矛盾就是经营者希望在提高企业价值和股东财富的同时,能更多地增加享受成本,而所有者和股东则希望以最小的享受成本支出带来更高的企业价值和股东财富。解决这一矛盾主要采取让经营者的报酬与绩效相联系的办法,并辅之以一定的监督措施。主要的措施有以下三种。

1. 解聘

这是一种通过所有者约束经营者的办法。所有者对经营者予以监督,如果经营者未能使企业价值达到最大,就解聘经营者,经营者害怕被解聘而被迫实现财务管理目标。

2. 接收

这是一种通过市场约束经营者的办法。如果经营者经营决策失误、经营不力,未能采取一切有效措施使企业价值提高,该公司就可能被其他公司强行接收或吞并,相应经营者也会被解聘。为此,经营者为了避免这种接收,必须采取一切措施提高股东财富和企业价值。

3. 激励

是即将经营者的报酬与其绩效挂钩,以使经营者自觉采取能提高股东财富和企业价值的措施。激励通常有两种基本方式:①"股票期权"方式。它是允许经营者以固定的价格购买一定数量的公司股票,当股票的市场价格高于固定价格时,经营者所得的报酬就越多,经营者为了获取更大的股票涨价益处,就必然主动采取能够提高股价的行动。②"绩效股"形式。它是公司运用每股收益、资产收益率等指标来评价经营者的业绩,视其业绩大小给予经营者数量不等的股票作为报酬。如果公司的经营业绩未能达到规定目标时,经营者也将部分丧失原先持有的"绩效股"。这种方式使经营者不仅为了多得"绩效股"而不断采取措施提高公司的经营业绩,而且为了使每股市价最大化,也采取各种措施使股票市价稳定上升,从而增加股东财富和企业价值。

(二)所有者与债权人的矛盾与协调

所有者的财务目标可能与债权人期望实现的目标发生矛盾。首先,所有者可能要求经营者改变举债资金的原定用途,将其用于风险更高的项目,这会增大偿债的风险,债权人的负债价值也必然会实际降低。若高风险的项目一旦成功,额外的利润就会被所有者独享,但若失败,债权人却要与所有者共同负担由此而造成的损失,这对债权人来说风险与收益是不对称的;其次,所有者或股东可能未征得现有债权人同意,而要求经营者发行新债券或举借新债,致使旧债券或老债券的价值降低(因为相应的偿债风险增加)。

为协调所有者与债权人的上述矛盾,通常可采用以下方式:

(1)限制性借债,即在借款合同中加入某些限制性条款,如规定借款的用途、借款的担保条款和借款的信用条件等。

(2)收回借款或停止借款,即当债权人发现公司有侵蚀其债权价值的意图时,采取收回债权和不给予公司增加放款,从而来保护自身的权益。

除债权人外,与企业经营者有关的各方面都与企业有合同关系,都存在着利益冲突和限制条款。企业经营者若侵犯雇员、客户、供应商和所在社区的利益，都将影响企业目标的实现。所以说企业是在一系列限制条件下实现企业价值最大化的。

第三节 财务管理原则与工作环节

一、财务管理原则

财务管理原则，也称理财原则，是指人们对财务活动的共同认识。财务管理原则是企业财务管理工作必须遵循的准则，反映理财活动的内在要求。企业的财务管理活动一般应遵循以下原则：

（一）货币时间价值原则

货币时间价值原则，是指在进行财务计量时要考虑货币时间价值因素。"货币时间价值"是指货币在经过一定时间的投资和再投资后所增加的价值。货币具有时间价值的依据是货币投入市场后其数额会随着时间的延续而不断增加，这是一种普遍的经济现象。要想让投资者投入资金，市场必须给予他们一定的报酬。这种报酬包括两部分：一部分是时间价值即无风险投资的报酬；另一部分是风险价值即因为承担风险而应获得的补偿。

货币时间价值原则的首要应用是现值概念。由于现在的一笔资金与将来同等数额的资金的价值不同，因而不同时间的货币价值不能直接加减计算，需要进行折算。通常，要把不同时间的货币价值折算到"现在"这个时点或"零"时点，然后进行运算或比较。财务估值中，广泛使用现值进行价值评估。货币时间价值的另一个重要应用是"早收晚付"观念。对于不附带利息的货币收支，与其晚收不如早收，与其早付不如晚付。货币在自己手上，可以立即用于消费而不必等待将来消费，可以投资获利而无损于原来的价值，可以有效应对未预料到的支付，因此早收、晚付在经济上是有利的，但要遵循市场经济的信用原则。

货币时间价值原则在财务管理实践中得到广泛的运用。长期投资决策中净现值、净现值率、现值指数、内部收益率等各相关贴现指标的计算，都要运用货币时间价值原则；筹资决策中各种筹资方案的比较，收益分配决策中各种分配方案的比较和选择，营运资金管理中应收应付款项的管理、存货的管理等，都充分体现了货币时间价值原则在财务管理中的具体运用。

（二）企业价值最大化原则

现代财务管理的目标是企业价值最大化，它同时也是日常财务管理活动中所应遵循的基本原则。公司应将企业价值最大化的观念内在化，使其能自觉地指导企业日常的财务管理活动，保证一切财务管理活动按照价值最大化的原则进行。

现代企业制度下的公司产权关系明确，在此条件下，企业理财的初衷就是合理运用资金，使其利用效益达到最好。现代财务管理活动在某种意义上是对资金运作的专业化管理，它遵循资金运动的基本要求和规律,运用价值管理的一切方法,综合地对全部资金运动进行科学的统筹安排。在整个经营过程中,公司要严格控制各项投入、耗费和亏损,有效规划各项产出、收入和盈利,尽量使资金在系统价值观念的指导下能够最高效地运行。

财务管理应该将价值最大化的基本理念贯穿于企业经营管理的全过程当中,在财务预测与决策、编制财务计划、进行财务控制和开展财务考核与分析等各种活动中,自觉运用价值管理的有效方法和手段,促进企业高效运行,从而确保公司价值最大化目标的实现。

(三)资金合理配置原则

财务管理是对企业全部资金的管理,而资金运用的结果则形成企业各种各样的经济资源,资源之间的比例关系是否合理直接决定了资源的运用效率和效果。资金合理配置,就是要通过资金活动的组织和调节来保证各项经济资源具有最优化的结构比例关系。

企业经济资源的配置情况是资金运用的结果,同时其又是通过资金结构表现出来的。从一定时点来看,企业有各种各样的资金结构,在资金来源方面,有权益资金和债务资金的构成比例,有长期资金和短期资金的构成比例;在资金运用方面,有固定资产和流动资产的构成比例,对内投资和对外投资的构成比例,有形资产和无形资产的构成比例,货币资金和非货币资金的构成比例等。企业只有合理地安排资金结构,才能既以相对较低的成本筹集到企业发展所需要的资金,充分发挥财务杠杆效应,又使得筹资风险相对可控,进而保证在企业运行中收益增加的同时,不危及企业的财务安全。只有将有限的资金以较合理的比例配置在生产经营的各项活动和各个环节上,才能保证企业生产经营活动的顺利有效进行,进而实现企业的长远发展。

(四)风险与报酬均衡原则

企业运行的主要目的是为了获取报酬,而要获取报酬就不可避免的要承担相应的风险。因此,增加收益和有效的风险管控是财务管理的核心内容。财务活动中的风险是指获得预期财务成果的不确定性。企业要想获得收益,就不能回避风险,可以说风险中包含收益,挑战中存在机遇。风险与报酬均衡,就是指在财务管理工作中要意识到风险的存在,在财务管理过程的各个环节、各个方面,既要追求较高的报酬,又要注意规避较大的风险,不能单纯只考虑高收益,而忽视了高风险。因此,在财务管理活动中,既不能冒进地片面追求最大报酬,忽视风险的存在,也不能片面强调风险,丧失获得最大报酬的机会。

(五)利益关系协调原则

企业在财务管理活动中,同各方面的经济利益有着非常密切的关系。利益关系协调原则主要体现在分配企业的收入及财务成果方面,要协调企业与国家、投资者、债权人、经营者、职工之间的利益关系,以协调各方的利益,调动各方的积极性。有关各方经济利益的协调,是理财目标顺利实现的必不可少的条件。企业在处理各种经济利益关系时,要遵守国家法律,认真执行政策,保障有关各方应得的利益,切实做好企业的收入和财务成果的分配工作。

(六)成本效益原则

企业经营的目的是为了取得收益,而要取得收益,就必然发生成本费用。企业筹资活动中有资金成本,投资活动中有投资成本,日常经营活动中有营业成本等,企业一切成本、费用的发生,都是为了取得一定的收益。成本效益原则就是要对经济活动中的投入与产出进行比较,对经济行为的得失进行衡量,从经济上考虑成本与效益的关系,使成本与效益得到最优的结合,并坚持以效益大于成本作为财务决策的价值判断的出发点。企业进行各方面的财务决策,都应当按成本效益原则做出周密的分析。成本效益原则作为一种价值判断原则,在财务管理中具有很高的应用价值。

(七)分级分权管理原则

在规模较大的企业中,财务活动必须在统一领导的前提下实行分级分权管理。在财务管理上实行统一领导、分级分权管理,就是要按照管理物资与管理资金相结合、使用资金与管理资金相结合、管理责任与管理权限相结合的要求,合理安排企业内部各单位在资金、成本、收入等管理上的权责关系。根据分级分权管理原则,确定集权、分权模式,科学组织财务管理活动。

二、财务管理环节

财务管理环节是指财务管理工作的各个阶段,它包括财务管理的各种业务手段。财务管理的基本环节有:财务预测、财务决策、财务预算、财务控制、财务分析。这些管理环节互相配合,紧密联系,形成周而复始的财务管理循环过程,构成完整的财务管理工作体系。

(一)财务预测

财务预测是根据财务活动的历史资料,考虑现实的要求和条件,对企业未来的财务活动和财务成果作出科学的预计和测算。财务预测所采用的方法主要有两种:一是定性预测,是指企业在缺乏完整的历史资料或有关变量之间不存在较为明显的数量关系下,专业人员进行的主观判断与推测。二是定量预测,是指企业根据比较完备的资料,运用数学方法,建立数学模型,对事物的未来进行的预测。实际工作中,通常将两者结合起来进行财务预测。

财务预测环节包括以下工作步骤:

(1)明确预测对象和目的;
(2)收集和整理相关资料;
(3)建立预测模型;
(4)确定财务预测结果。

(二)财务决策

财务决策是根据企业经营战略的要求和国家宏观经济政策的要求,从提高企业经济效益的理财目标出发,在若干个可以选择的财务活动方案中,选择一个最优方案的过程。在市场经济条件下,财务管理的核心是财务决策。在财务预测基础上所进行的财务决策,是编制财务计划、进行财务控制的基础。决策的成功是最大的成功,决策的失误是最大的失误,决策关系着企业的成败兴衰。

财务决策环节包括以下一些工作步骤:
(1)确定决策目标;
(2)拟订备选方案;
(3)选择最优方案。

(三)财务预算

财务预算是根据财务战略、财务计划和各种预测信息,确定预算期内各种预算指标的过程。它是财务战略的具体化,是财务计划的分解和落实。

财务预算的方法通常包括固定预算与弹性预算、增量预算与零基预算、定期预算和滚动预算。

编制财务预算要做好以下工作:
(1)分析主客观条件,确定主要指标;
(2)安排生产要素,组织综合平衡;
(3)编制计划表格,协调各项指标。

(四)财务控制

财务控制是在生产经营活动的过程中,以计划任务和各项定额为依据,对资金的收入、支出、占用、耗费进行日常的核算,利用特定手段对各单位财务活动进行调节,以便实现计划规定的财务目标。财务控制是落实计划任务、保证计划实现的有效措施。

财务控制要适应管理定量化的需要,抓好以下几项工作:
(1)指定控制标准,分解落实责任;
(2)确定执行差异,及时消除差异;
(3)评价单位业绩,搞好考核奖惩。

(五)财务分析

财务分析是以核算资料为主要依据,对企业财务活动的过程和结果进行评价和分析的一项工作。借助于财务分析,可以掌握各项财务计划指标的完成情况,有利于改善财务预测、决策、计划工作,还可以总结经验,研究和掌握企业财务活动的规律性,不断改进企业财务管理工作。企业财务人员要通过财务分析提高业务工作水平,搞好业务工作。

进行财务分析的一般程序是:
(1)收集资料,掌握情况;
(2)指标对比,揭露矛盾;
(3)因素分析,明确责任;
(4)提出措施,改进工作。

第四节 财务管理环境

财务管理环境又称理财环境,是指对企业财务活动产生影响作用的各种外部和内部条件或因素。这些通常是财务管理人员难于改变的约束条件或因素,只能是适应它们的要求和变化。由于财务管理工作所具有的综合性和广泛性,对其产生影响和约束的因素也非常多,既包括外部环境,也包括内部环境。

外部环境是指那些对企业财务活动产生影响和约束的各种外部因素,通常包括政治环境、经济环境、法律环境以及社会文化环境等几个方面。

一、经济环境

经济环境是指影响企业财务管理活动的各种经济因素,如经济发展水平、经济周期、通货膨胀、政府的经济政策等。

1. 经济发展水平

经济发展水平制约并决定着财务管理水平的高低,经济越发达,财务管理水平也越高。同时在不同经济发展水平下,财务管理的内涵和要求也有较大差异。随着我国经济的高速发展,企业财务管理水平日益提高,财务管理内容也更加丰富,方法也更加多样化。因此,企业财务管理工作者必须积极探索与经济发展水平相适应的财务管理模式。

2. 经济周期

市场经济总是在周期性波动中运行,并依次经历萧条、复苏、繁荣和衰退四个不同阶段,这就是经济周期。而在不同阶段企业理财的方法、原则、具体措施等都会有很大差异(表1.1)。

表1.1 经济周期不同阶段的财务管理战略

复苏	繁荣	衰退	萧条
1. 增加厂房设备	1. 扩充厂房设备	1. 停止扩张	1. 建立投资标准
2. 实行长期租赁	2. 继续建立存货	2. 出售多余设备	2. 保持市场份额
3. 建立存货储备	3. 提高产品价格	3. 停产不利产品	3. 压缩管理费用
4. 开发新产品	4. 开展营销规划	4. 停止长期采购	4. 放弃次要利益
5. 增加劳动力	5. 增加劳动力	5. 削减存货	5. 削减存货
		6. 停止扩招雇员	6. 裁减雇员

在繁荣阶段企业一般会增加投资、扩大生产,而在萧条时期通常会收缩投资、加速资金回笼。另外,作为一个高水平的理财人员,总是要对经济的周期性波动做出预测,并适时调整理财策略和方法。

3. 通货膨胀

通货膨胀是指流通中的货币供应量超过商品流通所需量而引起价格普遍和持续上升的一

种经济现象。通货膨胀会引起价格不断上升,货币贬值,严重影响企业经济活动,如成本上升、商品滞销、企业资金周转困难、成本补偿不足、虚盈实亏、企业资金流失等,企业必须采用积极主动的措施来减少通货膨胀所造成的负面影响,如使用套期保值、签订长期合同等办法。

4. 政府的经济政策

我国经济体制改革的目标是建立社会主义市场经济体制,以进一步解放和发展生产力。在这个总目标的指导下,我国已经并正在进行财税体制、金融体制、外汇体制、外贸体制、计划体制、价格体制、投资体制、社会保障制度、会计准则体系等各项改革。所有这些改革措施,深刻地影响着我国的经济生活,也深刻地影响着我国企业的发展和财务活动的运行。如金融政策中货币的发行量、信贷规模都能影响企业投资的资金来源和投资的预期收益;财税政策会影响企业的资金结构和投资项目的选择等;价格政策能影响资金的投向和投资的回收期及预期收益;会计准则的改革会影响会计要素的确认和计量,进而对企业财务活动的事前预测、决策以及事后的评价产生影响等。可见,经济政策对企业财务的影响是非常大的,这就要求企业财务人员必须把握经济政策,更好地为企业的经营理财活动服务。

二、法律环境

法律环境对企业的影响是多方面的,影响范围包括企业组织形式、公司治理结构、投融资活动、日常经营、收益分配等。《公司法》规定,企业可以采用独资、合伙、公司制等企业组织形式。企业组织形式不同,业主(股东)权利责任、企业投融资、收益分配、纳税、信息披露等不同,公司治理结构也就不同。影响企业理财活动的法律规范很多,主要包括以下三个方面。

1. 企业组织法规

企业组织必须依法设立。企业通过依法设立,才能取得相应的法人地位,获得合法身份,得到国家法律的认可和保护。组建不同的企业,需要依照不同的法律规范。我国的企业组织法律规范主要包括:《公司法》、《全民所有制工业企业法》、《个人独资企业法》、《中外合资经营企业法》、《中外合作经营企业法》、《外资企业法》等。这些法律法规对各种不同类型企业设立、组织结构、活动需求等方面分别作出了细致全面的规定,既是企业的组织法,又是企业的行为法,企业除筹资、设立以外,投资经营以及变更或终止等经营活动都必须依法进行,否则就要受到法律的制裁。

2. 税务法规

企业应依法纳税。税收是国家财政收入的重要保证,但税金对企业来说是一项费用,会增大企业的现金流出。因此,税务法规对企业理财活动有着重要的影响。税务法规主要包括所得税的法规、流转税的法规和其他地方税的法规等内容。精通税法,对企业财务管理人员来说有着重要意义。财务管理人员首先必须保证遵守税收法规的规定,履行纳税义务,避免偷税漏税,在此前提下,可以通过分析和研究税收政策及其变动对企业产生的影响,作出精心的安排和筹划,使企业合理地减少税负,从而保持良好的财务状况。企业的财务管理人员在作决策时,应将税务法规因素作为一个重要的参数加以考虑。

3. 财务法规

财务法规主要是企业财务通则和行业财务制度。1994年7月1日起开始实施的《企业财务通则》是各类企业进行财务活动、实施财务管理的基本规范,它对企业建立资本金制度、计提固定资产折旧、成本的开支范围、利润的分配等问题作出规定。2005年8月,财政部发布了《企业财务通则(征求意见稿)》,对前《通则》进行了修改,从企业财务管理体制、成本费用管理、收益分配管理、企业重组清算管理、财务监督等几个方面对企业的财务管理行为进行了规范。行业财务制度是根据《企业财务通则》制定的,它适应不同行业的具体特点和要求。财务法规对企业财务管理的规范性提出要求,财务人员必须清楚地了解这些行业规范,才能够确保企业财务管理合法合规地开展。

三、金融环境

企业总是需要资金从事投资和经营活动,而资金的取得,除了自有资金外,主要从金融机构和金融市场取得。金融政策的变化必然影响企业的筹资、投资和资金运营活动。所以,金融环境是企业最为主要的环境因素之一。财务管理的金融环境主要包括金融机构、金融工具、金融市场和利率四个方面。

1. 金融机构

社会资金从资金供应者手中转移到资金需求者手中,大多要通过金融机构。金融机构包括银行业金融机构和其他金融机构。银行业金融机构主要包括各种商业银行和政策性银行。商业银行,包括国有商业银行(如中国工商银行、中国农业银行、中国银行和中国建设银行)和其他商业银行(如交通银行、广东发展银行、招商银行、光大银行等);国家政策性银行主要包括中国进出口银行、国家开发银行等。其他金融机构包括金融资产管理公司、信托投资公司、财务公司和金融租赁公司等。

2. 金融工具

金融工具是能够证明债权债务关系或所有权关系,并据以进行货币资金交易的合法凭证,它对于交易双方所应承担的义务与享有的权利均具有法律效力。金融工具一般具有期限性、流动性、风险性和收益性四个基本特征。

(1)期限性是指金融工具一般规定了偿还期,也就是规定债务人必须全部归还本金之前所经历的时间。

(2)流动性是指金融工具在必要时迅速转变为现金而不致遭受损失的能力。

(3)风险性是指购买金融工具的本金和预定收益遭受损失的可能性。一般包括信用风险和市场风险两个方面。

(4)收益性是指持有金融工具所能够带来的一定收益。

金融工具若按期限不同可分为货币市场工具和资本市场工具,前者主要有商业票据、国库券(国债)、可转让大额定期存单、回购协议等;后者主要是股票和债券等。

3. 金融市场

金融市场是指资金供应者和资金需求者双方通过金融工具进行交易的场所。从企业财务管理角度来看,金融市场作为资金融通的场所,是企业向社会筹集资金必不可少的条件。财务管理人员必须熟悉金融市场的各种类型和管理规则,有效地利用金融市场来组织资金的筹措和进行资本投资等活动。金融市场的要素主要有:市场主体、金融工具、交易价格和组织形式。金融市场按不同的标准有不同的分类:①按期限划分为短期金融市场和长期金融市场。短期金融市场又称货币市场,是指以期限一年以内的金融工具为媒介,进行短期资金融通的市场。长期金融市场是指以期限一年以上的金融工具为媒介,进行长期性资金交易活动的市场,又称资本市场。②按证券交易的方式和次数分为初级市场和次级市场。初级市场,也称一级市场或发行市场,是指新发行证券的市场,这类市场使预先存在的资产交易成为可能。次级市场,也称二级市场或流通市场,是指现有金融资产的交易场所。初级市场我们可以理解为"新货市场",次级市场我们可以理解为"旧货市场"。③按金融工具的属性分为基础性金融市场和金融衍生品市场。

除上述分类外,金融市场还可以按交割方式分为现货市场、期货市场和期权市场;按交易对象分为票据市场、证券市场、衍生工具市场、外汇市场、黄金市场等;按交易双方在地理上的距离而划分为地方性的、全国性的、区域性的金融市场和国际金融市场。

4. 利率

利率也称利息率,是利息占本金的百分比指标。从资金的借贷关系看,利率是一定时期内运用资金资源的交易价格。资金作为一种特殊商品,以利率为价格标准的融通,实质上是资源通过利率实行的再分配,因此利率在资金分配及企业财务决策中起着重要作用。利率可按照不同的标准进行分类:①按利率之间的变动关系,分为基准利率和套算利率。②按利率与市场资金供求情况的关系,分为固定利率和浮动利率。③按利率形成机制不同,分为市场利率和法定利率。

正如任何商品的价格均由供应和需求两方面来决定一样,资金这种特殊商品的价格——利率,也主要是由供给与需求来决定。但除这两个因素外,经济周期、通货膨胀、国家货币政策和财政政策、国际经济政治关系、国家利率管制程度等,对利率的变动均有不同程度的影响。因此,资金的利率通常由三部分组成:①纯利率;②通货膨胀补偿率(或称通货膨胀贴水);③风险补偿率。利率的一般计算公式可表示为

$$利率=纯利率+通货膨胀补偿率+风险补偿率$$

$$风险补偿率=违约风险补偿率+流动性风险补偿率+期限风险补偿率$$

纯利率是指没有风险和通货膨胀情况下的社会平均资金利润率,在无通货膨胀的情况下,国库券的利率可视为纯利率;通货膨胀补偿率是指由于持续的通货膨胀会不断降低货币的实际购买力,为补偿其购买力损失而要求提高的利率;风险补偿率包括违约风险补偿率、流动性

风险补偿率和期限风险补偿率。其中,违约风险补偿率是指为了弥补因债务人无法按时还本付息而带来的风险,由债权人要求提高的利率;流动性风险补偿率是指为了弥补因债务人资产流动性不好而带来的风险,由债权人要求提高的利率;期限风险补偿率是指为了弥补因偿债期长而带来的风险,由债权人要求提高的利率。

四、技术环境

财务管理的技术环境,是指财务管理得以实现的技术手段和技术条件,它决定着财务管理的效率和效果。目前,我国进行财务管理所依据的会计信息是通过会计系统所提供的,占企业经济信息总量的60%~70%。在企业内部,会计信息主要是提供给管理层决策使用,而在企业外部,会计信息则主要是为企业的投资者、债权人等提供服务。

目前,我国正全面推进会计信息化工作,力争通过5~10年左右的努力,建立健全会计信息化法规体系和会计信息化标准体系(包括可扩展商业报告语言(XBRL)分类标准),全力打造会计信息化人才队伍,基本实现大型企事业单位会计信息化与经营管理信息化的融合,进一步提升企事业单位的管理水平和风险防范能力,做到数出一门、资源共享,便于不同信息使用者获取、分析和利用,进行投资和相关决策;基本实现大型会计师事务所采用信息化手段对客户的财务报告和内部控制进行审计,进一步提升社会审计质量和效率;基本实现政府会计管理和会计监督的信息化,进一步提升会计管理水平和监管效能。通过全面推进会计信息化工作,使我国的会计信息化达到或接近世界先进水平。我国企业会计信息化的全面推进,必将促使企业财务管理的技术环境进一步完善和优化。

本章小结

1. 财务管理是企业组织财务活动、处理财务关系的一项综合性的管理工作。具体包括两部分内容:(1)组织企业财务活动,财务活动构成了企业财务管理的内容,包括筹资活动、投资活动、资金营运活动及分配活动四个方面。(2)处理企业与有关各方面的财务关系,财务关系构成了企业财务管理的本质。

2. 财务管理的目标的三种表述是:(1)利润最大化。(2)每股收益最大化。(3)企业价值最大化。其中,企业价值最大化考虑了资金的时间价值和风险价值,为企业财务管理的最优目标。

3. 财务管理环境又称理财环境,是指对企业财务活动产生影响作用的各种外部和内部条件或因素。它具体包括经济环境、法律环境、金融环境等。

4. 财务管理环节是指财务管理工作的各个阶段,它包括财务管理的各种业务手段。财务管理的基本环节有:财务预测、财务决策、财务计划、财务控制、财务分析。

复习思考题

1. 财务管理的概念。
2. 企业的财务关系主要有哪些？应如何处理好企业与各方面的财务关系？
3. 企业财务管理的目标有哪些？你认为企业最佳财务管理目标是什么？
4. 企业财务管理的环节有哪些？最主要的是哪一环节？

【案例分析】

"郑百文现象"

郑百文是河南省最早实行股份制改造并面向社会公开发行股票的公司。自1996年4月上市以来，它曾有过骄人的业绩，随后不久又跌入了因资不抵债被债权人申请破产的境地。郑百文所经历的大起大落，已成为当时的一个热点问题，即"郑百文现象"。郑百文问题之所以典型，一是因为它由盛到衰太迅速，即从1997年的主营业务规模和资产收益率均居全国商业类上市公司排序第一，到1998年的亏损5.02亿元，1999年亏损9.57亿元；二是因为资不抵债数额巨大，据该公司1999年公布的财务报表数据显示，当年资不抵债8.28亿元，有人测算郑百文每存在一天都要亏掉274万元。

郑百文前身为郑州文化用品批发供应站，1988年12月经郑州市政府批准改制为股份制试点企业，并面向社会公开发行股票筹集资金；1992年12月，公司又进行了增资扩股；1996年4月郑百文5 109万A股正式在沪上市交易。郑百文在改制的初期，其经营状况和资产运营状况是良好的，也正是因为其自身的实力和经营业绩才获得了公开发行股票募集资金的资格。但是，在公开发行股票募集资金以后，由于有银行做后盾，经营者不顾企业的基础和发展条件，在1996年到1998年间，冒着单一经营的风险，在没有一份可行性论证报告的情况下，投入上亿元资金建立营销网络，建起了40多个分公司，最后把1998年的配股资金1.26亿元也提前花完。遍布全国各大中心城市的一幢幢楼房和一辆辆汽车，形成了大量的资金沉淀，使企业积重难返。

在郑百文曾经是"绩优股"的1996、1997两年中，其负债比率已分别高达84.26%和87.86%，这一水平已远远高于同时期我国上市公司的平均负债比率51.65%和48.15%。到1998年，由于家电市场的竞相降价和银行紧缩银根等多方面的原因，郑百文面临从未有过的经营风险。当公司经销的主要产品电视机的销售额从1997年的34亿元降低到1998年的7.39亿元时，不仅使公司当年发生巨额的经营亏损，同时使其负债比率上升为98.15%，公司当年按有效资产计算实际上已经资不抵债；在1999年公司又发生巨额亏损的情况下，其资不抵债的数额即达8亿多元。

郑百文的总资产在短短两年时间内迅速膨胀，即从1995年末上市前的7.31亿元增长到1997年末的32.64亿元，增长速度之迅速是同类商业上市公司无法可比的。同时，郑百文下设5家进出口公司、20家专业分公司、120个商品经营部、40多家外地分公司及两家合资企业,这些分支机构的形成使郑百文成为当时全国商业批发行业的龙头企业。但是,在公司规模迅速扩张的同时,其内部的管理和控制则出现了严重的问题。郑百文在企业内部管理上实行的是"总公司一级法人、分公司二级核算、经营部三级核算"的管理模式,并制定了"四定一包"(定销售额、毛利率、费用额、资金周转次数,包利润)的管理制度。这种管理模式和管理制度,在原来公司规模较小的情况下尚可进行相应的控制,但是,在经营规模急剧扩张以后,一些分公司和经营部出现了使用资金无度的现象,总公司则处于一种被动的、失控的局面。

问题:

"郑百文现象"的特征有哪些?涉及哪些财务管理问题?产生的原因是什么?

第二章 Chapter 2

财务管理的价值观念

【学习要点及目标】

通过本章的学习,理解资金时间价值的本质,掌握复利终值和现值的计算,掌握各种年金终值和现值的计算,理解资产风险衡量的方法,掌握资本资产定价模型,掌握股票和债券估价的基本模型。

【导入案例】

拿破仑1797年3月在卢森堡第一国立小学演讲时说了这样一番话:"为了答谢贵校对我,尤其是对我夫人约瑟芬的盛情款待,我不仅今天呈上一束玫瑰花,并且在未来的日子里,只要我们法兰西存在一天,每年的今天我将亲自派人送给贵校一束价值相等的玫瑰花作为法兰西与卢森堡友谊的象征。"时过境迁,拿破仑穷于应付连绵的战争和此起彼伏的政治事件,最终惨败而流放到圣赫勒拿岛,把在卢森堡的诺言忘得一干二净。可卢森堡这个小国对这位欧洲巨人与卢森堡孩子亲切、和谐相处的一刻念念不忘,并载入史册。1984年年底,卢森堡旧事重提,向法国提出"违背赠送玫瑰花"诺言案的索赔:要么从1797年起,用3路易作为一束玫瑰花的本金,以5厘复利(即利滚利)计息全部清偿这笔玫瑰案;要么法国政府在法国各大报刊上公开承认拿破仑是个言而无信的小人。那么,法国人该如何选择呢?

第一节 资金时间价值

一、资金时间价值概述

(一)资金时间价值的概念

资金时间价值是指一定量资金在不同时点上的价值量的增值,也称为货币的时间价值。众所周知,在商品经济条件下,即使不存在通货膨胀,等量资金在不同时点上的价值量也不相等。今天的1元钱和将来的1元钱不等值,前者一般要比后者的经济价值大。比如,银行存款年利率为8%,将今天的1元钱存入银行,一年以后就会是1.08元。可见,经过一年时间,这1元钱发生了0.08元的增值,今天的1元钱和一年后的1.08元钱等值。资金在使用过程中随时间的推移而发生的增值,即为资金的时间价值。

(二)资金时间价值产生的条件

资金时间价值产生的前提条件是,由于商品经济的高度发展和借贷关系的普遍存在,出现了资金使用权与所有权的分离,资金的所有者把资金使用权转让给使用者,使用者必须把资金增值的一部分支付给资金的所有者作为报酬,资金占用的金额越大,使用的时间越长,所有者所要求的报酬就越高。而资金在周转过程中的价值增值是资金时间价值产生的根本源泉。

(三)资金时间价值的作用

1. 资金时间价值是评价投资方案是否可行的基本依据

资金时间价值是扣除风险报酬和通货膨胀等因素后的社会平均资金利润率。作为投资方案至少应达到社会平均资金利润率水平,否则,该方案是不可行的。以时间价值作为尺度对投资项目的资金利润率进行衡量,就成为评价投资方案的基本依据。如果投资方案的资金利润率低于时间价值,则该方案经济效益状况不佳;反之,如果投资方案的资金利润率高于时间价值,则该方案的经济效益良好,方案可行。

2. 资金时间价值是评价企业收益的尺度

企业作为盈利性的组织,其主要财务目标是实现企业价值最大化,不断增加股东财富。企业经营者必须充分调动和利用各种经济资源去实现预期的收益,而评判这些资源是否充分有效使用的一个重要标准,就是看是否实现了预期的收益水平,这个预期的收益水平应以社会平均资金利润率为标准。因此,时间价值就成为评价企业收益的基本尺度。

(四)资金时间价值的表示方法

资金时间价值可用绝对数(利息)和相对数(利息率)两种形式表示,通常用相对数表示。

有关资金时间价值计算方法与有关利息的计算方法相同,因而时间价值与利息率容易被混为一谈。实际上,财务管理活动总是或多或少地存在风险,而且通货膨胀也是市场经济中客观存在的经济现象。因此,利率不仅包含资金的时间价值,而且也包括风险价值和通货膨胀的因素。只有在不考虑通货膨胀的情况下,政府债券利率可视同资金的时间价值。

商品经济的高度发展和借贷关系的普遍存在是资金时间价值产生的前提和存在的基础。而我国不仅有资金时间价值存在的客观基础,而且有充分运用它的迫切性。把资金时间价值引入财务管理,在资金筹集、运用和分配等各方面考虑这一因素,是提高财务管理水平,搞好筹资、投资、分配决策的有效保证。

二、资金时间价值的计量

由于不同时间单位上的资金价值是不相等的,所以不同时间上的资金收入不宜直接进行比较大小,需要把它们换算到相同的时间基础上,然后才能进行大小的比较。这涉及不同时点上资金之间的换算即资金时间价值的计算。资金时间价值的计算包括一次性收付款项和非一次性收付款项(年金)的终值、现值的计算。

【小资料】

复利的威力

凡是了解复利的人,大多都会被其在长期时间所产生的威力所震撼,就拿股票市场来说,伊博森和西格弗里德已计算出 1926～1996 年股市的整体回报。他们发现,在 1926 年初放入股市的 1 美元,在 1996 年末就会变成 1 370.95 美元,这相当于以 10.71% 的年利率复利计算 71 年的结果,亦就是 1.107 1 美元的 71 次方等于 1 370.95 美元。

这个例子说明了单利与复利之间的巨大差距。在 10.71% 的利率下,1 美元的单利利息是每年 0.107 美元。71 年的利息总值是 7.60 美元(71×0.107 1 美元)。这要远远低于在本金和利息进行再投资情况下所得到的 1 370.95 美元。

资料引自:www.schxmvc.com.

(一)一次性收付款项终值与现值的计算

在某一特定时点上一次性支付(或收取),经过一段时间后再相应地一次性收取(或支付)的款项,即为一次性收付款项。这种性质的款项在日常生活中十分常见,比如将 10 000 元钱存入银行,年利率 5%,经过 1 年后提出 10 500 元,这里所涉及的收付款项就属于一次性收付款项。

资金时间价值的计算涉及两个重要的概念,就是终值和现值。

终值又称将来值,是现在一定量现金在未来某一时点上的价值,俗称本利和,通常记作 F。前例中的 10 500 元就是 1 年后的 10 000 元的终值。

现值又称本金,是指未来某一时点上的一定量现金折合为现在的价值,通常记作 P。前例中的 10 000 元就是 1 年后 10 500 元的现值。

资金时间价值的计算基础涉及利息计算方式的选择。目前利息的计算方式有两种:

(1)单利计息。即只对本金计提利息,每期计息基础都是本金。单利计息下每期利息相同。

(2)复利计息。即不仅要对本金计息,而且要对以前各期的利息也计息,即"利上滚利"。复利计息方式下,每期利息不相等。在不特别说明的情况下,时间价值计算主要以复利为基础。

1. 单利的终值与现值

为计算方便,先设定如下符号标识:P 表示现值,F 表示终值,i 表示每一利息期的利息率(折现率、贴现率),I 表示利息,n 表示计算利息的期数。

(1)单利计息。计算公式为

$$I = P \cdot i \cdot n \tag{2.1}$$

【例2.1】 某人将10 000元钱存入银行,存款利率为5%,则按单利计息其三年后可得利息:

$$F = 10\,000 \times 3 \times 5\% = 1\,500(元)$$

(2)单利终值的计算。单利终值是指单利计息下,现在的一定量资金在未来某一时点上的价值,俗称本利和。计算公式为

$$F = P + I = P + P \cdot i \cdot n = P(1 + i \cdot n) \tag{2.2}$$

【例2.2】 根据例2.1的资料,该人三年后可得的本利和即终值为

$$F = P(1 + ni) = 10\,000 \times (1 + 3 \times 5\%) = 11\,500(元)$$

(3)单利现值的计算。单利现值与单利终值互为逆运算,由终值计算现值的过程称为贴现。计算公式为

$$P = \frac{F}{1 + i \cdot n} \tag{2.3}$$

【例2.3】 某人希望在5年后取得本利和2 000元,用以支付一笔款项,则在利率为5%的单利方式条件下,此人现在需存入银行的资金为

$$P = \frac{F}{1 + i \cdot n} = \frac{2\,000}{1 + 5\% \times 5} = 1\,600(元)$$

2. 复利的终值与现值

(1)复利终值的计算。复利终值是指一定量的本金按复利计算若干期后的本利和。

【例2.4】 某人将2 000元存放于银行,年存款利率为10%,则经过一年时间的本利和为

$$F = P + P \cdot i = P(1 + i) = 2\,000 \times (1 + 10\%) = 2\,200(元)$$

若此人不提取现金,将2 200元继续存在银行,则第二年的本利和为

$$F = [P(1+i)](1+i) = P(1+i)^2 = 2\,000 \times (1 + 10\%)^2 = 2\,420(元)$$

同理,第三年的本利和为

$$F=P(1+i)^2(1+i)=P(1+i)^3=2\,000\times(1+10\%)^3=2\,662(元)$$

第 n 年的本利和为

$$F=P(1+i)^n \tag{2.4}$$

上式中，$(1+i)^n$ 通常被称为"一次性收付款项终值系数"，简称"复利终值系数"，可用符号 $(F/P,i,n)$ 表示。该系数可通过查"附表1"直接取得。上例中 $(F/P,10\%,3)$ 表示利率为 10%，期限为 3 年的复利终值系数。则复利终值计算公式可表示为

$$F=P(F/P,i,n) \tag{2.5}$$

（2）复利现值的计算。复利现值相当于原始本金，它是指今后某一特定时间收到或付出的一笔款项，按折现率 i 所计算的现在时点价值。可见，复利现值是复利终值的逆运算。计算公式为

$$P=\frac{F}{(1+i)^n}=F(1+i)^{-n} \tag{2.6}$$

上式中，$(1+i)^{-n}$ 通常被称为"一次性收付款项现值系数"，简称"复利现值系数"，可用符号 $(P/F,i,n)$ 表示。该系数可通过查"附表2"直接取得。复利终值系数和复利现值系数互为倒数。则复利现值计算公式可表示为

$$P=F(P/F,i,n) \tag{2.7}$$

【例 2.5】 某公司打算在 3 年后进行投资改建需要 20 000 元，按银行利率为 10% 的复利情况下计算，该公司现在应存入银行的资金为

$$P=F(P/F,i,n)=20\,000\times(P/F,10\%,3)=20\,000\times0.751=15\,020(元)$$

（二）普通年金终值与现值的计算

除了上面介绍的一次性收付款项，在现实经济生活中，还存在一定时期内多次收付的款项，即系列收付款项。如果每次收付的金额相等，则这样的系列收付款项就是年金。年金是指在一定时期内每次等额收付的系列款项，通常用 A 表示。年金有三个要点：等额性、定期性、系列性。年金的形式多样，如租金、折旧、保险费、等额分期收款、等额分期付款、零存整取或整存零取储蓄等。

根据年金收支的时间和收支的次数不同，年金可以分为普通年金、预付年金、递延年金和永续年金。要注意的是，在财务管理中讲到的年金，一般是指普通年金。

普通年金指从第一期起，在一定时期内每期期末等额发生的系列收付款项，又叫后付年金。

1. 普通年金终值的计算（已知年金 A，求年金终值 F）

普通年金终值是指每期期末等额收付款项的复利终值之和。年金相当于零存整取储蓄存款的零存数，则年金终值就是零存整取的整取数。普通年金终值的计算如图 2.1 所示。

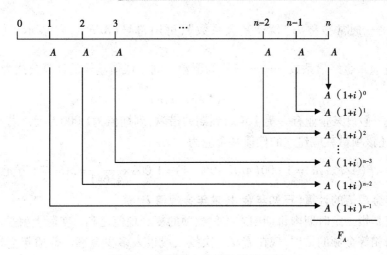

图 2.1 普通年金终值计算示意图

由图 2.1 可知,普通年金终值的计算公式为

$$F=A(1+i)^0+A(1+i)^1+A(1+i)^2+\cdots+A(1+i)^{n-2}+A(1+i)^{n-1} \quad ①$$

将式①两边同乘 $1+i$,得

$$F(1+i)=A(1+i)^1+A(1+i)^2+A(1+i)^3+\cdots+A(1+i)^{n-1}+A(1+i)^n \quad ②$$

式②减去式①,得

$$F \cdot i = A(1+i)^n - A$$

$$F = A\frac{(1+i)^n-1}{i} \quad (2.8)$$

上式中,$\frac{(1+i)^n-1}{i}$ 通常被称为"年金终值系数",可用符号 $(F/A,i,n)$ 表示。该系数可通过查"附表 3"直接取得。则普通年金终值计算公式可表示为

$$F=A(F/A,i,n) \quad (2.9)$$

【例 2.6】 某公司在 5 年内,每年末向银行贷款 100 万元,贷款利率为 10%,则 5 年后应归还银行贷款的本息总额是

$$F=A(F/A,i,n)=100(F/A,10\%,5)=100\times6.1051=610.51(万元)$$

2. 年偿债基金的计算(已知年金终值 F,求年金 A)

偿债基金是指为了在约定的未来某一时点清偿某笔债务或积聚一定数额的资金而必须分次等额形成的存款准备金。也就是为使年金终值达到既定金额的年金数额。年偿债基金的计算和普通年金终值互为逆运算。计算公式为

$$A=F\frac{i}{(1+i)^n-1} \quad (2.10)$$

上式中，$\dfrac{i}{(1+i)^n-1}$ 通常被称为"偿债基金系数"，可用符号 $(A/F,i,n)$ 表示。偿债基金系数 $\dfrac{i}{(1+i)^n-1}$ 和普通年金终值系数 $\dfrac{(1+i)^n-1}{i}$ 互为倒数。则年偿债基金的计算公式为

$$A = F(A/F,i,n) \tag{2.11}$$

【例 2.7】 假设某企业有一笔 4 年后到期的借款，到期值为 1 000 万元。若存款年利率为 10%，则为偿还该项借款应建立的偿债基金应为

$$A = F(A/F,i,n) = 1\,000(A/F,10\%,4) = 1\,000 \times \dfrac{1}{4.641} = 215.47(万元)$$

3. 普通年金现值的计算（已知年金 A，求年金现值 P）

年金现值是指一定时期内每期期末收付款项的复利现值之和。实际上就是指为了每期期末取得或支出相等金额的款项，现在需要一次投入或借入多少金额。普通年金现值的计算如图 2.2 所示。

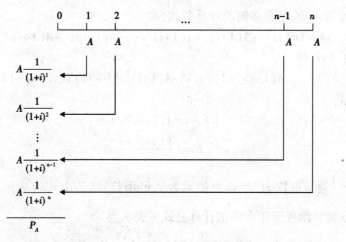

图 2.2 普通年金现值计算示意图

由图 2.2 可知，普通年金现值的计算公式为

$$P = A(1+i)^{-1} + A(1+i)^{-2} + A(1+i)^{-3} + \cdots + A(1+i)^{-(n-1)} + A(1+i)^{-n} \quad ①$$

将式①两边同乘 $1+i$，得

$$P(1+i) = A(1+i)^0 + A(1+i)^{-1} + A(1+i)^{-2} + \cdots + A(1+i)^{-(n-2)} + A(1+i)^{-(n-1)} \quad ②$$

式②减去式①，得

$$P \cdot i = A - A(1+i)^{-n}$$

$$P = A \dfrac{1-(1+i)^{-n}}{i} \tag{2.12}$$

上式中，$\frac{1-(1+i)^{-n}}{i}$ 通常被称为"年金现值系数"，可用符号 $(P/A,i,n)$ 表示。该系数可通过查"附表4"直接取得。则普通年金现值的计算公式为

$$P=A(P/A,i,n) \tag{2.13}$$

【例 2.8】 某人考虑到在未来 4 年期间，每年年末需支出 1 000 元，打算现在存入银行一笔款项用于上述支出，若银行存款年利率为 8%，则现在应存款项的数额为

$$P=A(P/A,i,n)=1\ 000(P/A,8\%,4)=1\ 000×3.312=3\ 312(元)$$

4. 年资本回收额的计算（已知年金现值 P，求年金 A）

年资本回收额是指为了在约定年限内等额回收初始投入资本或清偿所欠债务的金额。也就是为使年金终值达到既定金额的年金数额。年资本回收额的计算和普通年金现值互为逆运算。计算公式为

$$A=P\frac{i}{1-(1+i)^{-n}} \tag{2.14}$$

上式中，$\frac{i}{1-(1+i)^{-n}}$ 通常被称为"资本回收系数"，可用符号 $(A/P,i,n)$ 表示。资本回收系数 $\frac{i}{1-(1+i)^{-n}}$ 和普通年金现值系数 $\frac{1-(1+i)^{-n}}{i}$ 互为倒数。则年资本回收额的计算公式为

$$A=P(A/P,i,n) \tag{2.15}$$

【例 2.9】 某企业拟投入 1 000 万元建设一个预计寿命期为 10 年的更新改造项目。若企业期望的资金报酬率为 10%，则该企业每年年末从这个项目中获得的合理报酬为

$$A=P(A/P,i,n)=1\ 000(A/P,10\%,10)=1\ 000×1/6.144\ 6=162.75(万元)$$

（三）即付年金终值与现值的计算

即付年金是指从第一期起，在一定时期内每期期初等额收付的系列款项，又称先付年金或预付年金。它与普通年金的区别在于支付期较普通年金提前了一期。

1. 即付年金终值的计算

即付年金的终值是其最后一期期末时的本利和，相当于各期期初等额收付款项的复利终值之和。即付年金终值的计算过程如图 2.3 所示。

由图 2.3 可知，n 期即付年金与 n 期普通年金的付款次数相同，但由于其付款时间不同，n 期即付年金终值比 n 期普通年金的终值多计算一期利息。因此，在 n 期普通年金终值的基础上乘以 $1+i$，就是 n 期即付年金的终值。计算公式为

$$F=A\frac{(1+i)^n-1}{i}(1+i)=A\left[\frac{(1+i)^{n+1}-1}{i}-1\right] \tag{2.16}$$

上式中，$\frac{(1+i)^{n+1}-1}{i}-1$ 通常被称为"即付年金终值系数"，它是在普通年金终值系数的基础上，期数加 1、系数值减 1 所得的结果，通常记为 $[(F/A,i,n+1)-1]$。查阅"附表 3"得到 $n+1$ 期的

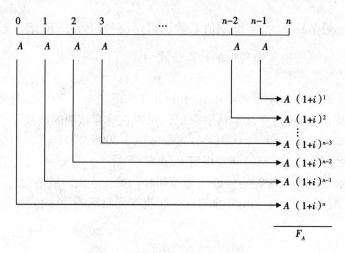

图2.3 即付年金终值示意图

值,然后减去1便可得对应的即付年金终值系数的值。则即付年金终值的计算公式可表示为

$$F=A[(F/A,i,n+1)-1] \tag{2.17}$$

【例2.10】 某人在每年年初存入银行2 000元,若存款利率为8%,则第十年年末上述存款的本利和为

$$F=A[(F/A,i,n+1)-1]=2\,000\times[(F/A,8\%,11)-1]=2\,000\times(16.645-1)=31\,290(元)$$

2. 即付年金现值的计算

n期即付年金现值与n期普通年金现值的期限相同,但由于付款时间不同,n期即付年金现值比n期普通年金现值少折一期。因此,在n期普通年金现值的基础上乘以$1+i$,便可求出n期即付年金的现值。计算公式为

$$P=A\frac{1-(1+i)^{-n}}{i}(1+i)=A\left[\frac{1-(1+i)^{-(n-1)}}{i}+1\right] \tag{2.18}$$

上式中,$\frac{1-(1+i)^{-(n-1)}}{i}+1$通常被称为"即付年金现值系数",它是在普通年金现值系数的基础上,期数减1、系数值加1所得的结果,通常记为$[(P/A,i,n-1)+1]$。查阅"附表4"得到$n-1$期的值,然后加上1便可得对应的即付年金现值系数的值。则即付年金现值的计算公式可表示为

$$P=A[(P/A,i,n-1)+1] \tag{2.19}$$

即付年金现值计算过程如图2.4所示。

【例2.11】 大正公司租用一台生产设备为期5年,且这5年来每年年初均需支付租金2 000元,若年利率为10%,则所付租金的现值为

$$P=A[(P/A,i,n-1)+1]=2\,000[(P/A,10\%,4)+1]=2\,000\times(3.170+1)=8\,340(元)$$

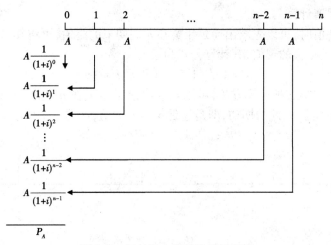

图 2.4　即付年金现值计算示意图

（四）递延年金终值和现值

递延年金是指在最初若干期没有等额收付款项的情况下,后面若干期有等额的系列收付款项的年金。假定在 $m+n$ 期间内,最初有 m 期没有收付款,后面 n 期每年有等额收付的款项,则 n 期的等额款项就是递延年金。递延年金是普通年金的特殊形式,凡不是从第一期开始的年金都可理解为是递延年金,如图 2.5 所示。

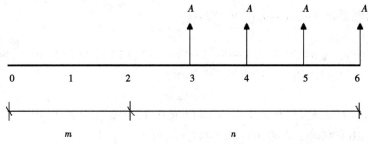

图 2.5　递延年金示意图

1. 递延年金终值计算

递延年金的终值大小,与递延期无关,完全可以利用普通年金终值公式来进行计算,如图 2.6 所示。

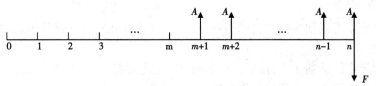

图 2.6　递延年金终值示意图

$$F=A(F/A,i,n) \tag{2.20}$$

2. 递延年金现值计算

求递延年金现值时,可以先求出递延年金在 n 期期末的终值,再将其作为终值贴现至 $m+n$ 期的期初,即是递延年金的现值,其计算公式为:

$$P=A(F/A,i,n)(P/F,i,m+n) \tag{2.21}$$

递延年金现值的第二种计算方法,可以先求出递延年金在 n 期期初(m 期期末)的现值,再将其作为终值贴现至 m 期的期初,即是递延年金的现值,如图 2.7 所示。计算公式为

$$P=A(P/A,i,n)(P/F,i,m) \tag{2.22}$$

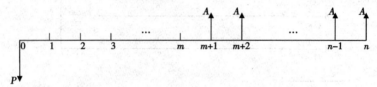

图 2.7 递延年金现值示意图

递延年金现值还可用另外一种方法计算,假设 $m+n$ 期,每期期末均有年金发生,先求出 $m+n$ 期年金现值,再减去 m 期年金的现值,二者之差就是递延年金现值。计算公式为

$$P=A[(P/A,i,m+n)-(P/A,i,m)] \tag{2.23}$$

【例 2.12】 大正公司向银行借入一笔款项,年利率为 10%,银行规定前 4 年不用还本付息,从第 5 年起至第 10 年年末偿还本息 10 000 元,则这笔贷款还本付息的现值分析、计算如下。

分析:根据题意,$m=4$, $n=6$, $m+n=10$。

方法(一)

$P=A(F/A,i,n)(P/F,i,m+n)=10\ 000(F/A,10\%,6)(P/F,10\%,4+6)=$
$10\ 000\times7.716\times0.386=29\ 783.76(元)$

方法(二)

$P=A(P/A,i,n)(P/F,i,m)=10\ 000(P/A,10\%,6)(P/F,10\%,4)=$
$10\ 000\times4.355\times0.683=29\ 744.65(元)$

方法(三)

$P=A[(P/A,i,m+n)-(P/F,i,m)]=10\ 000[(P/A,10\%,10)-(P/F,10\%,4)]=$
$10\ 000\times(6.145-3.170)=29\ 750(元)$

(五)永续年金

永续年金是指无限期等额收付的特种年金,可视为普通年金的特殊形式,即期限趋于无穷的普通年金。

由于永续年金持续期无限,没有终止的时间,因此没有终值,只有现值。通过普通年金现值公式可推导出永续年金现值的计算公式

$$P=A\frac{1-(1+i)^{-n}}{i}$$

当 $n\to\infty$ 时，$(1+i)^{-n}\to 0$，所以

$$P=\frac{A}{i} \tag{2.24}$$

【例 2.13】 拟投资一项永久基金，每年可获利 2 000 元，若年收益率为 10%，则投资获利额的现值为

$$P=\frac{A}{i}=\frac{2\,000}{10\%}=20\,000(\text{元})$$

三、资金时间价值计算中的几个特殊问题

（一）折现率的推算

（1）对于一次性收付款项，根据其复利终值（或现值）的计算公式，若已知 F,P,n，不用查表便可直接计算出一次性收付款项的贴现率（利率）i，可得折现率的计算公式为

$$i=\left(\frac{F}{P}\right)^{\frac{1}{n}}-1 \tag{2.25}$$

（2）永续年金贴现率（利率）i 的计算也很方便。若已知 P,A，则根据公式 $P=\frac{A}{i}$，即得 i 的计算公式为

$$i=\frac{A}{P} \tag{2.26}$$

（3）普通年金贴现率（利率）的推算比较复杂，无法直接套用公式，而必须利用有关的系数表，有时还需要借助于内插法的运用。

下面详细介绍利用年金现值系数表计算 i 的步骤：

（1）计算出 P/A 的值，设其为 $P/A=\alpha$。

（2）查普通年金现值系数表。沿着已知 n 所在的行横向查找，若恰好能找到某一系列数值等于 α，则该系数值所在的行相对应的利率便为所求的 i 值。

（3）若无法找到恰好等于 α 的系数值，就应在表中 n 行中找与 α 最接近的两个左右临界系数值，设为 $\beta_1,\beta_2(\beta_1>\alpha>\beta_2$ 或 $\beta_1<\alpha<\beta_2)$。查出 β_1,β_2 所对应的临界利率 i_1,i_2，然后进一步运用内插法计算。

（4）在内插法下，假定利率 i 同相关的系数在较小范围内线性相关，因而可根据临界系数 β_1,β_2 所对应的临界利率 i_1,i_2 计算出 i（图 2.8），计算公式为

$$\frac{i_1-i}{i_1-i_2}=\frac{\beta_1-\alpha}{\beta_1-\beta_2}$$

$$i=i_1+\frac{\beta_1-\alpha}{\beta_1-\beta_2}(i_2-i_1) \tag{2.27}$$

$$\begin{array}{c} i_1 \\ i \\ i_2 \end{array} \qquad \begin{array}{c} \beta_1 \\ \alpha \\ \beta_2 \end{array}$$

图 2.8

【例2.14】 大正公司于第一年年初借款20 000元,每年年末还本付息额均4 000元,连续9年还清。求借款利率。

分析:根据题意,已知$P=20\,000,A=4\,000,n=9$,有

$$(P/A,i,9)=\frac{P}{A}=\frac{20\,000}{4\,000}=5$$

查$n=9$的普通年金现值系数表。在$n=9$行中无法找到恰好为$\alpha=5$的α系数值,于是在该行中找大于5和小于5的临界系数值,分别为$\beta_1=5.132>5,\beta_2=4.946<5$,同时查出对应的临界利率为$i_1=13\%,i_2=14\%$,根据公式

$$i=i_1+\frac{\beta_1-\alpha}{\beta_1-\beta_2}(i_2-i_1)=13\%+\frac{5.132-5}{5.132-4.946}\times(14\%-13\%)=13.71\%$$

(二)期间的推算

期间n的推算,其原理和步骤同贴现率(利率)i的推算相类似,也会牵涉到内插法的运用,现以普通年金为例说明。计算公式可表示为

$$n=n_1+\frac{\beta_1-\alpha}{\beta_1-\beta_2}(n_2-n_1) \tag{2.28}$$

【例2.15】 大正公司赊销一批价值20 000元的货物,根据合同每年年末可收款5 000元,利率为10%,求赊销期。

分析:根据题意,已知$P=20\,000,A=5\,000,i=10\%$,有

$$(P/A,10\%,n)=\frac{P}{A}=\frac{20\,000}{5\,000}=4$$

查$i=10\%$的普通年金现值系数表。在$i=10\%$列中无法找到恰好为$\alpha=4$的α系数值,于是在该列中找大于4和小于4的临界系数值,分别为$\beta_1=3.791<4,\beta_2=4.355>4$,同时查出对应的临界期间为$n_1=5,n_2=6$,根据公式

$$n=n_1+\frac{\beta_1-\alpha}{\beta_1-\beta_2}(n_2-n_1)=5+\frac{3.791-4}{3.791-4.355}\times(6-5)=5.37(年)$$

(三)名义利率与实际利率的换算

上面讨论的有关计算均假定利率为年利率,每年复利一次。但实际上,复利的计息期间不一定是一年,有可能是季度、月份或日。比如某些债券半年计息一次;有些抵押贷款每月计息一次;银行之间拆借资金均为每天计息一次。当每年复利次数超过一次时,这样的年利率叫做名义利率;而每年只复利一次的利率才是实际利率。

对于一年内多次复利的情况,可采取两种方法计算时间价值。

第一种方法是将名义利率调整为实际利率,然后按实际利率计算时间价值。若i表示实际利率,r表示名义利率,m表示一年内复利的次数,计算公式为

$$i=\left(1+\frac{r}{m}\right)^m-1 \tag{2.29}$$

【例 2.16】 某公司于年初存入银行 10 万元,年利率为 10%,在半年复利一次的情况下,到第 10 年末,该公司获得的本利和为

$$i=\left(1+\frac{r}{m}\right)^m-1=\left(1+\frac{10\%}{2}\right)^2-1=10.25\%$$

$$F=P(1+i)^n=10(1+10.25\%)^{10}=26.53(万元)$$

因此该公司第 10 年末获得的本利和为 26.53 万元。

这种方法的缺点是调整后的实际利率往往带有小数点,不利于查表。

第二种方法是不计算实际利率,而是相应调整有关指标,即利率变为 $\frac{r}{m}$,期数则相应变为 $n \cdot m$,用公式可表示为

$$F=P\left(1+\frac{r}{m}\right)^{mn} \tag{2.30}$$

【例 2.17】 利用例 2.16 中的有关数据,用第二种方法计算本利和为

$$F=P\left(1+\frac{r}{m}\right)^{mn}=10\times\left(1+\frac{10\%}{2}\right)^{2\times 10}=10(F/P,5\%,20)=26.53(万元)$$

第二节 风险与收益分析

一、风险分析

(一)风险的概念

风险是指在一定条件下或一定时期内,某一项行动具有多种可能而不确定的结果。在风险存在的情况下,人们可以事先估计采取某种行动可能导致的各种结果,以及每种结果出现的可能性大小,但无法确定最终结果是什么。例如,我们抛一枚硬币,事先就知道硬币落地时有正面朝上和反面朝上两种结果,并且两种结果出现的可能性各为 50%,究竟出现哪一种结果却不能确定,这就是风险。风险是现代企业管理环境的一个重要特征。

与风险相联系的另一个概念是不确定性。不确定性是指人们事先只知道采取某种行动可能形成的各种结果,但不知道它们出现的概率,或者两者都不知道,只能作粗略估计。而风险问题出现的各种结果的概率一般可事先估计和测算,只是不准确而已。如果对不确定性问题先估计一个大致的概率,则不确定性问题就转化为风险性问题了。在财务管理的实务中,对两者不作严格区分。讲到风险,可能是指一般意义上的风险,也可能指不确定性问题。

总之,只要某一行动的结果具有多种可能而不确定,就叫有风险;反之,某一行动的结果很确定,就叫没有风险。从财务管理角度看,风险就是企业在各项财务活动中,由于各种难以预

料或控制的因素作用,使企业的预计收益和实际收益发生背离,从而有蒙受经济损失的可能性。一般而言,投资者都讨厌风险,因而一提到风险,多数都将其错误地理解为与损失是同一概念。事实上,风险不仅可能带来超出预期的损失,也可能带来超出预期的收益。

> 【小资料】
> 　　严格地说,风险与不确定性是有区别的。风险要求事前可以知道所有可能发生的情况,以及这些情况所出现的概率。不确定性与风险不同,不确定性事前并不能完全知道所有可能发生的情况,或者可能虽然知道这些情况,但不能预测各种情况所出现的概率。
> 　　可是,在实际情况中,风险与不确定性又很难区分。风险的概率有的时候不能准确地知道,而不确定性的问题,有时也可以估计一个概率。
> 　　因此,在实务中对风险和不确定性往往不做区分,一并视为"风险"问题对待,把风险理解为可预知概率的不确定性。
> 　　资料引自:牛秀彦.财务管理(21世纪高职高专财经类系列教材)[M].北京:清华大学出版社,2008.

(二)风险的类型

1. 按照风险损害的对象可以分为人身风险、财产风险、责任风险和信用风险

人身风险是指员工生、老、病、死、伤残等原因而导致经济损失的风险;财产风险是指导致财产发生的损毁、灭失和贬值的风险;责任风险是指因侵权或违约,依法对他人遭受的人身伤亡或财产损失应负赔偿责任的风险;信用风险是指经济交往中,权利人与义务人之间,由于一方违约或犯罪而给对方造成经济损失的风险。

2. 按照风险导致的后果分为纯粹风险和投机风险

纯粹风险是指只会造成损失而无获利可能的风险;投机风险是指既可能造成损失也可能造成收益的风险。

3. 按照风险的性质或发生原因分为自然风险、经济风险和社会风险

自然风险是由于自然现象导致的财产损失和人身伤害的风险;经济风险是生产经营过程中,由于各种因素的变动,导致产量减少或价格涨跌所致损失的风险;社会风险是指组织或个人的异常行为导致的财产损失和人身伤害的风险。

4. 按照风险能否被分散分为可分散风险和不可分散风险

可分散风险是指能够通过风险分担协议使得经济单位面临的风险减少的风险;不可分散风险是指通过风险分担协议不能使经济单位面临的风险减少的风险。

5. 按照风险的起源和影响分为基本风险与特定风险

基本风险是指风险的起源和影响方面都不与特定的组织或个人有关,至少是某个特定组织或个人所不能阻止的风险,即全社会普遍存在的风险,如战争、自然灾害、经济衰退等带来的风险;特定风险是指特定的因素引起而且损失仅涉及特定组织或个人的风险,如罢工、诉讼失败、失去销售市场等带来的风险。从个别理财主体的角度看,基本风险通常是不可分散风险,或称系统风险。特定风险通常是可分散风险,或称非系统风险。

对于特定企业而言,企业风险可进一步分为经营风险和财务风险。经营风险是指因生产经营方面的原因给企业目标带来不利影响的可能性,如由于原材料供应地的政治经济情况变动、新材料的出现等因素带来的供应方面的风险;由于生产组织不合理而带来的生产方面的风险;由于销售决策失误带来的销售方面的风险。财务风险又称筹资风险,是指由于举债而给企业目标带来不利影响的可能性。企业举债经营,全部资金除自有资金外还有一部分借入资金,这会对自有资金的盈利能力造成影响;同时借入资金需还本付息,一旦无力偿还到期债务,企业便会陷入财务困境甚至破产。

(三) 风险报酬

上节讲述的资金时间价值是在假定无通货膨胀、无风险的情况下的资金的增值。在多数情况下人们的投资都是有风险的。但是几乎没有人因为存在风险而不去投资,有风险就意味着投资可能成功,也可能失败。一般来说,人们会期望获得比没有风险的投资更高的回报,如果能得到高回报,人们就会冒风险去投资,诱导投资者进行风险投资的是超过时间价值的那部分额外报酬,即风险报酬。

风险报酬是指投资者因冒风险进行投资而要求获得的超过资金时间价值的那部分额外报酬。风险报酬的表现形式有风险报酬额(绝对数)和风险报酬率(相对数),我们常用相对数风险报酬率来表示风险报酬。所谓风险报酬率,是指投资者因冒风险进行投资而获得的超过资金时间价值率的那部分额外报酬率,即风险报酬额与原投资额的比率。

一般来讲,投资者进行一项投资所获得的报酬,由三部分组成:时间价值、通货膨胀补偿、风险报酬,即

$$投资报酬率 = 时间价值 + 通货膨胀补偿率 + 风险报酬率$$

不考虑通货膨胀,投资者所要求或者期望的报酬率就是资金时间价值和风险报酬率之和。其中时间价值可称为无风险报酬。上式也可写为

$$R = R_f + R_R \tag{2.31}$$

其中,R 表示投资报酬率,R_f 表示资金时间价值(或无风险报酬率),R_R 表示风险报酬率。

假如,资金时间价值为10%,某项投资期望报酬率为15%,在不考虑通货膨胀的情况下,该项投资的风险报酬率便是5%。

决定风险报酬率的因素有:风险的大小和投资人对待风险的态度。

(四) 风险的衡量

正视风险并将风险量化,是企业财务管理中的一项重要工作。而风险的衡量通常用概率论的方法。

1. 概率分布

某一事件在完全相同的条件下可能发生也可能不发生,既可能出现这种结果也有可能出

现那种结果,这类事件为随机事件。概率是用来反映随机事件发生可能性大小的数值。假定某公司拟试制一种新产品投放市场,根据市场预测,估计可能出现"畅销"、"一般"与"较差"三种情况。如果把所有可能的事件或结果都列示出来,且每一事件都给予一种概率,把它们列示在一起,便构成了概率的分布。一般用 X 表示随机事件,X_i 表示随机事件的第 i 种结果,则 P_i 表示第 i 种结果出现的概率。

若 X_i 肯定出现,则 $P_i=1$;若 X_i 肯定不出现,则 $P_i=0$。因此,概率必须符合如下两个要求:所有的概率都必须在 0 和 1 之间,即 $0 \leq P_i \leq 1$;所有结果可能的概率之和等于 1,即 $\sum_{i=1}^{n} P_i = 1$,n 表示可能出现的结果的个数。

【例2.18】 某公司有甲、乙两个项目,计划投资额均为 1 000 万元,投产后预计收益情况和市场销售有关。可获得的年净收益及其概率资料,如表 2.1 所示。

表2.1 市场预期报酬及概率分布

单位:万元

市场销售情况	甲项目年净收益 X_i	乙项目年净收益 X_i	概率 P_i
畅销	200	300	0.2
一般	100	100	0.6
较差	50	−50	0.2
合计	—	—	1

2. 期望值

期望值是一个概率分布中的所有可能结果与各自概率之积的加权平均值,反映预期收益的平均值,表示投资者的合理预期。通常用符号 $\bar{E}$ 表示,其计算公式如下

$$\bar{E} = \sum_{i=1}^{n} P_i X_i \tag{2.32}$$

【例2.19】 以表2.1中有关数据计算甲、乙两个项目投产后预计收益的期望值分别为:

甲项目

$$\bar{E} = 200 \times 0.2 + 100 \times 0.6 + 50 \times 0.2 = 110(万元)$$

乙项目

$$\bar{E} = 300 \times 0.2 + 100 \times 0.6 - 50 \times 0.2 = 110(万元)$$

3. 离散程度

离散程度是用来反映风险大小的指标。一般来说,离散程度越大,风险越大;离散程度越小,风险越小。反映随机变量离散程度的指标有很多,本书主要介绍方差、标准离差、标准离差率三项指标。

(1)方差。方差是用来表示随机变量与期望值之间的离散程度的一个数值。计算公式为

$$\sigma^2 = \sum_{i=1}^{n} (X_i - \bar{E})^2 P_i \tag{2.33}$$

(2)标准离差。也称均方差,是方差的平方根。计算公式为

$$\sigma = \sqrt{\sum_{i=1}^{n}(X_i - \bar{E})^2 P_i} \tag{2.34}$$

标准离差是以绝对数衡量决策方案的风险,在期望值相同的情况下,标准离差越大,风险越大;反之,标准离差越小,则风险越小。

【例2.20】 以表2.1中有关数据,计算甲、乙两个项目预计年收益与期望年收益的方差和标准离差。

方差:

甲项目

$$\sigma^2 = \sum_{i=1}^{n}(X_i - \bar{E})^2 P_i = (200-110)^2 \times 0.2 + (100-110)^2 \times 0.6 + (50-110)^2 \times 0.2 = 2\ 400$$

乙项目

$$\sigma^2 = \sum_{i=1}^{n}(X_i - \bar{E})^2 P_i = (300-110)^2 \times 0.2 + (100-110)^2 \times 0.6 + (-50-110)^2 \times 0.2 = 12\ 400$$

标准离差:

甲项目

$$\sigma = \sqrt{\sum_{i=1}^{n}(X_i - \bar{E})^2 P_i} = \sqrt{(200-110)^2 \times 0.2 + (100-110)^2 \times 0.6 + (50-110)^2 \times 0.2} = 48.99$$

乙项目

$$\sigma = \sqrt{\sum_{i=1}^{n}(X_i - \bar{E})^2 P_i} = \sqrt{(300-110)^2 \times 0.2 + (100-110)^2 \times 0.6 + (-50-110)^2 \times 0.2} = 113.36$$

甲、乙两个项目的期望净收益相同,甲项目的标准离差小于乙项目的标准离差,所以甲项目的风险相对较小。

(3)标准离差率。标准离差率是收益率的标准离差同期望值之比,也称变异系数。计算公式为

$$V = \frac{\sigma}{E} \tag{2.35}$$

标准离差率是一个相对指标,它以相对数反映决策方案的风险程度。方差和标准离差作为绝对数,只适用于期望值相同的决策方案风险程度的比较,对于期望值不同的决策方案,评价和比较其各自的风险程度只能借助于标准离差率这一相对数值。在期望值不同的情况下,标准离差率越大,风险越大;反之,标准离差率越小,风险越小。

【例2.21】 以表2.1中有关数据,计算甲、乙两个项目预计年收益的标准离差率分别为:

甲项目

$$V = \frac{\sigma}{E} = \frac{48.99}{110} = 0.45$$

乙项目

$$V = \frac{\sigma}{E} = \frac{113.36}{110} = 1.03$$

当然,在本例中,甲、乙两个项目的期望值相同,可直接根据标准离差比较风险程度,但如果期望值不同,则必须计算标准离差率才能对比风险程度。

通过上述方法将决策方案的风险加以量化后,决策者便可据此作出决策。对于单个方案,可根据其标准离差(率)的大小,并将其同设定的可接受的此项指标的最高限值对比,若前者小于后者,应选择此方案。对于多方案,决策的总原则是选择低风险高收益的方案,即标准离差最低、期望收益最高的方案,但具体情况还要具体分析。

二、资产的收益与收益率

资产的收益是指资产的价值在一定时期的增值,可以用两种表述方式。以金额表示的,称为资产的收益额,通常是指资产价值在一定期限内的增值量;以百分比表示的,称为资产的收益率或报酬率,是资产增值量与期初资产价值的比值。

以金额表示的收益与期初资产的价值不相关,不利于不同规模资产之间的比较;以百分比表示的收益则是一个相对指标,便于不同规模资产收益之间的比较分析。因此,在通常情况下,都是用收益率或报酬率的方式来表示资产的收益。为了便于比较分析,对于计算期限短于或长于一年的资产,在计算收益率时一般将不同期限的收益率转换成年收益率,又称资产的报酬率。

单期收益率的计算公式为

$$\text{单期资产的收益率} = \frac{\text{资产价值的增值}}{\text{期初资产价值}} + \frac{\text{资产的收益额}}{\text{期初资产价值}} = \frac{\text{利(股)息收益} + \text{资本利得}}{\text{期初资产价值}} = \frac{\text{利(股)息收益}}{\text{期初资产价值}} + \frac{\text{资本利得}}{\text{期初资产价值}} = \text{利(股)息收益率} + \text{资本利得收益率}$$

(2.36)

【例2.22】 大正公司股票一年前的价格为15元,一年中的股利为0.5元,现在的市价为18元,在不考虑交易费用的情况下,一年内该股票的收益率为:

一年中的资产收益为

$$0.5 + (18 - 15) = 3.5(元)$$

其中,股息收入为0.5元,资本利得为3元。

股票的收益率为

$$\frac{0.5+18-15}{15}=23\%$$

其中,股利收益率为3%,资本利得收益率为20%。

三、风险与收益的一般关系

对于每项资产,投资者都会因承担风险而要求额外的补偿,其要求的最低收益率应包括无风险收益率和风险收益率。用公式表示为

必要收益率=无风险收益率+风险收益率 (2.37)

若用 R 表示必要收益率,R_f 表示无风险收益率,它是纯利率和通货膨胀补贴率之和;而风险收益率又可以表述成风险价值系数 b 与标准离差率 V 的乘积。即

风险收益率=$b\times V$ (2.38)

因此

$$R = R_f + b\times V \tag{2.39}$$

【小资料】
　　在现实社会中,不同的人对风险补偿的要求是不同的。有甲、乙两个投资者,在风险相同(即在标准离差相等)的条件下,如果甲投资者相对乙投资者要求的收益率高,则可以看出甲投资者比乙投资者冒的风险大,同时甲投资者比乙投资者更厌恶风险。
　　对于同一个人来说,他所冒的风险越大,要求的风险补偿也越大,风险与收益永远是成正比的。
　　资料引自:牛秀彦.财务管理(21世纪高职高专财经类系列教材)[M].北京:清华大学出版社,2008.

四、资本资产定价模型

(一)资本资产定价模型基本原理

资本资产定价模型是由经济学家 Harry Markowitz 和 William F. Sharpe 于1964年提出来的。根据风险与收益的一般关系,某资产的必要收益率是由无风险收益率和该资产的风险收益率决定的,即

必要收益率=无风险收益率+风险收益率

由此引出了资本资产定价模型的表达式

$$E(R_i) = R_f + \beta_i(R_m - R_f) \tag{2.40}$$

其中,$E(R_i)$ 表示某资产的必要收益率;R_f 表示无风险收益率,它通常以短期国债的利率来替代;β_i 表示该资产的系统风险系数;R_m 表示市场组合收益率,通常以股票价格指数收益率的平均值或所有股票的平均收益率来代替。

上式中的 $R_m - R_f$ 称为市场风险溢酬,是附加在无风险收益率之上的,反映的是市场整体

对风险的厌恶程度,对风险越是厌恶和回避,要求的补偿就越高,因此市场风险溢酬的数值就越大。反之,市场的抵抗风险能力越强,市场风险溢酬的数值就越小。可以看出,某项资产的风险收益率是该资产系统风险系数与市场风险溢酬的乘积,即

$$风险收益率 = \beta(R_m - R_f) \tag{2.41}$$

【例2.23】 某年由 MULTEX 公布的美国通用汽车公司的 β 系数是1.170,短期国库券的利率为4%,S&P 股票价格指数的收益率是10%,则通用汽车该年股票的必要收益率为

$$E(R_i) = R_f + \beta_i(R_m - R_f) = 4\% + 1.170 \times (10\% - 4\%) = 11.02\%$$

(二)资产组合的必要收益率

由资本资产定价模型可以推导出资产组合的必要收益率的计算公式为

$$R_P = R_f + \beta_p \times (R_m - R_f) \tag{2.42}$$

其中,R_P 表示资产组合的必要收益率。

这个公式与资本资产定价模型的公式极为相似,唯一不同的是 β_p 是指资产组合的 β 系数,它是由所有单项资产 β 系数的加权平均数,权数为各项资产在资产组合中所占的价值比重,计算公式为

$$\beta_p = \sum W_i \beta_i \tag{2.43}$$

式中,β_p 是指资产组合的系统风险系数,W_i 是第 i 项资产在资产组合中所占的价值比重,β_i 是第 i 项资产的 β 系数。

【例2.24】 某资产组合有三只股票,有关信息见表2.2,则该项资产组合的 β 系数是多少?

表2.2　某资产组合的相关信息

股票	β 系数	股票的每股市价/元	股票的数量/股
A	0.7	4	200
B	1.1	2	100
C	1.7	10	100

若假设当前短期国债收益率为3%,股票价格指数平均收益率为12%,则求这三只股票组合的必要收益率。

分析: 先计算三只股票所占的价值比重:

A 股票

$$\frac{4 \times 200}{4 \times 200 + 2 \times 100 + 10 \times 100} = 40\%$$

B 股票

$$\frac{2 \times 100}{4 \times 200 + 2 \times 100 + 10 \times 100} = 10\%$$

C 股票

$$\frac{10 \times 100}{4 \times 200 + 2 \times 100 + 10 \times 100} = 50\%$$

该项资产组合的 β 系数为

$$\beta_p = \sum W_i \beta_i = 40\% \times 0.7 + 10\% \times 1.1 + 50\% \times 1.7 = 1.24$$

该项资产组合的必要收益率为

三只股票组合的必要收益率 $= R_f + \beta_p \times (R_m - R_f) = 3\% + 1.24 \times (12\% - 3\%) = 14.16\%$

本章小结

1. 资金时间价值是没有风险和没有通货膨胀条件下的社会平均投资报酬率,是资金参与社会再生产,在使用过程中的增值;资金时间价值的大小与时间成正比。资金时间价值有单利和复利两种计算方法。单利计算就是JY利息的计算以本金为基础,复利利息计算时是以上期期末的本利和为基础。

2. 单利计算的终值 $F = P(1 + i \cdot n)$,复利计算的终值 $F = P(1+i)^n = P(F/P, i, n)$。

3. 年金是指一定时期内每隔相同时间发生相同数额的系列收付款项。年金的特点:等额性,连续性,均匀性。年金的种类:普通年金、先付年金、递延年金、永续年金。

4. 普通年金终值计算公式: $F = A \dfrac{(1+i)^n - 1}{i} = A(F/A, i, n)$。

普通年金现值计算公式: $P = A \dfrac{1 - (1+i)^{-n}}{i} = A(P/A, i, n)$。

5. 名义利率与实际利率的换算公式: $i = (1 + \dfrac{r}{m})^m - 1$。

6. 风险是指某一行动的结果具有多样性。风险报酬是指投资者因冒风险进行投资而要求的超过资金时间价值的那部分额外报酬。

7. 风险的衡量。离散程度越大,风险越大;离散程度越小,风险越小。

当两种方案收益期望值相同时,计算标准离差(σ)衡量风险的大小。

当两种方案收益期望值不相同时,计算标准离差率(V)衡量风险的大小。

8. 资本资产定价模型: $R = R_f + \beta(R_m - R_f)$。

复习思考题

1. 什么是资金时间价值?怎样理解资金时间价值?
2. 如何计算复利的终值和现值?
3. 什么是年金?它有几种表现形式?
4. 如何计算各种年金终值和现值?
5. 什么是风险?风险的种类有哪些?如何对其进行衡量?
6. 如何理解资本资产定价模型?

【案例分析】

选择 1 500 美元

某人面对今天的 1 000 美元、五年后的 1 500 美元、十年后的 2 000 美元,要做出选择,你将选择今天的 1 000 美元,还是五年后的 1 500 美元或十年后的 2 000 美元呢?

要回答这个问题,就必须把不同时间点的现金流量调整到一个统一的时点,这样就能进行公平的比较。

调整到统一时间点就需要知道货币时间价值率,假定货币时间价值率为 8%,调整到统一时间点(今天)的现金流量为:

今天的 1 000 美元不变。

五年后的 1 500 美元等于今天的 1 020.9 美元。($1\,500\times(F/P,8\%,5)$)

十年后的 2 000 美元等于今天的 926.4 美元。($2\,000\times(F/P,8\%,10)$)

通过公平比较,你应选择五年后的 1 500 美元,因为它将为我们带来最大的效益。

问题:

1. 货币为什么会有时间差?
2. 货币时间价值对财务管理有何意义?

第三章
Chapter 3

筹资管理

【学习要点及目标】

通过本章的学习,使学生理解筹资的目的与要求;掌握筹资的渠道与方式以及各种筹资方式的优缺点;熟悉筹资的分类和原则。

【导入案例】

招商银行配股

招商银行股份有限公司(以下简称"招商银行")配股方案经2009年10月19日召开的2009年度第二次临时股东大会、2009年第一次A股类别股东会议、2009年第一次H股类别股东会议表决通过,且A股配股申请已获得中国证券监督管理委员会证监许可[2010]257号文核准。此次A股配股以A股发行股权登记日2010年3月4日(T日)上海证券交易所收市后招商银A股股本总数15 658 890 016股为基数,按每10股配1.3股的比例向A股股东配售,共计可配股份数量2 035 655 702股。招商银行A股全部为无限售条件流通股,本次A股配股全部采取网上定价发行方式,由中国国际金融有限公司作为保荐人,由中国国际金融有限公司、高盛高华证券有限责任公司以及瑞银证券有限责任公司作为联席主承销商,招商证券股份有限公司和中信证券股份有限公司作为副主承销商财务顾问负责组织实施。此次A股配股的配股价格为8.85元/股,预计可募集资金一百八十亿零一千五百万元。那么,招商银行为什么采用配股形式进行筹资呢?

第一节　企业筹资概述

一、筹资的含义、动机

（一）筹资的含义

筹资是指企业根据其生产经营、对外投资及调整资本结构的需要，通过一定的渠道和资金市场，采取适当的方式，获取所需资金的一种行为。企业的生存与发展皆以筹集足够的资金并灵活地运用这些资金为前提，筹资是整个资金运动的起点，因而，筹资管理是企业财务管理的一项基本内容。

（二）企业筹资的动机

企业筹资的基本目的是维持自身的生存与发展。企业在持续地生存与发展中，其具体的筹资活动通常受特定的筹资动机所驱使。企业筹资的具体动机是多种多样的。

1. 开办性筹资动机

开办性筹资动机是指为了设立企业取得资本金，并满足开展生产经营活动所需基本条件而产生的筹资动机。资本金是设立企业并开展正常经营活动的必备条件，企业创建时，要按照企业经营规模核定开展正常经营活动的流动资金需要量和长期资本需要量，要安排铺底流动资金、构建厂房设备等，形成企业的经营能力，这就需要筹措注册资本等权益资本，因此每个企业想要正常开展生产经营活动都会产生开办性筹资动机。

2. 扩张性筹资动机

扩张性筹资动机是企业因扩大生产经营规模或增加对外投资的需要而产生的追加筹资动机。企业维持简单再生产经营活动所需的资金是稳定的，但一旦企业要扩大经营规模和开展对外投资就需要大量追加筹资。处于成长期、具有良好发展前景的企业通常会产生这种筹资动机。例如，企业产品供不应求，需要增加市场供应；开发生产适销对路的新产品；追加有利的对外投资规模；开拓有发展前途的对外投资领域等，往往都需要追加筹资。扩张性筹资动机所产生的直接结果，是企业资产总额和资本总额的增加。

3. 调整性筹资动机

调整性筹资动机是指企业为了调整资本结构的需要而产生的筹资动机。资本结构是指企业各种资本的构成及其比例关系，企业的资本结构是企业采取的各种筹资方式组合而形成的。一个企业在不同时期由于筹资方式的不同组合会形成不尽相同的资本结构，随着相关情况的变化，原有的资本结构可能不再合理，需要相应地予以调整，使之趋于合理。调整资本结构的目的在于使资本结构趋于合理，从而降低资本成本，控制财务风险，提升企业价值。当企业股权资本比例较大使得资本成本较高、没有充分利用财务杠杆效应，或者债务资本比例过高而使得企业财务风险较大时,往往会产生调整性筹资动机。

4. 混合性筹资动机

企业既为扩大规模又为调整资本结构而产生的筹资动机,称为混合性筹资动机。即这种混合性筹资动机中兼容了扩张性筹资和调整性筹资两种筹资动机。在这种混合筹资动机的驱使下,企业通过筹资,既扩大了资产和资本的规模,又调整了资本结构。

二、筹资的类型

由于筹资范围、筹资机制和资本属性不同,企业筹资区分为各种不同类型。

(一)按筹集资本属性的不同,企业筹资可分为权益资本筹资与债务资本筹资

1. 权益资本

权益资本又称股权资本或自有资本,是指企业依法筹集并长期拥有、自主支配的资本来源。权益资本在资产负债表上体现为所有者权益(或股东权益),其内容包括实收资本(或股本)、资本公积、盈余公积和未分配利润,可分别划入资本金和留存收益两大类。其特点有:

(1)其所有权归属于企业的所有者,所有者借此参与企业管理并取得收益,同时承担相应的责任;

(2)它是企业法人财产权的体现,在企业存续期内,投资者除依法转让外无权抽回其投入的资本,因而被视为企业的"永久性资本";

(3)企业无须还本付息,是一种高成本、低风险的资本来源。

2. 债务资本

债务资本又称负债或借入资本,是指企业依法筹措并依约使用、按期偿还的资本来源。债务资本在资产负债表上体现为负债总额,包括流动负债与非流动负债,其内容主要有金融机构的各种借款、应付债券、应付款项等。其特点有:

(1)它是企业债务,体现了企业和债权人之间的债务、债权关系;

(2)必须按期还本付息;

(3)它是一种低成本、高风险的资本来源,也是财务风险的主要根源。

(二)按筹措资本使用期限的不同,筹资可分为长期资本筹资与短期资本筹资

1. 长期资本

长期资本是指期限在一年以上的资本。其内容包括长期负债和权益资本,主要通过吸收直接投资、发行股票、发行长期债券、长期借款、融资租赁等方式来筹集。相对于短期资本,它是一种高成本、低风险的资本来源。

2. 短期资本

短期资本是指期限在一年以内的资金。其内容包括短期债务,一般通过短期借款、商业信用等方式来筹集。相对于长期资本,它是一种低成本、高风险的资本来源。

（三）按筹资是否以金融机构为中介,筹资分为直接筹资与间接筹资

1. 直接筹资

直接筹资是指企业不通过银行等金融机构,用直接面对资本供应者借贷或发行股票、债券等方式所进行的筹资活动。在直接筹资过程中,筹资者和投资者通过双方都接受的合法手段,直接实现资金从所有者转移到资金使用方。其特点有：

（1）受金融市场及法律的影响较大；

（2）必须依附一定的载体(如股票、债券等)；

（3）筹资范围广,可利用的筹资方式较多。随着金融市场的不断完善和持续创新,企业选择的余地较大,使企业具有良好前景的筹资来源。

2. 间接筹资

间接筹资是指企业借助于银行等金融机构进行的筹资,其主要形式为银行借款、非银行金融机构借款、融资租赁等。它是目前我国企业最为重要的筹资方式,具有筹资效率高、交易成本低等优点,但这种形式的筹资范围较窄。

（四）按是否引起资产项目变化,筹资分为表内筹资与表外筹资

1. 表内筹资,是指所筹资本在资产负债表内予以披露的筹资行为。

2. 表外筹资,是指所筹资本不在资产负债表内予以披露的筹资行为,如经营租赁、应收票据贴现等。

三、筹资渠道与方式

（一）资金的筹集渠道

筹资渠道是指企业资金的来源。目前我国筹资渠道主要包括国家财政资金、银行信贷资金、其他金融机构资金、企业内部资金、其他单位资金、居民个人资金、外商及港澳台资金等。

1. 国家财政资金

国家对企业的直接投资是国有企业特别是国有独资企业获得资金的主要渠道之一。现有国有企业的资金来源中,其资本部分大多是由国家财政以直接拨款方式形成的。除此以外,还有些是国家对企业"税前还贷"或减免各种税款而形成的。不管是何种形式形成的,从产权关系上看,它们都属于国家投入的资金,产权归国家所有。

2. 银行信贷资金

银行对企业的各种贷款是我国目前各类企业最为重要的资金来源。我国银行分为商业银行和政策性银行两种。商业银行是盈利为目的、从事信贷资金投放的金融机构,它主要为企业提供各种商业贷款。政策性银行主要为特定企业提供政策性贷款。

3. 其他金融机构资金

其他金融机构也可以为企业提供一定的资金来源,其他金融机构主要指信托投资公司、保

险公司、金融租赁公司、证券公司、财务公司等。它们所提供的各种金融服务,既包括信贷资金投放,也包括物资的融通,还包括为企业承销证券等金融服务。

4. 企业内部资金

企业自留资金,也称企业内部留存,是指企业内部形成的资金,主要包括提取公积金和未分配利润等。这些资金的重要特征之一是,它们无须企业通过一定的方式去筹集,而直接由企业内部自动生成或转移。

5. 其他单位资金

其他单位资金也可以为企业提供一定的资金来源。企业在生产经营过程中,往往形成部分暂时闲置的资金,并为一定的目的而进行相互投资。另外,企业间的购销业务可以通过商业信用方式来完成,从而形成企业间的债权债务关系,形成债务人对债权人的短期信用资金占用。企业间的相互投资和商业信用的存在,使其他企业资金也成为企业资金的重要来源。

6. 居民个人资金

居民个人资金也可以为企业提供一定的资金来源,企业职工和居民个人的结余货币,作为"游离"于银行及非银行金融机构等之外的个人资金,可用于对企业进行投资,形成民间资金来源渠道,从而为企业所用。

7. 外商及港澳台资金

外商及港澳台地区资金源自国外及我国香港、澳门和台湾地区投资者所持有的资金,它是外商投资企业筹措资本的主要渠道。

> 【小资料】
> 目前,我国已注册的中小企业数量已超过2 000万家,占全部注册企业数的99.5%,提供了75%的城镇就业机会,吸收约80%的新增就业人口,工业总产值和实现利税分别占全国的60%和45%。但中小企业发展面临的最大问题是筹资难,金融机构的门槛过高,国家的财政资金支持力度过小,其他筹资渠道过窄。
>
> 资料引自:王聪.我国中小企业融资特点及对策[J].经济研究导刊.

(二)资金的筹措方式

筹资方式是指企业筹措资金时所选用的具体形式。目前,我国的筹资方式主要有:吸收直接投资;向银行借款;发行股票;发行公司债券;融资租赁;利用留存收益;利用商业信用等。

四、筹资原则

筹资是一项重要而复杂的工作。因此,企业在筹资过程中必须遵循一定的原则。以最低的成本、可控的风险,适量、适时、适度地筹集企业经营所需资本,是企业筹资的总体要求。具体地讲,企业筹资必须遵循以下原则:

(一)规模适当原则

企业的资金需求量往往是不断波动的,企业财务人员要认真分析科研、生产、经营状况,采用一定的方法,预测资金的需要数量,合理确定筹资规模。这样,既能避免因资金筹集不足,影响生产经营的正常进行,又可防止资金筹集过多,造成资金闲置。

(二)筹措及时原则

企业财务人员在筹集资金时必须熟知资金时间价值的原理和计算方法,以便根据资金需求的具体情况,合理安排资金的筹集时间,适时获取所需资金。这样,既能避免过早筹集资金形成资金投放前的闲置,又能防止取得资金的时间滞后,错过资金投放的最佳时间。

(三)来源合理原则

资金的来源渠道和资金市场为企业提供了资金的源泉和筹资场所,它反映资金的分布状况和供求关系,决定着筹资的难易程度。不同来源的资金,对企业的收益和成本有不同影响,因此,企业应认真研究资金渠道和资金市场,合理选择资金来源,力求最佳资本结构,防范企业财务危机,提高筹资效益。

(四)方式经济原则

在确定筹资数量、筹资时间、资金来源的基础上,企业在筹资时还必须认真研究各种筹资方式。企业筹集资金必然要付出一定的代价,不同筹资方式条件下的资金成本有高有低。为此,就需要对各种筹资方式进行分析、对比,选择最佳的筹资方式、确定合理的资金结构,以便降低成本,减少风险。

五、资金需要量的预测

资金需求量预测是财务预测的重要组成部分,也是企业合理筹集资金所必需的一个基础环节。资金需求量预测最常用的方法是销售百分比法和资金习性预测法。

(一)销售百分比法

销售百分比法首先假定收入、费用、资产、负债与销售收入存在稳定的百分比关系,根据预计的销售额和相应的百分比预计资产、负债和所有者权益的增加额,然后确定融资需求。具体的计算方法有两种:一种是先根据销售总额预计资产、负债和所有者权益的总额,然后确定融资需求;另一种是根据销售的增加额预计资产、负债和所有者权益的增加额,然后确定融资需求。

(1)根据销售总额确定融资需求

【例3.1】 ABC企业 x_1 年度的资产负债表(简表)表3.1如下。

根据历史资料考察,销售收入与流动资产、固定资产、应付票据、应付账款和预提费用等项目成正比,企业 x_1 年度销售收入4 000万元,实现净利100万元,支付股利60万元。预计 x_2 年的销售收入为5 000万元,销售净利率的增长率为10%,股利支付率保持不变,采用销售百分比

法预测 x_2 年的外部融资额。

表 3.1　ABC 企业 x_1 年度的资产负债表

单位：万元

项　　目	期末数	项　　目	期末数
流动资产合计	240	短期借款	46
		应付票据	18
		应付账款	25
长期投资净额	3	预提费用	7
		流动负债合计	96
固定资产合计	65	长期负债合计	32
无形资产及其他资产	12	股本	90
		资本公积	35
		留存收益	67
		股东权益合计	192
资产总计	320	权益总计	320

①计算销售百分比

　　　　流动资产销售百分比 = 240÷4 000 = 6%
　　　　固定资产销售百分比 = 65÷4 000 = 1.625%

则

　　　　经营资产销售百分比 = 7.625%
　　　　应付票据销售百分比 = 18÷4 000 = 0.45%
　　　　应付账款销售百分比 = 25÷4 000 = 0.625%
　　　　预提费用销售百分比 = 7÷4 000 = 0.175%

则

　　　　经营负债销售百分比 = 1.25%

②计算预计销售销售收入为 5 000 万元时的资产和负债

　　　　资产(负债) = 预计销售额×各项目销售百分比
　　　　流动资产 = 5 000×6% = 300(万元)
　　　　固定资产 = 5 000×1.625% = 81.25(万元)
　　　　应付票据 = 5 000×0.45% = 22.5(万元)
　　　　应付账款 = 5 000×0.625% = 31.25(万元)
　　　　预提费用 = 5 000×0.175% = 8.75(万元)
　　　　预计总资产 = 300+3+81.25+12 = 396.25(万元)

预计不增加借款情况下的总负债(无关项目按上年数计算)为

$$总负债 = 46+22.5+31.25+8.75+32 = 140.5(万元)$$

③预计留存收益增加额

$$预计销售净利率 = 100÷4\,000×(1+10\%) = 2.75\%$$

$$预计的留存收益率 = 1-60÷100 = 40\%$$

$$预计留存收益增加额 = 5\,000×2.75\%×40\% = 55(万元)$$

④计算外部融资需求

$$外部融资额 = 预计总资产-预计总负债-预计股东权益 =$$
$$396.25-140.5-(192+55) = 8.75(万元)$$

(2)可表示为

根据销售增加量确定融资需求

$$融资需求 = 资产增加减负债自然增加-留存收益增加 = (经营资产销售百分比×新增销售额) - (经营负债销售百分比×新增销售额) - [销售净利率×计划销售额×(1-股利支付率)] = 7.625\%×1\,000-1.25\%×1\,000-[100÷4\,000×(1+10\%)×5\,000×(1-60\%)] = 8.75(万元)$$

(二)资金习性法

资金的习性是指资金的变动同产销量变动之间的依存关系。按资金同产销量之间的依存关系,可以把资金区分为不变资金、变动资金和半变动资金。资金习性法是指根据资金习性预测未来资金需要量的一种方法。

不变资金是指在一定的产销量范围内,不受产销量变动的影响保持固定不变的那部分资金。这部分资金包括:为维持营业而占用的最低数额的现金、必要的成品储备、厂房、机器设备等固定资产占用的资金。

变动资金是指随产销量的变动而成同比例变动的那部分资金。它一般包括:直接构成产品实体的原材料、外购件等占用的资金。另外,在最低储备以外的现金、存货、应收账款等也具有变动资金的性质。

半变动资金就是指虽然受产销量变化的影响,但不成同比例变动的资金,如一些辅助材料上占用的资金。半变动资金可采用一定的方法划分为不变资金和变动资金两部分。

进行资金习性的分析,把资金划分为变动资金和不变动资金两部分,从数量上掌握了资金同产销量之间的关系,对正确地预测资金需求量有很大帮助。这种预测主要有两种形式:一是根据企业资金占用的总额与产量的关系来预测;二是根据各个资金占用项目分别预测后汇总。

1. 根据资金占用总额与产量的关系预测

采用这种方式是根据历史上企业资金占用总额与产销量之间的关系,将资金划分成变动和不变动两部分,然后结合预计销售量来对资金需求量进行预测。

【例3.2】 ABC企业产销量和资金变动情况如表3.2所示。

表3.2 产销量和资金变动情况表

年 度	产销量 X_i/万件	资金占用 Y_i/万元
2000	2	24
2001	6	34
2002	4	28
2003	8	34
2004	12	44
2005	10	38

设产销量为自变量 X，资金占用为因变量 Y，它们之间的关系可以用下式表示

$$Y = a + bX$$

其中，a 代表不变资金，b 代表单位产销量所需的变动资金。

根据表3.2整理出表3.3。

表3.3 回归直线方程计算表

年度	产销量 X_i	资金占用 Y_i	X_iY_i	X_i^2
2000	2	24	48	4
2001	6	34	204	36
2002	4	28	112	16
2003	8	34	272	64
2004	12	44	528	144
2005	10	38	380	100
合计 $n=6$	$\sum X_i = 42$	$\sum Y_i = 202$	$\sum X_iY_i = 1\,544$	$\sum X_i^2 = 364$

将表3.3的资料带入下列联立方程

$$\sum_{i=1}^{n} Y_i = na + b\sum_{i=1}^{n} X_i$$

$$\sum_{i=1}^{n} X_iY_i = a\sum_{i=1}^{n} X_i + b\sum_{i=1}^{n} X_i^2$$

解得

$$b = \frac{n\sum xy - \sum x \sum y}{n\sum x^2 - (\sum x)^2}, \quad a = \frac{\sum y}{n} - b\frac{\sum x}{n}$$

$$a = 20.6, \quad b = 1.86$$

直线方程为

$$Y = 20.6 + 1.86X$$

若企业2006年的销量为13万件，则资金需求量为

$$20.6 + 1.86 \times 13 = 44.78 (万元)$$

2. 将各个资金占用项目分别预测后汇总

这种方式是根据各资金占用项目，如现金、存货、应收账款、固定资产等同产销量之间的关系，把各项目的资金都分成变动和固定两部分，然后汇总在一起，求出企业变动资金总额和不

变动资金总额,进而预测资金需求量。

【例 3.3】 ABC 企业以前年度现金占用与销售收入之间的关系如表 3.4 所示。

表 3.4 产销量和资金变动情况表

单位:万元

年 份	销售收入 X_i	资金占用 Y_i
1	200	11
2	240	13
3	260	14
4	280	15
5	300	16

根据资料,采用高低点法计算 a,b 值为

$$b = \frac{最高销售收入期资金占用量-最低销售收入期资金占用量}{最高销售收入-最低销售收入} = \frac{16-11}{300-200} = 0.05$$

由 $Y=a+bX$ 得

$$a=Y-bX$$

代入第 5 年资料得

$$a=16-0.05 \times 300=1(万元)$$

同样,根据历史资料,将存货、应收账款、流动负债、固定资产也作这样的划分,然后汇总于表 3.5 中。

表 3.5 不变资金和变动资金划分表

单位:元

项 目	年度不变资金(a)	每一元销售收入所需变动资金(b)
流动资产:		
现金	10 000	0.05
应收账款	60 000	0.14
存货	100 000	0.22
小计	170 000	0.41
减流动负债:		
应付账款及应付费用	80 000	0.11
净资金占用	90 000	0.30
固定资产:		
厂房设备	510 000	0
所需资金合计	600 000	0.30

根据表 3.5 的资料得出预测模型为

$$Y=600\ 000+0.30X$$

如果第 6 年的预计销售收入为 3 500 000 元,那么

第 6 年资金需求量=600 000+0.3×3 500 000=1 650 000(元)

从上面的分析可以看出,资金习性预测注意了资金需求量同产销量之间的变动关系,是一种比较简单而又准确的预测方法。

第二节　权益资金筹集

一、权益资金概述

权益资金是企业依法取得并长期拥有、自主调配运用的资金。其主要筹资方式为吸收直接投资、发行股票、利用留存收益。筹集权益资金具有永久性,无偿还日;筹资风险小,无固定报酬;资金成本较高;可能分散公司的控制权等特点。

二、吸收直接投资

吸收直接投资是指企业以合同、协议等形式吸收国家、其他企业、个人和外商等主体直接投入资金,形成企业自有资金的一种筹资方式。

(一)吸收直接投资的种类

吸收投资一般包括以下四类。

1. 吸收国家投资

国家投资是指有权代表国家的政府部门或者机构以国有资产进行的投资,这种投资形成的资金叫国家资本金。吸收国家投资具有以下特点:①产权归属国家;②资金数额较大;③在国有企业中采用比较广泛。

2. 吸收法人投资

法人投资是指法人单位以其依法可以支配的资产进行的投资,这种投资形成的资金叫法人资本金。目前,吸收法人投资主要指法人单位在进行横向经济联合时所产生的联营投资。吸收法人投资具有以下特点:①产权归属企业;②以获取企业利润为目的;③出资方式比较灵活。

3. 吸收个人投资

个人投资是指社会个人或本企业内部职工以个人合法财产进行的投资,这种投资形成的资金叫个人资本金。吸收个人投资具有以下特点:①参加投资的人员较多;②每人投资的数额相对较少;③以参与企业利润分配为目的。

4. 吸收外商投资

外商投资是指外国投资者以及我国香港、澳门和台湾地区投资者对企业进行的投资,这种投资形成的资金叫外商资本金。吸收外商投资具有以下特点:①可以筹集外汇资金;②一般只

有中外合资(或中外合作)经营企业才能采用。

(二)吸收直接投资的出资方式

吸收直接投资可以采用厂房、机器设备、材料物资、现金、无形资产等出资方式,主要有以下几种。

1. 现金投资

现金投资是以现金形式对企业进行的投资。由于现金可以进行任何物质的交换,因此,企业应尽量动员投资者采用现金方式出资,但我国目前尚无这方面的规定,所以需要在投资过程中由双方协商加以确定。

2. 实物投资

以厂房、建筑物、设备等固定资产和材料、燃料、商品等流动资产进行的投资,属于实物投资。一般来说,实物投资应满足如下要求:①确为企业科研、生产、经营所需;②实物资产的技术性能较好;③作价公平合理。投资实物的具体作价,可由双方按公平合理的原则协商确定,也可聘请各方同意的专业资产评估机构评定。

3. 工业产权投资

工业产权是指以专有技术、商标权、专利权等无形资产进行的投资。一般来说,企业吸收的工业产权应满足以下条件:①对研究和开发新的高科技产品有帮助;②对生产出适销对路的高科技产品有帮助;③对改进产品质量,提高生产效率有帮助;④对大幅度降低各种消耗有帮助;⑤作价比较合理。

4. 土地使用权投资

土地使用权投资是指以土地使用权进行的投资。企业在接收场地使用权的投资时,应注意以下问题:①场地应是企业科研、生产、销售活动所需要的;②场地的交通、地理条件比较适应;③作价公平合理。

(三)吸收直接投资的成本

企业吸收直接投资的成本是指企业因吸收直接投资而支付给直接投资者的代价。吸收直接投资成本除不考虑筹资费用外,其计算方法与普通股筹资基本相同。

(四)吸收直接投资的优缺点

1. 吸收直接投资的优点

(1)利用吸收直接投资所筹集的资金属于企业自有资金,能增强企业的信誉和借款能力,形成经营规模。

(2)吸收实物投资和产权投资可以直接获取投资者的先进技术和设备,尽快形成生产能力。

(3)吸收直接投资根据企业的经营状况向投资者支付报酬,比较灵活,财务风险较小。

2. 吸收直接投资的缺点

(1)吸收直接投资支付的资金成本较高。一般而言,采用吸收投资方式筹集资金的资金成本较高。

(2)吸收直接投资容易分散企业的控制权。采用吸收投资方式筹集资金,投资者一般都要求获得与投资数量相适应的经营管理权。如果外部投资者的投资较多,甚至会对企业实行完全控制。

三、发行普通股筹资

股票是股份公司为筹集权益资金而发行的一种有价证券,是公司签发的证明股东所持股份的凭证,它代表投资者对公司的所有权。权益资金通常是构成一个新公司的首要资金来源。发行普通股是筹集权益资金的主要方式。

(一)股票的分类

1. 股票的分类

股票根据不同的标准,可以分为不同种类。

(1)按是否记名可以划分为记名股票和不记名股票。记名股票是将股东姓名记入股票及股东名簿,分配股息时,由企业书面通知股东。记名股票的转让受到一定限制。不记名股票是在股票上不记载所有者的姓名,仅凭股票所附息票领取股息。不记名股票可以任意转让。

(2)按票面是否标明金额可以划分为面值股票和无面值股票。面值股票是在票面上标明每股金额的股票。这种股票可以直接确定每一股份在企业资金总额中所占的份额。无面值股票是不标明每张股票的面值,仅表示每一股在公司全部股票中所占有的比例。在公司生产经营过程中,股份的实际价值与股票发行价值往往不相一致,因此只能根据股票股数才可确定股份的实际价值。

(3)按股息是否变动和股东权利不同可以划分为普通股票和优先股票。普通股票是指股息和红利随着企业利润的多少而变动的股票,是股票中最普通的一种形式,也是公司资金的基本来源。优先股票是较普通股票有某些优先权利的股票。其优先权体现在两个方面:一是优先股的持有者享有固定的股息,且固定股息的支付在普通股持有者得到任何股息之前;二是当企业由于倒闭破产而进行清算时,优先股的持有者享有优先于普通股的剩余财产分配权。

(4)按发行对象和上市地区可分为 A 股、B 股、H 票和 N 股。A 股是指非外国和非我国香港、澳门、台湾地区的投资者买卖的,以人民币标明股票面值,以人民币认购和交易的股票;B 股是指在国内上市以外币认购和进行交易的股票;H 股是指在香港联交所上市以港币认购和进行交易的股票;N 股是指在纽约发行上市,以美元交易的股票。

(二)普通股股东的权利

普通股票是股利随着企业利润的多少而变动的股票,是股票中最普通的一种形式,也是公司资金的基本来源。它是权益资金的首要的资金来源。

普通股股票的持有人称为普通股股东，普通股股东一般具有以下权利。

1. 公司管理权

普通股股东的管理权主要体现为在董事会选举中有选举权和被选举权，通过选出的董事会代表所有股东对企业进行控制和管理。具体来说，普通股股东的管理权主要包括投票权、查账权、阻止越权经营的权利。

2. 分享盈余权

分享盈余权，即普通股股东经董事会决定后有从净利润中分得股息和红利的权利。

3. 出让股份权

出让股份权，即股东有权出售或转让股票。

4. 优先认股权

优先认股权，即普通股股东拥有优先于其他投资者购买公司增发新股票的权利。

5. 剩余财产要求权

剩余财产要求权，即当公司解散、清算时，普通股股东对剩余财产有要求权。但是，公司破产清算时，财产的变价收入，首先要用来清偿债务，然后支付优先股股东，最后才能分配给普通股股东。

6. 公司章程规定的其他权利

(三) 股票发行

1. 股票发行的规定与条件

股份公司发行股票应符合以下规定与条件：

(1)每股金额相等。同次发行的股票，每股的发行条件和价格应当相同。

(2)股票发行价格可以按票面金额，也可以超过票面金额，但不得低于票面金额。

(3)股票应当载明公司名称、公司登记日期、股票种类、票面金额及代表的股份数、股票编号等主要事项。

(4)向发起人、国家授权投资的机构、法人发行的股票，应当为记名股票；对社会公众发行的股票，可以为记名股票，也可以为无记名股票。

(5)公司发行记名股票的，应当置备股东名册，记载股东的姓名或者名称、住所、各股东所持股份、各股东所持股票编号、各股东取得其股份的日期；发行无记名股票的，公司应当记载其股票数量、编号及发行日期。

(6)公司发行新股，必须具备下列条件：

①具备健全且运行良好的组织结构；

②具有持续盈利能力，财务状态良好；

③最近三年财务会计文件无虚假记载，无其他重大违法行为；

④证券监督管理机构规定的其他条件。

(7)公司发行新股,应由股东大会作出有关下列事项的决议:新股种类及数额;新股发行价格;新股发行的起止日期;向原有股东发行新股的种类及数额。

2. 股票的发行方式

股票发行方式,指的是公司通过何种途径发行股票。总的来讲,股票的发行方式可分为如下两类:

(1)公开间接发行:指通过中介机构,公开向社会公众发行股票。我国股份有限公司采用募集设立方式向社会公开发行新股时,须由证券经营机构承销的做法就属于股票的公开间接发行。这种发行方式的发行范围广、发行对象多,易于足额募集资本;股票的变现性强,流通性好;股票的公开发行还有助于提高发行公司的知名度和扩大其影响力。但这种发行方式也有不足,主要是手续繁杂,发行成本高。

(2)不公开直接发行:指不公开对外发行股票,只向少数特定的对象直接发行,因而不需经中介机构承销。我国股份有限公司采用发起设立方式和以不向社会公开募集的方式发行新股的做法,即属于股票的不公开直接发行。这种发行方式弹性较大,发行成本低;但发行范围小,股票变现性差。

3. 股票的销售方式

股票的销售方式,指的是股份有限公司向社会公开发行股票时所采取的股票销售方法。股票销售方式有两类:自销和委托承销。

(1)自销方式。股票发行的自销方式,指发行公司自己直接将股票销售给认购者。这种销售方式可由发行公司直接控制发行过程,实现发行意图,并可以节省发行费用;但往往筹资时间长,发行公司要承担全部发行风险,并需要发行公司有较高的知名度、信誉和实力。

(2)承销方式。股票发行的承销方式,指发行公司将股票销售业务委托给证券经营机构代理。这种销售方式是发行股票所普遍采用的。股票承销又分为包销和代销两种具体办法。所谓包销,是根据承销协议商定的价格,证券经营机构一次性全部购进发行公司公开募集的全部股份,然后以较高的价格出售给社会上的认购者。所谓代销,是证券经营机构代替发行公司代售股票,并由此获取一定的佣金,但不承担股款未募足的风险。

4. 股票发行价格

股票的发行价格是股票发行时所使用的价格,也就是投资者认购股票时所支付的价格。股票发行价格通常由发行公司根据股票面额、股市行情和其他有关因素决定。以募集设立方式设立公司首次发行的股票价格,由发起人决定;公司增资发行新股的股票价格,由股东大会作出决议。

股票的发行价格可以和股票的面额一致,但多数情况下不一致。股票的发行价格一般有以下三种:

(1)等价。等价就是以股票的票面额为发行价格,也称为平价发行。这种发行价格,一般在股票的初次发行或在股东内部分摊增资的情况下采用。等价发行股票容易推销,但无从取得股票溢价收入。

（2）时价。时价就是以本公司股票在流通市场上买卖的实际价格为基准确定的股票发行价格。其原因是股票在第二次发行时已经增值，收益率已经变化。选用时价发行股票，考虑了股票的现行市场价值，对投资者也有较大的吸引力。

（3）中间价。中间价就是以时价和等价的中间值确定的股票发行价格按时价或中间价发行股票，股票发行价格会高于或低于其面额。前者称溢价发行，后者称折价发行。如属溢价发行，发行公司所获得的溢价款列入资本公积。我国《公司法》规定，股票的发行价格可以等于票面金额（等价），也可以超过票面金额（溢价），但不得低于票面金额（折价）。

5. 股票上市对公司的影响

股票上市是指股份有限公司公开发行的股票经批准在证券交易所进行挂牌交易。经批准在交易所上市交易的股票称为上市股票。我国《公司法》规定，股东转让其股份，即股票流通必须在依法设立的证券交易所进行。股票上市对公司的有利影响主要体现在以下几个方面：

（1）改善财务状况，增强融资能力。公司通过股票上市可迅速筹集一笔可观的资金，使公司财务状况发生改观，同时为今后在证券市场增资扩股和向金融机构借贷创造了便利条件。

（2）客观评价公司价值。对上市公司来说，股票市价是评价企业价值大小的标准与尺度，每日每时的股市，都是对企业客观的市场估价，也反映了投资人对上市公司的认可程度。

（3）提高企业知名度，扩大企业市场占有份额。上市公司因经营状况较佳而具有良好的声誉，吸引众多用户以及投资者，更利于企业拓宽销售市场。

（4）利用股票收购其他公司。由于上市公司股票具有良好的流通性，变现能力强，因此被收购企业乐意接受上市公司出让的股票，从而减轻了上市公司的付现压力，降低了财务风险。

（5）利用股票可有效激励员工，尤其是企业关键人员，如营销、科技、管理等方面人才。因为，公开的股票市场提供了股票的准确价值，也可使职员的股票得以兑现。

股票上市对公司的不利影响主要表现在：

（1）容易泄露商业机密，使公司失去隐私权。上市公司必须向社会公众公布其经营成果及重大经营事项等，以便使社会公众和股东随时了解公司的经营状况。这就使得上市公司隐私权消失。

（2）公开上市需要很高的费用。一般包括：资产评估费用、股票承销佣金、律师费、注册会计师费、材料印刷费、登记费等。这些费用的具体数额取决于每一个企业的具体情况、整个上市过程的难易程度和上市数额等因素。公司上市后尚需花费一些费用为证券交易所、股东等提供资料，聘请注册会计师、律师等。

（四）普通股筹资的优缺点

1. 普通股筹资的优点

与其他筹资方式相比，普通股筹措资本具有如下优点：

（1）发行普通股筹措资本具有永久性，无到期日，不需归还。这对保证公司对资本的最低需要、维持公司长期稳定发展极为有益。

（2）发行普通股筹资没有固定的股利负担，股利的支付与否和支付多少，视公司有无盈利和经营需要而定，经营波动给公司带来的财务负担相对较小。由于普通股筹资没有固定的到期还本付息的压力，所以筹资风险较小。

（3）发行普通股筹集的资本是公司最基本的资金来源，它反映了公司的实力，可作为其他方式筹资的基础，尤其可为债权人提供保障，增强公司的举债能力。

（4）由于普通股的预期收益较高并可一定程度地抵消通货膨胀的影响（通常在通货膨胀期间，不动产升值时普通股也随之升值），因此普通股筹资容易吸收资金。

2. 普通股筹资的缺点

（1）普通股的资金成本较高。首先，从投资者的角度讲，投资于普通股风险较高，相应地要求有较高的投资报酬率。对于筹资公司来讲，普通股股利从税后利润中支付，不像债券利息那样作为费用从税前支付，因而不具有抵税作用。此外，普通股的发行费用一般也高于其他证券。

（2）分散控制权。普通股筹资会增加新股东，削弱原股东对公司的控制。

【小资料】
　　新东方教育科技（集团）公司（简称"新东方"）于2006年在美国纽约证券交易所公开交易750万份美国存托股份（每一份代表四份普通股），筹集资金约1.2亿美元，通过上市，新东方便捷、有效地打造了融资平台，短期内筹集了大量资金，其用1 850万美元偿付了债务；用2 000万美元发展集团的学校和培训中心网络等，并补充了公司的营运资本，获得了良好的发展机会。

　　资料引自：汤谷良.公司财务管理案例评析[M].北京：北京大学出版社，2008.

四、利用留存收益

（一）留存收益的性质

留存收益包括盈余公积和未分配利润，属于企业税后净利留存部分。形成留存收益的主要原因包括两方面：第一，从法律角度，为了保护债权人的利益以及维护企业的可持续发展，限制企业将获得的利润全额分配。如，《公司法》规定，企业必须依据每年的净利润的10%提取法定盈余公积。第二，企业基于扩大再生产的需要，必将一部分利润进行留存，以备筹资需要。

（二）留存收益的筹资渠道

1. 提取盈余公积

提取盈余公积是依据相关的法律规定，依据每年的净利润的10%进行提取。经提取的盈余公积形成了企业的积累资金——盈余公积，该部分资金为指定用途，即主要用于企业的经营发展，转增资本或弥补以前年度的经营亏损，不得用于对外分配。

2. 未分配利润

未分配利润是指没有指定用途的净利润,属于企业的累积留存,可以用于企业的经营发展、转增资本(股本)、弥补以前年度的经营亏损和以后年度的利润分配。

(三)利用留存收益筹资的优缺点

1. 利用留存收益筹资的优点

(1)节省筹资费用。与普通股筹资相比,留存收益属于企业自有资金,没有运作、发行等筹资,降低了资金成本。

(2)维持企业的控制权分布。利用留存收益筹资,避免了对外发行新股或吸收新的投资者对原有股东控制权的稀释,保持了企业的股权结构。

2. 利用留存收益筹资的缺点

筹资数额有限。企业的留存收益是企业经营积累形成的,取决于企业以往的盈利状况和分配政策,其数额必定是有限的,不同外部筹资可以一次性筹集大量资金。

第三节 长期负债资金筹集

一、长期负债筹资概述

长期负债是指期限超过一年的负债。筹措长期负债资金,可以解决企业长期资金的不足,如满足发展长期性固定资产的需要;同时由于长期负债的归还期长,债务人可对债务的归还作长期安排,还债压力或风险相对较小。但长期负债筹资一般成本较高,即长期负债的利率一般会高于短期负债利率;负债的限制较多,即债权人经常会向债务人提出一些限制性的条件以保证其能够及时、足额偿还债务本金和支付利息,从而形成对债务人的种种约束。目前在我国,长期负债筹资主要有长期借款筹资、发行债券筹资和融资租赁三种方式。

二、长期借款筹资

长期借款是指企业根据借款合同从有关银行或非银行金融机构借入期限超过1年的需要还本付息的款项。银行借款的种类很多,按不同标准可进行不同的分类。

(一)长期借款筹资的种类

长期借款的种类很多,各企业可根据自身的情况和各种借款条件选用。我国目前各金融机构的长期借款主要有:

(1)按照用途,分为固定资产投资借款、更新改造借款、科技开发和新品试制借款等。

(2)按照提供贷款的机构,分为政策性银行贷款、商业银行贷款等。此外,企业还可从信托投资公司取得实物或货币形式的信托投资贷款、从财务公司取得各种中长期贷款等。

(3) 按照有无担保,分为信用贷款和抵押贷款。信用贷款指不需企业提供抵押品,仅凭其信用或担保人信誉而发放的贷款。抵押贷款指要求企业以抵押品作为担保的贷款。长期贷款的抵押品常常是房屋、建筑物、机器设备、股票、债券等。

(二) 长期借款的保护性条款

由于长期借款的期限长、风险大,银行通常对借款企业提出一些有助于保证贷款按时足额偿还的条件。这些条件写进贷款合同中,便形成了合同的保护性条款。归纳起来,保护性条款大致有如下两类。

1. 一般性保护条款

一般性保护条款应用于大多数借款合同,主要包括:①对借款企业流动资金保持量的规定,其目的在于保持借款企业资金的流动性和偿债能力;②对支付现金股利和再购入股票的限制,其目的在于限制现金外流;③对资本支出规模的限制,其目的在于减小企业日后不得不变卖固定资产以偿还贷款的可能性,仍着眼于保持借款企业资金的流动性;④限制其他长期债务,其目的在于防止其他贷款人取得对企业资产的优先求偿权;⑤借款企业定期向银行提交财务报表,其目的在于及时掌握企业的财务情况;⑥不准在正常情况下出售较多资产,以保持企业正常的生产经营能力;⑦如期缴纳税费和清偿其他到期债务,以防被罚款而造成现金流失;⑧不准以任何资产作为其他承诺的担保或抵押,以避免企业过重的负担;⑨不准贴现应收票据或出售应收账款,以避免或有负债;⑩限制租赁固定资产的规模,其目的在于防止企业负担巨额租金以致削弱其偿债能力,还在于防止企业以租赁固定资产的办法摆脱对其资本支出和负债的约束。

2. 特殊性保护条款

特殊性保护条款是针对某些特殊情况而出现在部分借款合同中的,主要包括:①贷款专款专用;②不准企业投资于短期内不能收回资金的项目;③限制企业高级职员的薪金和奖金总额;④要求企业主要领导人在合同有效期间担任领导职务;⑤要求企业主要领导人购买人身保险等。

此外,"短期借款筹资"中的周转信贷协定、补偿性余额等条件,也同样适用于长期借款。

(三) 长期借款的成本

长期借款的利息率通常高于短期借款。但信誉好或抵押品流动性强的借款企业仍然可以争取到较低的长期借款利率。长期借款利率有固定利率和浮动利率两种。浮动利率通常有最高、最低限,并在借款合同中明确。对于借款企业来讲,若预测市场利率将上升,应与银行签订固定利率合同;反之,则应签订浮动利率合同。

除了利息之外,银行还会向借款企业收取其他费用,如实行周转信贷协定所收取的承诺费、要求借款企业在本银行中保持补偿余额所形成的间接费用,这些费用会加大长期借款的成本。

(四) 长期借款的偿还方式

长期借款的偿还方式不一,包括:定期支付利息、到期一次性偿还本金的方式;如同短期借款那样的定期等额偿还方式;平时逐期偿还小额本金和利息、期末偿还余下的大额部分的方式。第一种偿还方式会加大企业借款到期时的还款压力;而定期等额偿还又会提高企业使用贷款的实际利率。

(五) 长期借款筹资的优缺点

1. 长期借款筹资的优点

(1) 筹资速度快。发行各种证券筹集长期资金所需时间一般较长。证券发行的准备工作以及证券的发行都需要一定时间。而向银行借款与发行证券相比,一般所需时间较短可以迅速地获取资金。

(2) 借款弹性较大。企业与银行可以直接接触,可通过直接商谈来确定借款的时间、数量和利息。在借款期间,如果企业情况发生了变化,也可与银行进行协商,修改借款的数量和条件。借款到期后如有正当理由还可延期归还。

(3) 借款成本较低。就目前我国情况来看,利用银行借款所支付的利息比发行债券所支付的利息低。另外,也无须支付大量的发行费用。

(4) 可以发挥财务杠杆的作用。不论公司赚钱多少,银行只按借款合同收取利息,在投资报酬率大于借款利率的情况下,企业所有者将会因财务杠杆的作用而得到更多的收益。

2. 长期借款筹资的缺点

(1) 筹资风险较高。企业举借长期借款,必须定期还本付息,在经营不利的情况下,可能会产生不能偿付的风险,甚至会导致破产。

(2) 限制性条款比较多。企业与银行签订的借款合同中,一般都有一些限制条款,如定期报送有关报表、不准改变借款用途等,这些条款可能会限制企业的经营活动。

(3) 筹资数量有限。银行一般不愿借出巨额的长期借款。因此,利用银行借款筹资都有一定的上限。

三、发行债券筹资

债券是指社会各类经济主体为了筹集资金而向债券的购买者出具的、承诺按一定利率到期支付利息和偿还本金的一种书面凭证。债券表明一种债权债务关系,一般具有票面价值、票面利率、到期日、发行价格等几个要素。

(一) 债券的种类

债券的种类很多,而且在不同国家、不同地区分类方法也不一样。下面介绍主要的分类方式。

1. 按债券有无担保分为抵押债券和信用债券

（1）抵押债券。是指以发行企业的特定财产作为抵押品的债券。根据抵押品的不同，抵押债券又分为不动产抵押债券、动产抵押债券和信托抵押债券。对于抵押债券，若发行企业不能按期偿还本息，持有人可以行使其抵押权，拍卖抵押品作为补偿。

（2）信用债券。是指债券发行单位凭借其自身的信用而发行的没有抵押品作担保的债券。企业发行信用债券时，银行对发行者的行为有一些约束限制，以保障投资者的利益。信用债券通常由那些信誉较好、财务能力较强的企业发行。

2. 按债券是否记名分为记名债券和无记名债券

（1）记名债券。是指债券发行单位在发行债券时在债券票面上需要记载购买者姓名的债券。这种债券购买者需要在发行单位登记注册，并需经背书才能流通转让。

（2）不记名债券。是指债券发行单位在发行债券时在债券票面上不需记载购买者姓名的债券。此种债券不需在发行单位登记注册，不需背书就能流通转让，流动性较好。

3. 按能否转换为公司股票分为可转换债券和不可转换债券

若公司债券能转换为本公司股票，为可转换债券；反之，为不可转换债券。一般来讲，前种债券的利率要低于后种债券。按照我国《公司法》的规定，发行可转换债券的主体只限于股份有限公司中的上市公司。以上两种分类为我国《公司法》所确认。除此之外，按照国际通行做法，公司债券还有另外一些分类。

（二）债券的发行

债券是筹集资金的渠道之一，通过发行债券筹集资金必须做出有关债券发行条件、发行数量、发行种类、发行期限、发行价格等方面的决策。

1. 债券发行的资格和条件

公司发行债券，必须具备规定的发行资格与条件。

（1）发行债券的资格

我国《公司法》规定，股份有限公司、国有独资公司和两个以上的国有企业或者其他两个以上的国有投资主体投资设立的有限责任公司，有资格发行公司债券。

（2）发行债券的条件

我国《公司法》还规定，有资格发行公司债券的公司，必须具备以下条件：

①股份有限公司的净资产额不低于人民币3 000万元，有限责任公司的净资产不低于人民币6 000万元。

②累计债券额不超过公司净资产的40%。

③最近3年平均可分配利润足以支付公司债券1年的利息。

④所筹集资金的投向符合国家产业政策。

⑤债券的利率不得超过国务院限定的水平。

⑥国务院规定的其他条件。

2. 债券的发行价格

债券的发行价格是债券发行时的价格,亦即投资者购买债券时所支付的价格。公司债券的发行价格通常有三种:平价、溢价和折价。

平价指以债券的票面金额为发行价格;溢价指以高出债券票面金额的价格为发行价格;折价指以低于债券票面金额的价格为发行价格。债券发行价格的形成受诸多因素影响,其中主要是票面利率与市场利率的一致程度。债券的票面金额、票面利率在债券发行前即已参照市场利率和发行公司的具体情况确定下来,并载明于债券之上。但在发行债券时已确定的票面利率不一定与当时的市场利率一致。为了协调债券购销双方在债券利息的利益,就要调整发行价格。即:当票面利率高于市场利率时,以溢价发行债券;当票面利率低于市场利率时,以折价发行债券;当票面利率与市场利率一致时,则以平价发行债券。

债券发行价格的计算公式为

$$债券发行价格 = \frac{票面金额}{(1+市场利率)^n} + \sum_{t=1}^{n} \frac{票面金额 \times 票面利率}{(1+市场利率)^t}$$

或

$$债券发行价格 = 票面金额 \times (P/F, i_1, n) + 票面金额 \times i_2 \times (P/A, i_1, n)$$

其中,n 为债券期限,t 为付息期数,i_1 为市场利率,i_2 为票面利率。

如果企业发行不计复利、到期一次还本付息的债券,则其发行价格的计算公式为

$$债券发行价格 = 票面金额 \times (1 + i_2 \times n) \times (P/F, i_1, n)$$

【例3.4】 某企业发行面值为100元,票面利率为10%,期限为10年,每年年末付息的债券。在公司决定发行债券时市场利率为10%,到债券正式发行时,如果市场上的利率发生如下三种变化,该公司应如何调整发行价格。

(1)资金市场上的利率保持10%不变,则债券的发行价格为

$100 \times (P/F, 10\%, 10) + 100 \times 10\% \times (P/A, 10\%, 10) = 100 \times 0.385\,5 + 10 \times 6.144\,6 = 100$(元)

(2)资金市场上的利率上升到15%,则发行价格为

$100 \times (P/F, 15\%, 10) + 100 \times 10\% \times (P/A, 15\%, 10) = 100 \times 0.247\,2 + 10 \times 5.018\,8 = 74.91$(元)

(3)资金市场上的利率为5%,则可发行价格为

$100 \times (P/F, 5\%, 10) + 100 \times 10\% \times (P/A, 5\%, 10) = 100 \times 0.613\,9 + 10 \times 7.721\,7 = 138.61$(元)

当然,资金市场上的利息率是复杂多变的,除了考虑目前利率外,还要考虑利率的变动趋势。实际工作中确定债券的发行价格通常要考虑多种因素。

(四)债券的优缺点

1. 债券的优点

(1)资金成本较低。利用债券筹资的成本比股票筹资的成本低。这主要是因为债券的发行费用较低,债券利息在税前支付,部分利息由政府负担了。

(2)保证控制权。债券持有人无权干涉企业的管理事务,如果现有股东担心控制权旁落,则可采用债券筹资。

(3)可以发挥财务杠杆作用。债券利息负担固定,在企业投资效益良好的情况下,更多的收益可用于分配给股东,增加其财富,或留归企业以扩大经营。

2.债券筹资的缺点

(1)筹资风险高。债券有固定的到期日,并定期支付利息。利用债券筹资,要承担还本、付息的义务。在企业经营不景气时,向债券持有人还本、付息,会给企业带来更大的困难,甚至导致企业破产。

(2)限制条件多。发行债券的契约书中往往有一些限制条款。这种限制比短期债务严格得多,可能会影响企业的正常发展和以后的筹资能力。

(3)筹资额有限。利用债券筹资有一定的限度,当公司的负债比率超过一定程度后,债券筹资的成本要迅速上升,有时甚至会发行不出去。

【小资料】

债券评级是由债券信用评级机构根据债券发行者的要求及提供的有关资料,通过调查、预测、比较、分析等手段,对拟发行债券的风险,即债券发行者按期、按量偿还债券本息的清偿能力和清偿愿望做出独立判断,并赋予相应的等级标志。因此,债券的等级反映了该债券的安全程度,或者说该债券的风险大小。

债券的信用评级最早源于美国。目前,世界上著名的两家证券评级公司——穆迪公司(Moody's)和标准-普尔公司(Standard&Poor's)均为美国公司。标准-普尔公司和穆迪公司的前四个级别是投资级别的债券,安全性高,风险低,收益也很低;而 A 级和 BBB(Baa)级虽然风险高,但投资收益也较高;BB(Ba)级、B 级、CCC 级、CC(Caa)级和其他几个 C 级别为投机性债券。

资料引自:http://baike.baidu.com。

四、融资租赁

租赁是指出租人获取一定报酬的条件下,授予承租人在约定的期限内占有和使用财产权利的一种契约行为。

(一)租赁的种类和特点

租赁的种类很多,目前我国主要有经营租赁和融资租赁两种。

1.经营租赁

经营租赁又称营业租赁或服务租赁,是出租人提供租赁设备,并提供设备维修维护和人员培训等服务性业务的租赁形式。从租赁期限看,它属于短期租赁,承租人目的主要不在于通过租赁而融资,而在于通过租入设备,取得短期内资产的使用权和享受出租人提供的专门技术服务。

经营租赁的特点主要有：①承租企业根据需要可随时向出租人提出租赁资产；②租赁期较短，不涉及长期而固定的义务；③在设备租赁期内，承租企业可按规定提前解除租赁合同；④出租人提供人员培训、维修维护等专门服务；⑤租赁期满或合同终止时，租赁设备由出租人收回。

2. 融资租赁

融资租赁又称资本租赁，是由出租人根据承租人的要求购买设备，并在契约或合同规定的较长期限内提供给承租人使用的信用业务。它是通过融物来达到融资的目的，是现代租赁的主要形式。

融资租赁的特点主要有：①一般由承租企业向租赁公司提出正式申请，由租赁公司融资购进设备租给承租企业使用；②租赁期限较长，大多为设备使用年限的一半以上；③租赁合同比较稳定，在规定的租期内非经双方同意，任何一方不得中途解约；④由承租企业负责设备的维修保养和投保事宜，但无权自行拆卸改装；⑤租赁期满时，按事先约定的办法处置设备，一般有续租、留购或退还三种选择，通常由承租企业留购。

（二）融资租赁的方式

融资租赁按期业务的不同特点，可细分为三种具体方式。

1. 直接租赁

直接租赁是指承租人直接向出租人租入所需资产，并支付租金。在直接租赁方式下，出租人主要是制造厂商或租赁公司，直接租赁是融资租赁的典型形式。

2. 售后回租

它是承租人根据协议将其资产卖给出租人然后又将其租回使用并按期向出租人支付租金的一种租赁形式。在这种形式下，承租人可获得出售资产的现金，同时又获得资产的使用权。

3. 杠杆租赁

这是国际上比较流行的一种融资租赁形式。它一般要涉及承租人、出租人和贷款人三方当事人，因此又称三方租赁。从承租人的角度看，它与其他融资租赁形式并无区别，同样是按合同的规定，在租期内获得资产的使用权，按期支付租金。但对出租人则不同，出租人只垫支购买资产所需现金的一部分（一般为20%~40%），其余部分（为60%~80%）则以该资产为担保向贷款人借贷支付。因此，在这种情况下，租赁公司既是出租人又是借贷人，据此既要收取租金又要偿付债务，并要求其租赁收益大于借款成本支出。由于出租人借款购物出租可获得财务杠杆利益，故被称为杠杆租赁。

（三）融资租赁租金的计算

1. 融资租赁租金的影响因素

（1）租赁设备的购置成本，包括设备的买价、运杂费和途中保险费等；

（2）预计租赁设备的残值，是指设备租赁期满时预计残值的变现净值；

(3)利息,是指租赁公司为承租企业购置设备融资而应计的利息;

(4)租赁手续费,包括租赁公司承办租赁设备的营业费用以及一定的盈利;

(5)租赁期限。一般而言,租赁期限的长短会影响租金总额,进而影响到每期租金的数额;

(6)租金的支付方式。按支付间隔期长短,分为年付、半年付、季付和月付等方式。按在期初或期末支付,分为先付和后付。按每次支付的金额,分为等额支付和不等额支付。在实务中,租金的支付方式大多为等额后付支付。

2. 融资租赁租金的计算方法

(1)平均分摊法

平均分摊法就是先以商定的利息和手续费率计算租赁期间的利息和手续费,然后连同设备成本按支付次数进行平均。这种方法不考虑资金时间价值因素,计算简单,计算公式为:

$$R = \frac{(C-S)+I+F}{N}$$

式中,R 表示每次支付的租金;C 表示租赁设备购置成本;S 表示租赁设备预计残值;I 表示租赁期间利息;F 表示租赁期间手续费;N 表示租期。

【例3.5】 某企业于2017年1月1日从租赁公司租入一套设备,价值100万元,租期为10年,预计租赁期满时残值为2万元,归租赁公司,年利率8%,租赁手续费率为设备价值的2%。租金每年末支付一次。则采用平均分摊法该套设备每次支付的租金为:

$$R = \frac{(100-2)+[100\times(1+8\%)^{10}-100]+100\times2\%}{10} \approx 21.59(万元)$$

(2)等额年金法

等额年金法是指运用年金现值的计算原理测算每期应付租金的方法。在这种方法下,通常以资本成本率作为折现率。由于租金支付可以有期初、期末两种方式,则租金计算亦有两种方法。

①后付租金的计算。根据年资本回收额的计算公式,可得出后付租金方式下每年年末支付租金数额的计算公式

$$A = P/(P/A, i, n)$$

【例3.6】 某企业采用融资租赁方式于2017年1月1日从一租赁公司租入一设备,设备价款为40 000元,租期为8年,到期设备归企业所有,双方商定采用18%的折现率,则企业每年年末应支付的等额租金为

$$A = 40\ 000/(P/A, 18\%, 8) = 40\ 000/4.077\ 6 = 9\ 809.69(元)$$

②先付租金的计算。承租企业有时可能会与租赁公司约定,采取先付等额租金的方式支付租金。根据即付年金的现值公式,可得出先付等额租金的计算公式

$$A = P/[(P/A, i, n-1)+1]$$

【例 3.7】 假如上例采用先付等额租金方式,则每年年初支付的租金为

$A = 40\ 000 / [(P/A, 18\%, 7) + 1] = 40\ 000 / (3.811\ 5 + 1) = 8\ 313.42$(元)

(二)融资租赁筹资的优缺点

1. 融资租赁筹资的优点

(1)筹资速度快。租赁往往比借款购置设备更迅速、更灵活,因为租赁是筹资与设备购置同时进行,可以缩短设备的购进、安装时间,使企业尽快形成生产能力,有利于企业尽快占领市场,打开销路。

(2)限制条款少。如前所述,债券和长期借款都定有相当多的限制条款,虽然类似的限制在租赁公司中也有,但一般比较少。

(3)设备淘汰风险小。由于固定资产更新周期日趋缩短,企业设备陈旧过时的风险很大,利用租赁融资可减少这一风险。这是因为融资租赁的期限一般为资产使用年限的一定比例,不会像自己购买设备那样整个期间都要承担风险,且多数租赁协议都规定由出租人承担设备陈旧过时的风险。

(4)财务风险小。租金在整个租期内分摊,不用到期归还大量本金。租赁把到期日一次偿还本金的风险在整个租期内分摊,可适当减少不能偿付的风险。

(5)税收负担轻。租金可在税前扣除,具有抵免所得税的效用。

2. 融资租赁筹资的缺点

融资租赁筹资的最主要缺点就是资金成本较高。一般来说,其租金要比举借银行借款或发行债券所负担的利息高得多。在企业财务困难时,固定的租金也会构成一项较沉重的负担。

【小资料】

作为全球最大的重型机械供应商和财富 500 强企业,卡特彼勒在建筑机械、矿用设备、柴油和天然气发动机以及工业用燃气轮机生产方面处于国际领先地位。这只国际巨鳄一直备受中国制造厂商及业内外人士的广泛关注。

2004 年 4 月卡特彼勒(中国)融资租赁有限公司成立,并欲制定规范的二手市场标准和操作程序,此消息颇具深远意义。卡特彼勒(中国)融资租赁有限公司的成立意味着卡特彼勒决定在中国全面移植其全球化的分销代理商网络模式,融资租赁是为分销代理商服务的。卡特比勒的分销商从卡特彼勒购买产品,对产品拥有所有权和控制权,但是不得销售与卡特彼勒竞争的产品,以及其他工程机械制造商的非竞争性产品,从而一定程度上排斥了与卡特彼勒有竞争性企业的产品。在融资租赁业务启动之后,卡特彼勒能够利用当地货币为代理商和用户提供融资选择,降低了用户融资租赁产品的成本,大大扩展了其销售渠道。

资料引自:沙泉.卡特彼勒是如何将租赁融入现代营销体系[J].工程机械与维修,2005,(6).

第四节　混合筹资

混合性筹资，是指既具有某些股权性筹资的特征又具有某些债权性筹资的特征的筹资形式。企业常见的混合性筹资包括优先股、可转换债券和认股权证。混合筹资主要指利用混合性资金进行筹资，即利用优先股、可转换债券和认股权证进行筹资。

一、发行优先股筹资

（一）优先股及其特征

优先股是相对于普通股而言，较普通股具有某些优先权利，同时也受到一定限制的股票。

优先股兼有普通股和负债两方面特征，具体表现为以下几个方面：

1. 优先股具有普通股的特征

优先股与普通股同属于企业的权益性资金，具有普通股的特征。

发行优先股所筹资金的性质为权益资金，优先股持有者也是公司股东；优先股筹资构成股本，大多数情况下没有明确的到期日、不必定期支付股利，股利不是一种义务。其股息在税后收益中支付，不具有节税作用；优先股股东对其财产的求偿权仅限于股票面额，并承担有限责任。

但优先股股东比普通股股东享有一些优先权利，主要包括以下两点：

（1）优先分配股利。优先股股东可以从企业当年可供分配的利润中优先得到按固定股利率支付的股利，如有剩余普通股股东才可获股利。

（2）优先分配剩余财产。公司破产或歇业清算时，在清偿了所有债务后，剩余财产应先偿还优先股本，如有剩余才能按比例对普通股股东进行分配。

2. 优先股所具有的债务特征

优先股还兼有债券融资的特性，主要包括以下几点：

（1）优先股的股息固定，其股利通常按面值的百分比来发放或按定额股利发放，不完全受公司经营状况和盈利水平的影响；

（2）优先股股东一般没有表决权和管理权，即优先股股东没有选举权、被选举权和对公司的控制权；

（3）优先股的发行契约中可能规定有收回或赎回条款，有的还有偿债基金条款，即赋予其一个不确定的到期日，使其具有还本的特性；

（4）附转换权的优先股可在一定条件下转换为普通股；

（5）由于优先股的股利固定，对普通股股东而言，优先股筹资具有财务杠杆的作用。

（二）优先股的种类

优先股按其享有的优先权的不同可分为以下几种：

1. 累积优先股和非累积优先股

累积优先股是指公司由于种种原因而未能在营业年度内按期支付的股利累积到以后年度一并支付的优先股股票。优先股这种股利累积的特性对优先股股东形成一种利益上的保护,防止公司管理当局有意回避支付优先股股利而将大部分盈余留归普通股股东。

非累积优先股是指无论上年度企业对其优先股股利是否进行过支付,一律以本年度所获得的盈余和比率为限进行分配的优先股股票。对此种优先股,企业不负有累积补付优先股股利的义务,优先股股东也无权要求企业予以补发。

2. 参与优先股和非参与优先股

参与优先股,是指优先股股东在其所应得的股利之外,如企业有额外盈余,允许以特定方式与普通股股东一同参加利润分配的优先股。参与优先股股票由于参与利润分配方式的程度不同,又可分为全部参与优先股和部分参与优先股。

全部参与优先股为优先股股东有权与普通股股东共享本期剩余利润;部分参与优先股为优先股股东有权按规定额度与普通股股东共同参加利润分配的优先股股票。

3. 可转换优先股和不可转换优先股

可转换优先股,是指在发行契约中规定,优先股的持有人可以在既定条件下将其优先股按规定的兑换率转换为企业的普通股。

不可转换优先股是指优先股的持有人无权要求将其优先股转换成普通股,只能享受固定股利的优先股。

4. 可赎回优先股和不可赎回优先股

可赎回优先股是指股份公司有权按预定的价格和方式收回已发行的优先股股票。具体赎回方式有:溢价方式、设立偿债方式、转换方式。

不可赎回优先股是指发行公司不能在某一时期以特定价格和方式收回的优先股。

5. 股利可调整优先股和固定股利优先股

股利可调整优先股,指股利率可以定期随资本市场平均利率的变动而调整的优先股股票。这种股利率的变化与公司经营状况无关,而于金融市场动荡、各种有价证券的价格变动和银行存款利率经常波动有关。

凡不能调整股利率的优先股则称为固定股利优先股,此种优先股较为常见。

(三)优先股筹资的优缺点

1. 优先股筹资的优点

(1)优先股通常没有固定的到期日,不用偿还本金。发行优先股筹集资本,实际上相当于得到一笔无限期的长期贷款,公司不承担还本义务,也无需再做筹资计划。

(2)优先股的股利既固定,又有一定的灵活性。一般而言,优先股都采用固定股利,但对固定股利的支付并不构成公司的法定义务。如果公司财务经营状况不佳,可以暂不支付优先股股利,即使如此,优先股股东也不能像公司债权人那样迫使公司破产。

(3)保持普通股股东对公司的控制权。由于优先股股东一般没有表决权,发行优先股可以避免公司股权分散,保障普通股股东对公司的原有控制权。

(4)从法律上讲,优先股股本属于股权资本,发行优先股筹资能够增强公司的股权资本基础,提高公司的信誉和举债能力。

2. 优先股筹资的缺点

(1)筹资成本较高。优先股的资本成本虽低于普通股,但一般高于债券。

(2)优先股筹资的制约因素较多,例如,为了保证优先股的固定股利,当企业盈利不多时,普通股股东就可能分不到股利。

(3)可能形成较重的财务负担。优先股要求支付固定股利,但又不能在税前扣除,当公司盈利下降时,优先股的固定股利会成为公司一项较重的财务负担,有时不得不延期支付,从而影响公司的形象。

二、发行可转换债券

(一)可转换债券的含义

可转换债券的持有人在一定时期内,可以按规定的价格或一定比例,自由地选择转换为普通股的债券。发行可转换债券筹得的资金具有债权性资金和权益性资金的双重性质。

(二)可转换债券的要素

可转换债券的要素是指构成可转换债券基本特征的必要因素,它们表明可转换债券与不可转换债券的区别。

1. 标的股票。可转换债券对股票的可转换性,实际上是一种股票期权或股票选择权,它的标的物就是可以转换成的股票。可转换债券的标的股票一般是其发行公司自己的股票,但也有其他公司的股票,如可转换债券发行公司的上市子公司的股票。

2. 转换价格。可转换债券发行时,明确了以怎样的价格转换为普通股,这一规定的价格,就是可转换债券的转换价格,即将可转换债券转换为每股股份所支付的价格。

3. 转换比率。转换比率是每张可转换债券能够转换的普通股的股数。

$$转换比率 = 债券面值 \div 转换价格$$

4. 转换期。转换期是指可转换债券转换为股份的起始日至结束日的期间。可转换债券的转换期可以与债券的期限相同,也可以短于债券的期限。

5. 赎回条款。赎回条款是可转换债券的发行企业可以在债券到期日之前提前赎回债券的规定,包括不可赎回期、赎回期、赎回价格、赎回条件等方面的规定。

6. 回售条款。回售条款是在可转换债券发行公司的股票价格达到某种恶劣程度时,债券持有人有权按照约定的价格将可转换债券卖给发行公司的有关规定。回售条款具体包括回售时间、回售价格等内容。

7.强制性转换条款。强制性转换条款是指在某些条件具备之后,债券持有人必须将可转换债券转换为股票,无权要求偿还债券本金的规定。设置强制性转换条款,在于保证可转换债券顺利地转换成股票,实现发行公司扩大权益筹资的目的。

(三) 可转换债券筹资的优缺点

1. 可转换债券筹资的优点

(1)可节约利息支出。由于可转换债券赋予持有者一种特殊的选择权,即按事先约定在一定时间内将其转换为公司股票的选择权,因此,其利率低于普通债券,减少了利息支出。

(2)有利于稳定股票市价。可转换债券的转换价格通常高于公司当前股价,转换期限较长,有利于稳定股票市价。

(3)增强筹资灵活性。可转换债券转换为公司股票前是发行公司的一种债务资本,可以通过提高转换价格、降低转换比例等方法促使持有者将持有的债券转换为公司股票,即转换为权益资本。在可转换债券转换为股票的过程中,不会受其他债权人的反对。

2. 可转换债券筹资的缺点

(1)增强了对管理层的压力。发行可转换债券后,若股价低迷或发行公司业绩欠佳,股价没有按照预期的水平上升时,持有者不愿将可转换债券转换为股票,发行公司也将面临兑付债券本金的压力。

(2)存在回购风险。发行可转换债券后,公司股票价格在一定时期内连续低于转换价格达到某一幅度时,债券持有人可以按事先约定的价格将债券出售给发行公司,从而增加了公司的财务风险。

(3)股价大幅度上扬时,存在减少筹资数量的风险。如果转换时,股票价格大幅上扬,公司只能以固定的转换价格将可转换债券转为股票,从而减少了筹资数量。

三、发行认股权证

(一) 发行认股权证筹资的特征

认股权证是一种由上市公司发行的证明文件,持有人有权在一定时间内以约定价格认购公司发行的一定数量的股票。用认股权证购买发行公司的股票,其价格一般低于市场价格,因此,股份公司发行认股权证可增加其所发行股票对投资者的吸引力。发行依附于公司债券、优先股或短期票据的认股权证,可起到明显的促销作用。

(二) 认股权证的种类

1. 按允许购买的期限长短分类,可将认股权证分为长期认股权证与短期认股权证

短期认股权证的认股期限一般在90天以内;长期认股权证认股期限通常在90天以上,更有长达数年或永久。

2. 按认股权证的发行方式分类,可将认股权证分为单独发行认股权证与附带发行认股权证

依附于债券、优先股、普通股或短期票据发行的认股权证,为附带发行认股权证。单独发行认股权证是指不依附于公司债券、优先股、普通股或短期票据而单独发行的认股权证。认股权证的发行,最常用的方式是认股权证在发行债券或优先股之后发行。这是将认股权证随同债券或优先股一同寄往认购者。在无纸化交易制度下,认股权证将随同债券或优先股一并由中央登记结算公司划入投资者账户。

3. 按履约时间分类,可将认股权证分为美式认股权证和欧式认股权证

美式认股权证是指权证持有者在权证到期日前随时提出履约要求,购买约定数量的标的股票。欧式认股权证是指权证持有者只有在权证到期日当天方可购买标的股票。虽然两者规定的认购时间不同,但持有者均可在权证到期日前转让认股权证。

(三)认股权证筹资的优缺点

1. 认股权证筹资的优点

(1)为公司筹集额外的资金。认股权证不论是单独发行还是附带发行,大多都为发行公司筹得一笔额外资金。

(2)促进其他筹资方式的运用。单独发行的认股权证有利于将来发售股票,附带发行的认股权证可以促进其所依附证券的发行效率。而且由于认股权证具有价值,附认股权证的债券票面利率和优先股股利率通常较低。

2. 认股权证筹资的缺点

(1)稀释普通股收益。当认股权证执行时,提供给投资者的股票是新发行的股票,而并非二级市场的股票。这样,当认股权证行使时,普通股股份增多,每股收益下降。

(2)容易分散企业的控制权。由于认股权证通常随债券一起发售,以吸引投资者,当认股权证行使时,企业的股权结构会发生改变,稀释了原有股东的控制权。

【小资料】
从实证来看,西方学者曾经对美国资本市场进行大量研究,发现以下结果:一是市场对普通股、优先股、可转换债券和纯粹债务的发行反应消极或无反应;二是普通股发行造成证券价格下跌而形成的证券负收益(-3.0%)比纯粹优先股或债务的发行造成的负收益(-0.2%)更大;三是可转换债券发行造成的证券价格下跌形成的证券负收益(-2.0%)比不可转换债券发行造成的负收益(-0.2%)更大。

本章小结

1. 企业筹资是指企业根据生产经营等活动对资金的需要,通过一定的渠道,采取适当的方式,获取所需资金的一种行为。企业筹资可以按照不同的分类标准进行分类。企业资金需要量的预测最常用的方法是销售百分比法和资金习性。

2. 长期负债是指期限超过一年的负债。筹措长期负债资金,可以解决企业长期资金的不足。长期负债筹资包括长期借款、发行债券、融资租赁。

3. 权益资金是企业依法取得并长期拥有、自主调配运用的资金。其主要筹资方式为吸收直接投资、发行股票、利用留存收益。筹集权益资金具有永久性,无偿还日;筹资风险小,无固定报酬;资金成本较高;可能分散公司的控制权。

4. 混合筹资包括可转换债券和认股权证。发行可转换债券筹得的资金具有债权性资金和权益性资金的双重性质,用认股权证购买发行公司的股票,其价格一般低于市场价格。

复习思考题

1. 筹资的分类有哪些?
2. 比较各种筹资方式的优缺点?
3. 为何可转换债券属于混合筹资方式?

【案例分析】

中国农业银行的上市融资

作为唯一没有上市的四大国有银行——中国农业银行受到市场关注已久。该行董事长项俊波2009年12月9日接受新华社专访时曾经透露,农行上市的相关准备工作基本就绪,从技术准备的角度看,各项指标已达到上市条件。但是,农行的上市还没有明确的时间表。

中国农业银行主要是为中国8亿农民提供银行业服务,且该行被认为是国有四大银行中最弱的一个。在全球金融危机发生后,大量的西方金融机构推迟了购买中国一些银行的股份,有些机构还卖出或减持中国一些银行的股份。这些或是使得农行引入国外战略投资者计划受阻的主要原因。作为3家主要的国有上市银行,工商银行、建设银行和中国银行在它们上市之前引入了包括高盛、美国银行、瑞银和苏格兰皇家银行在内的众多的国外金融机构作为战略投资者,并在公司治理和风险控制方面进行合作。在这方面,农业银行与前三者相距很远。主要原因是:经过金融危机后,有实力入股的外资银行屈指可数,而在IPO前引资在价格上的较大折让,在此前甚嚣尘上的"国有金融股贱卖论"面前,存在很大政治风险,所以农行索性放弃引入战略投资者。

2009年10月份,中国主权财富基金中央汇金公司向农行注入了190亿美元的资本,持有农行50%的股份。中国财政部则拥有另外50%的股份。该行计划在上海和香港交易所发行约500亿份股票,A股的计划价格大约3元。该行的融资规模足以媲美工商银行于2006年创下的219亿美元的IPO记录。超过了建行和中行在2005到2007年间的1 200亿和1 000亿人民币的融资规模。

数据显示,2009年,农行各项存款增加1.75万亿元,增幅达到27.7%,各项贷款增加1.03万亿元,同比多增6 589亿元,面临较大的资本金压力。"三农"业务方面,2009年,农行三农金融部贷款比年初增加3 645亿元,贷款增速达到44%,高出全行贷款增速10.6个百分点。

截至2009年末,农行资本充足率为10.07%,而银监会的要求是11.5%。同业交换数据显示农行2010年一季度新增3 014亿元,排名仅次于中行。与其他主要以利润为目标的商业银行不同,农行仍肩负为农村贫困融资的重担。2009年面向农民的贷款剧增1 000亿元,余额达1.2万亿元,大约占贷款总额的四分之一。农行涉农贷款不良率为4%,高于整体2.91%的不良贷款率。

因此,农行面对资金的压力、缓冲资本的薄弱、坏账拨备的隐忧以及为农村贫困融资的重担都是其上市融资的动因。随着该行重组和最终上市,中国银行业长达数十年的改革也得以完成。

思考题:

1. 农行上市的目的是什么?
2. 农行的上市将给该行带来什么?
3. 中国四大银行的上市意味着什么?

第四章 Chapter 4

资本成本和资本结构

【学习要点及目标】

通过本章学习,理解资本成本、杠杆效应和资本结构的概念;了解资本成本的影响因素、资本成本的作用,以及几种有代表性的资本结构理论;掌握资本成本、杠杆及资本结构优化的计算和运用。

【导入案例】

新天地公司是一家高科技公司,其原资本结构如下表所示:

筹资方式	金额/万元
债券(年利率8%)	3 000
普通股(每股面值1元,发行价12元,共500万股)	6 000
合　计	9 000

目前普通股的每股市价为12元,预期第一年的股利为1.5元,以后每年以固定的增长率3%增长,不考虑证券筹资费用,企业适用的所得税税率为30%。

企业目前拟增资2 000万元,以投资于新项目,有以下两个方案可供选择:

方案一:按面值发行2 000万元债券,债券年利率10%,同时由于企业风险的增加,所以普通股的市价降为11元/股(股利不变);

方案二:按面值发行1 340万元债券,债券年利率9%,同时按照11元/股的价格发行普通股股票筹集660万元资本(股利不变)。

如采用比较资本成本法,该企业应采用哪一种方案。

第一节 资本成本

企业从事生产经营活动必须要筹措资本,在上一章介绍了企业可以通过不同的渠道,采用不同的方式筹集所需资本,但在市场经济条件下又不可能无偿使用资本,因此,在筹资活动中,必须分析把握各种来源资本的使用代价。

资本成本是财务管理中一个十分重要的概念,公司在筹资、投资、利润分配时都必须考虑资本成本。

一、资本成本概述

(一)资本成本的概念

这个概念可以从两个角度进行解释。从筹资角度看,资本成本是企业为筹集和使用资本而付出的代价;从投资角度看,资本成本是投资者让渡资本使用权所要求的必要收益率。本节所介绍的资本成本是从筹资角度来分析,如无特殊说明,本章所研究范围均指长期筹资的资本成本。资本成本主要包括两部分内容:资本筹集费用和资本使用费用。

1. 资本筹集费用

是指企业在筹措资本过程中发生的各种费用。例如,向银行支付的借款手续费,因发行债券或股票而支付的印刷费、广告宣传费、代理发行费、资信评估费等。资本筹集费用通常在筹集资本时一次性发生,在获得资本后的用资过程中不再发生,因而在计算资本成本时可作为筹资本额的一项扣除。

2. 资本使用费用

是筹资企业经常发生的,是企业在生产经营和对外投资活动中因使用资本而支付的费用,又称为资本占用费。这是资本成本的主要内容,如向债权人支付的利息、向股东支付的股利等。资本使用费是经常性地发生,并随资本数量的多少和时间的长短而变动。

(二)资本成本的种类

按资本成本的作用,主要分为以下三种。

1. 个别资本成本

个别资本成本是指各种筹资方式的成本,包括债券成本、银行借款成本、优先股成本、普通股成本和留存收益成本。前两者可统称为负债资本成本;后三者统称为权益资本成本。主要用于衡量某一筹资方式的优劣,每一种筹资方式的资本成本是不一样的,资本成本的高低可作为比较各种筹资方式优缺点的一个依据。当然,资本成本并不是选择筹资方式的唯一依据。

2. 综合资本成本

是以个别资本成本为基础,以各种不同资本来源占资本总额的比重为权数,计算企业筹集全部长期资本的加权平均资本成本,综合资本成本是企业进行资本决策的基本依据。综合资本成本的高低就是比较各个筹资组合方案,做出资本结构决策的基本依据。

3. 边际资本成本

边际资本成本是指企业追加长期资本的成本。用于衡量在某一资本结构下,资本每增加一个单位而增加的成本。是公司为取得额外 1 元新资本所必须负担的成本,是一种加权平均资本成本。

> 【小资料】
> 企业无法以某一固定的资本成本来筹集无限的资本,当其筹措的资本超过一定限度时,原来的资本成本就会增加。在企业追加筹资时,需要知道筹资额在什么数额上便会引起资本成本怎样的变化。这就要用到边际资本成本的概念。
>
> 资料引自:MBA智库网.

(三)资本成本的作用

资本成本是企业选择资本来源,拟定筹资方案的依据。企业如希望以较少的支出取得所需资本,就必须分析各种资本成本的高低,并加以合理配置。

1. 资本成本是选择资本来源、确定筹资方案的重要依据

这种影响主要表现在四个方面:①资本成本是影响企业筹资总额的重要因素;②资本成本是企业选择资本来源的基本依据;③资本成本是企业选用筹资方式的参考标准;④资本成本是确定最优资本结构的主要参数。资本成本并不是企业筹资决策中所要考虑的唯一因素,企业筹资还要考虑财务风险、资本期限、偿还方式、限制条件等,但资本成本作为一项重要因素直接关系到企业的经济效益,是筹资决策中需要考虑的首要问题。

2. 资本成本是评价投资项目、决定投资取舍的重要标准

当采用净现值指标决策时,常以资本成本作为折现率,此时净现值为正则投资项目可行,否则不可行;当以内部收益率指标决策时,资本成本是决定项目取舍的一个重要标准。只有当项目的内部收益率高于资本成本时,项目才可能被接受,否则就必须放弃。

3. 资本成本是衡量企业经营成果的尺度

企业的整个经营业绩可以用全部投资的利润率来衡量,并可与企业全部资本的成本率相比较。如利润率高于成本率,对企业经营有利;反之,则不利。

二、个别资本成本的计算

资本成本的表示方法有两种,即绝对数表示和相对数表示,绝对数表示是指为筹集和使用资本到底发生了多少费用,相对数表示则是通过资本成本率指标来表示。在实务中,一般用相对数表示,即为资本使用费与筹资净额(即筹资总额扣除资本筹集费后差额)的比率,简称为资本成本,即

$$\text{资本成本} = \text{资本使用费用} \div (\text{筹资总额} - \text{筹资费用}) \times 100\%$$
$$\text{资本成本} = \text{使用费用率} \div (1 - \text{筹资成本率}) \times 100\%$$

该公式是计算各个筹资方式的基本公式。在计算个别资本成本时,再考虑利息在税前支付的因素,对公式进行变形。

(一)负债类资本成本的计量

1. 长期借款资本成本

长期借款的成本一般由借款利息及借款手续费两部分组成。最常见的付款方式是分期付息、到期一次还本。由于借款利息计入税前成本费用,可以起到抵税的作用,因此长期借款资本成本的公式为

$$K_L = \frac{I(1-T)}{L(1-f)} = \frac{i \times L \times (1-T)}{L(1-f)} = \frac{i(1-T)}{1-f}$$

其中,K_L 为借款成本,I 为银行借款年利息,L 为银行借款筹资总额,T 为所得税税率,i 为银行借款利息率,f 为银行借款筹资费用率。

【例 4.1】 华宏公司从银行取得长期借款 20 万元,年利率为 6.3%,期限 3 年,每年年末付息一次。假定筹资费率为 1%,企业所得税税率 25%,则其借款的成本为

$$K_L = \frac{20 \times 6.3\% \times (1-25\%)}{20 \times (1-1\%)} = 4.77\%$$

上述计算长期借款资本成本的方法简便,但没有考虑货币的时间价值。在实务中,还有一种资本成本的计算方法,即考虑货币时间价值的方法,但计算工作量大而且复杂。

2. 债券资本成本

发行债券的成本主要是指债券利息和筹资费用。债券成本中的利息在税前支付,具有减税效应。债券的筹资费用一般较高,主要包括申请发行债券的手续费、债券注册费、印刷费及上市费等,往往高于长期借款,因而不能忽略不计。债券的发行价格有等价、溢价和折价等情况,这样,企业实际筹集的资本数额会与债券面值不等,故债券资本成本率的计算与长期借款略有不同。债券资本成本的计算公式为

$$K_b = \frac{I(1-T)}{B_0(1-f)} = \frac{i \times B \times (1-T)}{B_0(1-f)}$$

其中,K_b 为债券成本,I 为债券年利息,T 为所得税税率,B 为债券面值,i 为债券票面利率,B_0 为债券筹资额(按发行价格计算),f 为债券筹资费率。

【例 4.2】 东方公司发行一笔期限为 10 年的债券,债券面值为 100 万元,票面利率 12%,每年付一次利息,发行费率 3%,所得税税率 40%,根据下列不同情况计算债券资本成本。

(1)债券按面值等价发行,则该笔债券的成本为

$$\frac{100 \times 12\% \times (1-40\%)}{100 \times (1-3\%)} = 7.42\%$$

(2) 债券按面值溢价50%发行,则发行债券筹资的资本成本为

$$\frac{100 \times 12\% \times (1-40\%)}{100 \times 1.5 \times (1-3\%)} = 4.95\%$$

(二) 权益资本成本的计算

1. 优先股成本

企业发行优先股既要支付筹资费用,又要定期支付股利,与债券不同的是股利在税后支付,没有固定的到期日。优先股成本的计算公式为

$$K_p = \frac{D_p}{P_0(1-f)}$$

其中,K_P 为优先股成本,D_p 为优先股每年的股利,P_0 为发行优先股总额,f 为优先股筹资费用。

【例4.3】 某公司准备发行一批优先股,每股发行价格5元,发行费用0.2元,预计每股年股利0.5元。其资本成本测算如下

$$K_p = \frac{0.5}{5-0.2} \times 100\% = 10.42\%$$

由于优先股的股利在税后支付,而利息在税前支付,且优先股筹集的是自有资本,股东承受的风险较大,必然要求较高的回报率。因此,优先股成本通常要高于债券资本成本。

2. 普通股成本

普通股的资本成本包括股利和筹资费用,其股利率还受企业经营状况的影响而变化。一般来说,正常情况下应呈逐年增长的趋势,同时,股利是以税后净利支付的,不能抵减所得税。

(1) 股利折现模型

普通股成本主要用估价法计算,即利用普通股现值的计算公式来计算普通股成本的方法。普通股现值的计算原理是,把企业未来每年支付的股利和到期日股票价值逐期贴现,就是普通股现在的价值。其计算公式为

$$V_0 = \sum_{i=1}^{n} \frac{D_i}{(1+K_s)^n} + \frac{V_n}{(1+K_s)^n}$$

由于股票没有到期日,当 $n \to \infty$ 时,股票的现值为

$$V_0 = \sum_{i=1}^{n} \frac{D_i}{(1+K_s)^n}$$

其中,V_0 为普通股现值,D_i 为第 i 期支付的股利,V_n 为普通股终值,K_s 为普通股成本。

当 $n \to \infty$ 时,如果每年股利固定不变,可视为永续年金,计算公式可简化为

$$K_s = \frac{D}{V_0}$$

如果把筹资费也考虑进去则公式为

$$K_s = \frac{D}{V_0(1-f)}$$

其中,f 为筹资费率。

应用该公式的前提条件是普通股的股利固定。但是,普通股的股利通常是不断增加的,假设增长率为 g,D_1 为第一年股利,则普通股成本的计算公式为

$$K_s = \frac{D_1}{V_0(1-f)} + g$$

【例 4.4】 某公司准备增发普通股,每股发行价为 15 元,发行费用 3 元,预定第一年分派现金股利每股 1.5 元,以后每年股利增长 5%。其资本成本为

$$K_s = \frac{1.5}{15-3} + 5\% = 17.5\%$$

(2) 资本资产定价模型

资本资产定价模型可以简要地描述为:普通股投资的必要报酬率等于普通股筹资的成本,即普通股筹资的成本等于无风险报酬率加上风险报酬率

$$K_S = R_f + \beta_i(R_m - R_f)$$

式中,K_S 表示普通股资本成本(必要报酬率);R_f 表示无风险报酬率;R_m 表示市场平均报酬率;β_i 表示第 i 种股票的风险系数。

在已确定无风险报酬率、市场平均报酬率和股票的风险系数后,即可测算该股票的必要报酬率,即资本成本。

【例 4.5】 已知某股票的风险系数为 1.5,市场平均报酬率为 12%,短期国债利率为 8%,则该股票的资本成本为:

$$K_S = 8\% + 1.5 \times (12\% - 8\%) = 14\%$$

(3) 风险溢价模型

风险溢价模型是在债券资本成本基础上计算普通股资本成本。即普通股资本成本等于债券资本成本加投资于股票的风险溢价率。因为一般而言,从投资者的角度,股票投资的风险高于债券,因此,股票投资的必要报酬率可以在债券利率的基础上加上股票投资的风险报酬率。

$$K_S = K_b + RP_s$$

式中,K_b——税后债务资本成本;RP_s——普通股股东比债权人承担更大风险所要求的风险溢价。

一般认为,相对于企业自己发行的债券而言,企业普通股的风险溢价大约为 3%~5%,当市场利率达到高点时,风险溢价通常较低,在 3% 左右;当市场利率处于历史低点时,风险溢价通常较高,在 5% 左右。而通常情况下,常常采用 4% 的平均风险溢价。

【例 4.6】 对于债券成本为 10% 中等风险的企业,其普通股的资本成本为:
$$K_S = 10\% + 4\% = 14\%$$

普通股与留存收益都属于所有者权益,股利的支付不固定。企业破产后,股东的求偿权位于最后。与其他投资者相比,普通股股东所承担的风险最大。因此,普通股的报酬也最高,考虑到筹资费用大、股利税后支付等因素,在各种资本来源中,普通股的成本最高。

3. 留存收益资本成本

留存收益是企业税后净利在扣除当年股利后形成的,包括盈余公积和未分配利润。留存收益资本成本的计算方法与普通股相似,唯一区别是留存收益没有资本筹资费用。留存收益是企业资本的一项重要来源,其所有权属于股东。股东将这一部分未分派的税后利润留存于企业,实质上是对企业追加投资,也要求有一定的报酬,也要计算成本。在个别资本成本的计算中,留存收益成本的计算与普通股基本相同,但不用考虑筹资费用。其计算公式为

$$K_p = \frac{D_1}{V_0} + g$$

其中,K_p 为留存收益成本,其他符号含义与普通股成本相同。

公式的含义是留存收益的资本成本等于按其市场价值计算的投资报酬率加上预期未来的股利增长率。该方法的关键在于确定一个合适的预期股利增长率。与其他方法相比,所需的资料通常较易取得,因此在实务中应用较普遍。

> 【小资料】
> 在规范的市场经济条件下负债筹集资本成本低,权益筹集资本成本高。从税法的角度看:企业支付的在税法规定范围内的利息可以在企业所得税前扣除,减少了企业的应纳税所得额,相当于抵减了企业的所得税费用支出,从而减少企业实际负担的利息支出。
> 资料引自:财政部会计资格评价中心.财务管理[M].北京:中国财政经济出版社,2008.

三、加权平均资本成本

(一)加权平均资本成本的含义及计算

企业可以从多种渠道、采用多种方式来筹集资本,而各种方式的资本成本是不一样的,为了正确进行筹资和投资决策,必须计算企业取得资本的平均成本即综合资本成本(WACC)。一般是以各种资本占全部资本的比重为权数,对个别资本成本进行加权平均确定的,故又称加权平均资本成本。

企业在进行筹资决策时,必须根据下列公式,计算各种资本来源的综合资本成本

综合资本成本 = Σ(某种资本成本×该种资本占全部资本的比重)

$$K_w = \sum_{j=1}^{n} K_j W_j$$

其中，K_w 为加权平均资本成本，K_j 为第 j 种个别资本成本，W_j 为第 j 种个别资本占全部资本的比重(权数)。

【例 4.7】 某公司财务报表中反映的现有长期资本总额为 10 000 万元，其中长期借款 2 000 万元，债券 3 500 万元，优先股 1 000 万元，普通股 3 000 万元，留存收益 500 万元；个别资本成本分别为 $(K_L)4\%$，$(K_B)6\%$，$(K_P)10\%$，$(K_S)14\%$ 和 $(K_R)13\%$。则该公司加权平均资本成本可计算如下(表 4.1)。

表 4.1 加权平均资本成本计算表

资本种类	资本账面价值 /万元	比重 /%	个别资本成本 /%	加权平均资本成本 /%
长期借款	2 000	20	4	0.80
债券	3 500	35	6	2.10
优先股	1 000	10	10	1.00
普通股	3 000	30	14	4.20
留存收益	500	5	13	0.65
合 计	10 000	100		8.75

从上述可以分析出，当资本结构不变时，个别资本成本越高，则加权平均资本成本越高；反之，个别资本成本越低，则加权平均资本成本越低。因此，要降低企业加权平均资本成本，一要降低各种资本的资本成本；二要提高资本成本较低的资本在全部资本中所占的比重。

(二)各资本占全部资本权数的确定基础

当资本结构不变时，个别资本成本越高，则加权平均资本成本越高；反之，个别资本成本越低，则加权平均资本成本越低。如何确定各类资本来源在全部资本中所占比重，有三种选择：

(1) 以账面价值为依据(账面价值权数)，各种资本占全部资本的比重是按照账面价值确定，其资料主要从资产负债表中取得，且容易计算。其主要缺点是，当资本的账面价值与市场价值差别较大时，计算结果与现行资本市场实际筹资成本会有较大的差距，不利于加权平均资本成本的测算和筹资管理的决策。

(2) 以市场价值为依据(市场价值权数)，是指债券、股票等以现行资本市场价格确定权数。按市场价值确定资本比例反映了公司现实的资本结构和加权平均资本成本，有利于筹资管理决策。由于证券的市场价格变动频繁，在实务中可以采用一定时期证券的平均价格。

(3) 以目标价值为依据(目标价值权数)，是指债券、股票等以未来预计的目标市场价格确定权数。按目标价值确定资本比例反映了公司未来的资本结构和加权平均资本成本，能够体现期望的目标资本结构要求。但资本的目标价值难以客观地确定，使这种方法不易推广。

在例 4.5 中，采用的是账面价值权数来确定该公司综合资本成本。

四、边际资本成本

(一)边际资本成本的概念

由于任何一个企业都无法以某一固定资本成本来筹措无限多的资本,当其筹集的资本超过一定限度时,原来的资本成本就会变化。

边际资本成本是指资本每增加一个单位而增加的成本。边际资本成本按加权平均法计算,是追加筹资时所使用的加权平均成本。权数应该以市场价值为权数,不应以账面价值为权数。在追加筹资额较小时,个别资本成本可能保持不变,这时,边际资本成本取决于资本结构是否变动,企业若维持原有资本结构,则追加筹资前后的加权平均资本成本相等。在大多数情况下,个别资本成本会随着筹资规模的扩大而相应变化。这样,无论资本结构是否变动,都需要分析边际资本成本的变动情况。这就要求企业既要用加权平均资本成本来评价资本结构的合理性,还要更加主动地通过追加筹资时边际资本成本的计算来分析确定未来的理想资本结构。

当企业拟筹资进行某项目投资时,应以边际资本成本作为评价该投资项目可行性的经济标准,根据边际资本成本进行投资方案的取舍。

(二)边际资本成本的计算

1. 边际资本成本的计算步骤

(1)确定公司最优的资本结构。

(2)测算各种筹资方式的资本成本。

(3)计算筹资总额分界点。筹资分界点是指在保持某一资本成本率的条件下,可以筹集到的资本总限度。公式为

$$筹资总额分界点 = \frac{可用某一特定资本成本筹集到的某种资本额}{该种资本在资本结构中所占的比重}$$

在筹资分界点范围内筹资,原来的资本成本率不会改变;一旦筹资额超过筹资分界点,即使维持现有的资本结构,其资本成本率也会增加。

(4)计算边际资本成本。根据计算出的分界点,可得出若干组新的筹资范围,对各筹资范围分别计算加权平均资本成本,即可得到各种筹资范围的边际资本成本。

2. 边际资本成本的应用

【例4.8】 光明公司目前拥有长期资本400万元,其中长期借款资本100万元,普通股300万元,为了满足追加投资需要,公司需筹集新资本260万元。现需要计算确定边际资本成本,其计算过程如下:

(1)确定公司最优的资本结构。光明公司目前筹资结构中,长期债务占总筹资额的25%,普通股占总筹资额的75%。公司财务人员经过分析,认为目前的资本结构为该公司的理想资本结构。在今后筹资时,继续保持该资本结构。

(2)确定各种筹资方式的资本成本。财务人员经过分析,认为随着筹资规模的不断扩大,各种筹资成本也会增加,详细情况如表4.2所示。

表4.2 光明公司追加筹资测算资料表

资本种类	目标资本结构 (1)	追加筹资数额范围/元 (2)	个别资本成本率/% (3)
长期债务	0.25	500 000 以下	4
		500 000 以上	8
普通股	0.75	750 000 以下	10
		750 000 以上	12

(3)计算筹资总额分界点。筹资分界点是指在保持某一资本成本率的条件下,可以筹集到的资本总限度。公式为

$$筹资分界点 = \frac{可用某一特定资本成本筹集到的某种资本额}{该种资本在资本结构中所占的比重}$$

在筹资分界点范围内筹资,原来的资本成本率不会改变;一旦筹资额超过筹资分界点,即使维持现有的资本结构,其资本成本率也会增加,如表4.3所示。

表4.3 光明公司筹资总额分界点测算表

资本种类	个别资本成本率/%	各种资本筹资范围/元	筹资总额分界点/元	筹资总额范围/元
长期债务	4	500 000 以下	500 000÷0.25=2 000 000	2 000 000 以下
	8	500 000 以上	500 000÷0.25=2 000 000	2 000 000 以上
普通股	10	750 000 以下	750 000÷0.75=1 000 000	1 000 000 以下
	12	750 000 以上	750 000÷0.75=1 000 000	1 000 000 以上

(4)根据计算出的分界点,可得出若干组新的筹资范围,对各筹资范围分别计算加权平均资本成本,即可得到各种筹资范围的边际资本成本,如表4.4所示。

表4.4 边际资本成本率规划表

序号	筹资总额范围/元	资本种类	目标资本结构/%	个别资本成本率/%	边际资本成本率/%
1	1 000 000 以内	长期债务	0.25	4%	1%
		普通股	0.75	10%	7.5%
第一个筹资总额范围的边际资本成本率=8.5%					
2	1 000 000~2 000 000 以内	长期债券	0.25	4%	1%
		普通股	0.75	12%	9%
第二个筹资总额范围的边际资本成本率=10%					
3	2 000 000 以上	长期债券	0.25	8%	2%
		普通股	0.75	12%	9%
第三个筹资总额范围的边际资本成本率=11%					

由于企业筹资额为260万元,大于200万元,所以筹资后企业加权平均成本等于11%。

第二节 杠杆原理

【小资料】
　　阿基米德在《论平面图形的平衡》一书中最早提出了杠杆原理。阿基米德曾讲:"给我一个立足点和一根足够长的杠杆,我就可以撬动地球。"他首先把杠杆实际应用中的一些经验知识当做"不证自明的公理",然后从这些公理出发,运用几何学通过严密的逻辑论证,得出了杠杆原理。

资料引自:中学学科网.

　　杠杆分析与风险是公司资本结构决策的一个重要的因素。资本结构决策需要在杠杆利益与其相关风险之间进行合理的权衡。合理运用杠杆原理,有助于企业规避风险,提高资本营运效率。对财务管理中的各种杠杆进行分析,必须首先了解成本习性、边际贡献和息税前利润等相关术语的含义。

一、成本习性分析

(一)成本习性及分析

　　成本习性是指成本总额与业务量之间在数量上的依存关系。成本按习性可划分为固定成本、变动成本和混合成本三类。固定成本是指其总额在一定时期和一定业务量范围内不随业务量发生任何变动的成本,随着产量的增加,它将分配给更多数量的产品,由此可见,单位固定成本将随着产量的增加而逐渐变小。变动成本是指其总额在一定时期和一定业务量范围内随业务量成正比例变动的那部分成本,如直接材料、直接人工等都属于变动成本,在一定范围内单位变动成本不随着产量的增加而保持固定不变。混合成本是指虽然也随业务量的变动而变动但不成正比例变动的成本,可以按照一定的方法将其分解成固定成本和变动成本。因此,总成本包括固定成本和变动成本两大类。

总成本习性模型

$$Y=a+bx$$

其中,Y代表总成本,a代表固定成本,b代表单位变动成本,x代表产销量。

(二)边际贡献和息税前利润

1. 边际贡献是指销售收入减去变动成本以后的差额

其计算公式为

　　　　边际贡献=销售收入−变动成本=(销售单价−单位变动成本)×产销量=
　　　　单位边际贡献×产销量

如果，M 为边际贡献，S 为销售收入，VC 为变动成本，p 为销售单价，b 为单位变动成本，x 为产销量，m 为单位边际贡献，则上式可表示为

$$M = S - VC = (p - b)x = mx$$

2. 息税前利润是指在支付利息和缴纳所得税之前的利润

其计算公式为

息税前利润＝销售收入总额－变动成本总额－固定成本＝

（销售单价－单位变动成本）×产销量－固定成本＝

边际贡献总额－固定成本

如果，$EBIT$ 为息税前利润，S 为销售收入，VC 为变动成本，a 为固定成本，p 为销售单价，b 为单位变动成本，x 为产销量，M 为边际贡献，则

$$EBIT = S - VC - a = (p - b)x - a = M - a$$

【例4.9】 某企业只生产一种产品，产量为 2 000 件，单价为 10 元，单位变动成本为 6 元，固定成本总额为 4 000 元。

要求：(1)计算单位边际贡献、边际贡献总额；(2)息税前利润总额。

依据公式：

(1)单位边际贡献＝10－6＝4(元)，边际贡献＝4×2 000＝8 000(元)；

(2)息税前利润总额＝8 000－4 000＝4 000(元)。

二、经营杠杆

（一）经营杠杆的概念

在其他因素不变的条件下，边际贡献总额随着销售量的变动而变动，固定成本总额则为一常数。因此，当销量发生变动时，虽然不会改变固定成本总额，但是会降低或提高单位产品的固定成本，从而提高或降低单位产品收益，使得息税前利润的变动率大于产销量变动率（价格不变条件下也为收入变动率）。固定成本的存在使销售量变动幅度大于息税前利润的变动幅度。如果不存在固定成本，总成本随着销量变动而成正比例变动，那么，企业息税前利润变动率就会与产销量的变动一致。可以说，固定成本的存在放大了企业产销量变动对于息税前利润的影响。

我们把由于固定性经营成本的存在而导致的息税前利润的变动率大于产销量（收入）变动率的现象，称为经营杠杆。产销量上升，会使得息税前利润更大幅度的上升，取得杠杆收益；产销量下降，会使得息税前利润更大幅度的下降，造成杠杆损失，即经营风险。

【小资料】
　　从会计学角度看,经营风险是一种不确定的财务损失。就其形成的原因与结果来看,可分为:1. 纯粹风险与投机风险。这两种风险的区别是风险所致的结果不同。纯粹风险所致的结果只有两种,一是遭损,二是无损。如企业经营中的运输风险,财产风险,职工安全风险。投机风险所致的结果就有盈利、保本或亏损三种。如证券投资风险,外汇交易风险,营销风险等。2. 静态风险与动态风险。这两种风险的区别是风险形成的原因不同。静态风险是指由于自然力量或人们的错误行为所造成的,动态风险则是由于经济或社会结构的变动所致。前者如地震、海难事件等,后者如汇率变动,税制改革,能源危机等。

资料引自:百度百科.

(二)经营杠杆系数

反映经营杠杆的作用程度,估计经营杠杆利益的大小,评价经营风险的高低,通常可以通过经营杠杆系数(DOL)。经营杠杆系数是指息税前利润对于产销量(销售收入)变动的反应程度,即息税前利润变动率相当于产销量(销售收入)变动率的倍数。

经营杠杆系数的计算公式为

$$经营杠杆系数 = \frac{息税前利润变动率}{产销业务量变动率}$$

$$DOL = \frac{\Delta EBIT/EBIT}{\Delta Q/Q}$$

其中,DOL 为经营杠杆系数,$\Delta EBIT$ 为息税前利润变动额,$EBIT$ 为变动前息税前利润,ΔQ 为销售变动量,Q 为变动前销售量。

为了便于应用,当产销量变动率与边际贡献率一致时(或当单价、单位变动成本、固定成本变动前后均不变时)可以用基期的边际贡献(销售收入−变动成本)除以基期的息税前利润来计算变动后的经营杠杆系数,即经营杠杆系数可通过销售额和成本来表示。有两个公式:

公式一

$$DOL_Q = \frac{Q(P-V)}{Q(P-V)-F}$$

其中,DOL_Q 为销售量 Q 时的经营杠杆系数,P 为产品单位销售价格,V 为产品单位变动成本,F 为总固定成本。

公式二

$$DOL_s = \frac{S-VC}{S-VC-F}$$

其中,DOL_s 为销售额 S 时的经营杠杆系数,S 为销售额,F 为固定成本,VC 为变动成本总额。

【例4.10】　某企业产销量资料表如表4.5所示。计算其经营杠杆系数。

表4.5 产销量资料表

	产销量变动前/元	产销量变动后/元	变动额/元	变动率/%
销售额	20 000	24 000	4 000	20
变动成本	12 000	14 400	2 400	20
边际贡献	8 000	9 600	1 600	20
固定成本	4 000	4 000		
息税前利润	4 000	5 600	1 600	40

注:产品单价为10元

根据计算公式得

$$DOL = \frac{\Delta EBIT/EBIT}{\Delta Q/Q} = \frac{1\,600 \div 4\,000}{400 \div 2\,000} = 2$$

上述公式是计算经营杠杆系数的常用公式,也可以采用基期资料计算系数,即

$$DOL_s = \frac{S-VC}{S-VC-F} = 8\,000 \div 4\,000 = 2$$

经营杠杆系数为2的意义在于:当企业销售增长1倍时,息税前利润将增长2倍,表现为经营杠杆利益;反之,当企业销售下降1倍时,息税前利润将下降2倍,表现为经营风险。经营杠杆系数、固定成本和经营风险三者呈同方向变化,即在其他因素一定的情况下,固定成本越高,经营杠杆系数越大,企业经营风险也就越大。

【例4.11】 某企业生产甲产品,固定成本80万元,变动成本率40%,当企业的销售额分别为400万元和200万元时,计算经营杠杆系数。

依据公式

$$DOL_s = \frac{S-VC}{S-VC-F}$$

计算经营杠杆系数

$$DOL_1 = (400-400\times40\%) \div (400-400\times40\%-80) = 1.5$$
$$DOL_2 = (200-200\times40\%) \div (200-200\times40\%-80) = 3$$

计算经营杠杆系数的意义在于:

(1)在固定成本不变的情况下,经营杠杆系数说明了销售额变化所引起的息税前利润变化的幅度。

(2)在固定成本不变的情况下,销售额越大,经营杠杆系数越小,经营风险也越小;反之,经营杠杆系数越大,经营风险也越大。

由以上分析可知控制经营杠杆的途径是:企业一般可以通过增加销售金额、降低产品单位变动成本、降低固定成本比重等措施使经营杠杆系数下降,降低经营风险。

三、财务杠杆

(一) 财务杠杆的概念

财务杠杆也称筹资杠杆、融资杠杆,主要反映息税前利润与每股收益的关系,用于衡量息税前利润变动对普通股每股收益变动的影响程度。如前所述,经营杠杆是由于固定经营成本的存在而产生的,而财务杠杆则来自于固定的筹资成本。固定经营成本反映企业的经营规模,固定筹资成本往往体现企业杠杆融资的规模。如果一个企业的筹资成本包含固定的债务成本(如从银行借款、签订长期融资租赁合同、发行公司债券)以及股权资本(优先股),从而使得息税前利润的某个变化引起每股收益更大幅度的变化时,就被认为是财务杠杆在发挥作用。在企业资本结构一定的条件下,企业从息税前利润中支付的筹资成本是相对固定的。因此,当息税前利润发生增减变动时,单位息税前利润所负担的筹资成本就会相应的减少或增加,扣除所得税后属于普通股的收益就会更大幅度的增加或减少,从而给所有者带来额外的收益或损失。如果不存在固定融资成本,每股收益的变动率与息税前利润的变动率就会完全一致。可以说,固定融资成本的存在放大了企业息税前利润变动对于普通股每股收益的影响。

我们把由于固定性融资成本的存在而导致的每股收益的变动率大于息税前利润变动率的现象,称为财务杠杆。息税前利润上升,会导致每股收益更大幅度地上升,产生杠杆收益;息税前利润下降,会带来每股收益更大幅度的下降,造成杠杆损失,即财务风险。

【小资料】

2010年3月13日下午,十一届全国人大三次会议新闻中心举行主题为"中国高速铁路建设发展"的集体采访,铁道部总经济师余邦利在答记者问时表示,中国高铁建设不会导致财务危机。"从整体上看,铁路债务水平处于安全、合理、可控水平,2009年铁路资产负债率52%,远低于许多国外铁路公司的水平。中国庞大的人口数量,城镇化水平快速提升的进程,持续平稳较快的经济发展形势,决定了高铁能够通过市场经营实现可持续的良性发展。"

资料引自:中国日报网.

(二) 财务杠杆系数

财务杠杆作用大小可通过财务杠杆系数(DFL)来衡量。财务杠杆系数是指每股收益对息税前利润变动的反应程度,即每股收益的变动率相当于息税前利润变动率的倍数。财务杠杆系数越大表明财务杠杆作用越大,相应的财务风险也越大;财务杠杆系数越小表明财务杠杆作用越小,相应的财务风险亦越小。

财务杠杆系数的计算公式为

(1) 利用每股净收益的变化率和息税前利润的变化率的对比关系计算财务杠杆系数

$$DFL = \frac{\Delta EPS/EPS}{\Delta EBIT/EBIT}$$

其中,DFL 为财务杠杆系数,ΔEPS 为普通股每股收益变动额,EPS 为变动前的普通股每股收益,$\Delta EBIT$ 为息税前利润变动额,$EBIT$ 为变动前的息税前利润。

(2)利用营业利润与息税前利润的对比关系计算 DFL(假设企业不发行优先股)。

因为

$$EPS = \frac{(EBIT-I)(1-T)}{N}$$

$$\frac{\Delta EPS}{EPS} = \frac{\Delta(EBIT-I)(1-T)/N}{(EBIT-I)(1-T)/N} = \frac{\Delta EBIT}{EBIT-I}$$

所以

$$DFL = \frac{EBIT}{EBIT-I}$$

其中,I 为债务利息,T 为所得税税率。

通过这个公式可以看到,假如利息 I 为零,那么财务杠杆系数就是1,没有财务杠杆作用,每股利润变动率等于息税前利润变动率;但是如果存在利息,这时分子要比分母大,表明每股利润的变动幅度会超过息税前利润的变动幅度。

【例4.12】 长江公司有年利率为10%的负债200 000元,公司产品单价50元,单位变动成本25元,年固定成本100 000元。流通在外的普通股10 000股,公司适用所得税税率40%。

(1)计算产出为8 000 单位产品时的财务杠杆系数。

依据公式

$$DFL = \frac{EBIT}{EBIT-I}$$

计算如下

$$EBIT = S - VC - a = (p-b)x - a = (50-25) \times 8\ 000 - 100\ 000 = 100\ 000(元)$$
$$DFL = 100\ 000 \div (100\ 000 - 200\ 000 \times 10\%) = 1.25$$

(2)计算产出为8 000 单位和8 800 单位时的每股盈余,并计算每股盈余变动的百分比,即

$$EBIT_1 = 100\ 000$$
$$EBIT_2 = (p-b)x - a = (50-25) \times 8\ 800 - 100\ 000 = 120\ 000(元)$$
$$EPS_1 = \frac{(EBIT_1-I)(1-T)}{N} = [(100\ 000 - 200\ 000 \times 10\%) \times (1-40\%)] \div 10\ 000 = 4.8(元/股)$$
$$EPS_2 = \frac{(EBIT_2-I)(1-T)}{N} = (120\ 000 - 200\ 000 \times 10\%) \times (1-40\%) \div 10\ 000 = 6(元/股)$$
$$DFL = [(6-4.8) \div 4.8] \div [(120\ 000 - 100\ 000) \div 100\ 000] = 1.25$$

财务杠杆系数说明:财务杠杆系数越大,表示财务杠杆作用越大,财务风险也就越大;财务杠杆系数越小,表明财务杠杆作用越小,财务风险也就越小。当公司息税前利润较多,增长幅度较大时,适当地利用负债性资本,可以发挥财务杠杆的作用,增加每股利润,使股票价格上涨,增加企业价值。财务杠杆系数的作用在于它可用来反映财务杠杆的作用程度,估计财务杠

杆利益的大小,评价财务风险的高低。

由以上分析可知控制财务杠杆的途径,即企业可以通过合理安排资本结构,适度负债,使财务杠杆利益抵消风险增大所带来的不利影响。

四、总杠杆系数

总杠杆,也称为复合杠杆,它是企业经营杠杆和财务杠杆共同作用而产生的杠杆效应。如前所述,由于存在固定成本,产生经营杠杆的效应,使得息税前利润的变动幅度大于销售量变动的幅度。同样,由于存在固定财务费用,产生财务杠杆效应,使得税后利润变动幅度大于息税前利润变动的幅度。如果两种杠杆同时起作用,那么,销售量稍微有变化就会引起税后利润更大的变动。

复合杠杆的作用程度,可用复合杠杆系数表示,它是经营杠杆系数和财务杠杆系数的乘积,即为每股净收益的变化率相对于销售量变化率的比率。其计算公式为

$$DCL = \frac{每股收益变动率}{产销量变动率} = \frac{\Delta EPS/EPS}{\Delta S/S}$$

$$DCL = DOL \cdot DFL = \frac{Q(P-V)}{Q(P-V)-F-I} = \frac{S-VC}{S-VC-F-I}$$

其中,DCL 为复合杠杆系数。

【例4.13】 某公司的经营杠杆系数为1.80,财务杠杆系数为2。计算其总杠杆系数。

根据计算公式,得

$$DCL = DOL \cdot DFL = 1.80 \times 2 = 3.6$$

由以上分析可知,只要企业同时存在固定的生产经营成本和固定的利息等财务支出,就存在复合杠杆效应。在其他因素不变的情况下,复合杠杆系数越大,企业整体的风险性也越大;复合杠杆系数越小,整体的风险性也越小。

第三节 资本结构

资本结构是指企业各种长期资本筹集来源的构成和比例关系。短期资本的需要量和筹集是经常变化的,且在整个资本总量中所占的比重不稳定,因此不列入资本结构管理范围,而作为营运资本管理,这部分内容将在第七章中介绍。

在实务中,资本结构有广义和狭义之分。狭义的资本结构是指长期资本结构;广义的资本结构指全部资本(包括长期资本和短期资本)的结构。

通常情况下,企业的资本结构由长期债务资本和权益资本构成。资本结构就是指长期债务资本和权益资本各占多大比例。

一、资本结构相关理论

资本结构理论所研究的基本问题是企业资本结构与企业价值的关系。西方经济学界围绕这

一基本问题展开了全面深入的研究,形成了许多不同的资本结构理论。主要有以下五方面。

(一)净收入理论

该理论认为,负债可以降低企业的资本成本,负债程度越高,企业价值越大。这是因为债务利息和所有者权益资本均不受财务杠杆影响,无论负债程度有多高,企业的债务资本成本和所有者权益资本成本都不会变化。因此,只要债务成本低于所有者权益成本,那么负债越多,企业的加权平均资本成本就越低,企业的价值就越大。当负债比率为100%时,企业加权平均资本成本最低,企业价值将达到最大。如果这种理论的假设是正确的,那么,为使企业价值达到最大化,应使用几乎100%的债务资本,因为此时综合资本成本达到最低。

(二)净营运收入理论

该理论认为,不论财务杠杆如何变化,企业加权平均资本成本都是固定的,因而企业的总价值也是固定不变的。这是因为企业利用财务杠杆时,即使债务成本本身不变,但由于加大了所有者权益的风险,也会使所有者权益成本上升,于是加权平均资本成本不会因为负债比率的提高而降低,而是维持不变。企业的总价值也就固定不变。如果这种理论真实存在的话,那么资本结构决策将无关紧要,即不存在最佳资本结构问题。

(三)传统理论

该理论是一种介于净收入理论和净营运收入理论之间的理论。传统理论认为,企业利用财务杠杆尽管会导致所有者权益成本的上升,但在一定程度内却不会完全抵消利用成本率低的债务所获得的好处,因此会使加权平均资本成本下降,企业总价值上升。但是,利用财务杠杆超过一定程度,所有者权益成本的上升就不再能为债务的低成本所抵消,加权平均资本成本便会上升。以后债务成本也会上升,它和所有者权益的上升共同作用,使加权平均资本成本上升更快。加权平均资本成本从下降变为上升的转折点,是加权平均资本成本的最低点,这时的负债率就是企业价值的最佳资本结构。可见,传统理论学说是承认企业有其最佳资本结构。

(四)权衡理论(MM 理论)

最初的 MM 理论即资本结构无关论,为金融理论奠定了开拓性的基础。该理论认为在完善的资本市场中,如果不存在税收、破产成本及代理成本的影响,公司的价值将与其资本结构无关。"MM 理论"的前提是完善的资本市场和资本的自由流动,不考虑公司所得税,然而现实中不存在绝对完善的资本市场,而且还存在许多阻碍资本流动的因素。因此,米勒等人后来又对"MM 理论"进行了一定的修正即权衡理论。修正后的"MM 理论"认为,在考虑所得税后,公司使用的负债越高,其加权平均成本就越低,公司收益乃至价值就越高,这就是修正后的"MM 理论",简称"相关论"。按照修正后的"MM 理论",公司的最佳资本结构是100%的负债,但这种情形在现代社会显然不合理。市场均衡理论引入资本结构研究,认为提高公司负债比率,会使公司财务风险上升,破产风险加大,从而迫使公司不选择最大负债率(100%)的筹资方案而选择次优筹资方案;另一方面,随着公司负债比率的上升,债权人因承受更大的风险而要求更高的利率回报,从而导致负债成本上升,筹资难度加大,这样也会限制公司过度负债。

(五)代理理论

该理论的创始人詹森和麦克琳认为:企业资本结构会影响经理人员的工作水平和其他行为选择,从而影响企业未来现金流入和企业市场价值。其理论的核心是:公司债务的违约风险是财务杠杆系数的增函数,随着公司债权资本的增加,债权人的监督成本随之上升,债权人要求的利率会更高。而这种代理成本最终要由股东承担(股权代理成本增加),公司资本结构中债权比率过高会导致股东价值的降低。均衡的企业所有权结构应该是由股权代理成本和债权代理成本之间的平衡关系来决定的,债权资本适度的资本结构会增加股东的价值,一旦过度反而会降低股东的价值。除了债务的代理成本之外,还有一些代理成本涉及公司雇员、消费者和社会等,在资本结构决策中也应予以考虑。

资本结构理论为企业融资决策提供了有价值的参考,但在一定程度上融资决策还要依靠有关人员的经验和主观判断。

二、影响资本结构的因素

资本结构涉及产权结构问题,是社会资本在企业经济组织形式中资源配置的结果。资本结构的变化会直接影响社会资本所有者的利益。资本结构主要受以下因素影响:

1. 企业的经营状况

企业经营稳定,则可以较多地负担固定的财务费用;如果业务量和盈余呈现周期性的波动,负担固定财务费用将承担较大的财务风险。企业的经营发展能力表现为未来业务量的增长率,如果业务量能够以较高的水平增长,企业成长性强,未来发展前景好,则企业可以采用高负债的资本结构,发挥财务杠杆效应以提升权益资本的报酬。

2. 企业的财务状况

企业财务状况良好,信用等级高,债权人的放贷风险较小而愿意向企业提供信用,则企业容易获得债务资本,资本成本较低。相反,如果企业财务状况欠佳,信用等级不高,债权人的放贷风险大,则企业要么难以获得债务资本,要么会加大债务资本的筹资成本。

3. 企业的资产结构

资产结构是企业筹资后使用资本进行资源配置而形成的资本占用结构,包括长短期资产的构成及其比例,长短期资产内部的构成及其比例等。资产结构对企业资本结构的影响主要表现为:拥有大量固定资产的企业往往通过发行股票和长期负债等方式筹集长期资本;拥有较多流动资产的企业则更多依赖流动负债筹集短期资本;如果资产适用于抵押贷款则企业负债会较多,以技术研发为主的企业负债会较少。

4. 企业投资人和管理当局的态度

从企业所有者角度看,如果企业股权分散,企业可能更多地采用权益资本筹资以分散企业风险。如果企业为少数股东控制,大股东通常重视企业控股权问题,为防止控制权稀释,企业一般会尽量避免采用发行普通股融资,而采用债务资本或发行优先股筹资。从企业管理当局的角度看,高负债比例的资本结构具有高财务风险,一旦经营失败或出现财务危机,管理当局将面临市场接管的威胁或者被董事会解聘。因此,稳健的管理当局偏好于选择较低负债比例的资本结构。

5. 行业特征和企业发展周期

由于行业特征对资本结构产生影响,因此不同行业资本结构差异很大。一般而言,成熟产业由于产品市场稳定而经营风险较低,因此企业可提高债务资本的比重,充分发挥财务杠杆作用。而高新技术行业由于技术、产品、市场尚不成熟,经营风险较高,因此企业会保持一个较低的债务资本比重,以控制财务杠杆风险。同一企业在不同发展周期,资本结构会存在很大差异。企业在初创阶段由于经营风险较高,因此应控制资本结构中债务资本的比例;企业在发展成熟阶段由于业务量稳定和持续增长而经营风险较低,可适度增加债务资本在总资本中的比重,充分发挥财务杠杆效应;企业在衰退阶段由于产品需求下降,经营风险逐步加大,应适度降低债务资本的规模和比例。

6. 经营环境的税收政策和货币政策

资本结构决策必然受理财环境特别是宏观经济状况因素的影响。财政税收政策和货币政策是政府调控经济的手段,当所得税率较高时,利息费用的税盾作用较大,采用债务融资对企业较为有利,企业会充分利用这种作用以提高企业价值,则资本结构中债务资本比重会较高。货币政策影响货币供给,从而影响利率水平的变动,进而影响融资的难易程度和融资成本的高低,当国家实施紧缩的货币政策时,市场利率较高,则企业融资的难度加大,债务资本成本较高。

三、资本结构决策的方法

通过资本结构理论的分析我们知道,进行资本结构决策,实际上就是确定企业的最佳资本结构。所以不同筹资方案的比较实际上就是对不同资本结构的比较。选择合理的资本结构对企业以较低的资本成本实现企业价值最大化具有重要意义。公司最佳资本结构应当是可使其预期的综合资本成本率最低同时使企业总价值最高的资本结构。

在实际工作中,最佳资本结构决策的方法很多,下面将介绍三种比较实用的方法。

(一)每股收益无差异分析(EBIT-EPS分析)

资本结构的合理与否,可以通过分析资本结构与每股收益变化之间的关系来衡量,即能提高每股收益的资本结构是合理的;反之,则不够合理。每股收益的高低不仅受资本结构(由长期负债融资和权益融资构成)的影响,还受到销售水平的影响。处理以上三者的关系,可以运用融资的每股收益分析的方法。

所谓每股收益无差别点,是指两种或两种以上筹资方案下普通股每股收益相等时的息税前利润点,亦称筹资无差别点。根据每股收益无差别点,可以分析判断在什么样的销售水平下适于采用何种资本结构。每股收益无差别点可以通过计算得出。每股收益即EPS的计算公式为

$$EPS = \frac{(S-VC-F-I)(1-T)}{N} = \frac{(EBIT-I)(1-T)}{N}$$

其中,S为销售收入,VC为变动成本,F为固定成本,I为利息,T为所得税率,N为普通股股数。

每股收益无差别点计算公式为

$$EPS_1 = EPS_2$$

EPS_1代表负债融资方案下的每股收益,EPS_2代表所有者权益融资方案下的每股收益。展开上述公式即得

$$\frac{(EBIT-I_1)(1-T)}{N_1} = \frac{(EBIT-I_2)(1-T)}{N_2}$$

其中I_1,I_2为两种筹资方式下的年利息;N_1,N_2为两种筹资方式下的流通在外的普通股股数;$EBIT$为息税前利润。

【例4.14】 光明公司目前资本有8 500万元,其中债务资本1 000万,普通股7 500万。现因生产需要准备再追加筹资1 500万元资本,这些资本可以利用发行股票筹集,也可以利用发行债券筹集。假定无论采用何种方案,增资后的公司息税前利润都能达到800万元,所得税率40%。有关数据如表4.6所示。

表4.6 原资本结构和筹资后资本结构情况表

筹资方式	原资本结构	增加筹资后资本结构	
		增发普通股	增发公司债
公司债(利率10%)/万元	1 000	1 000	2 500
普通股(每股面值7.5元)/万元	7 500	9 000	7 500
资本总额总计/万元	8 500	10 000	10 000
普通股股数/万股	1 000	1 200	1 000

根据资本结构的变化,采用EBIT-EPS分析法分析资本结构对普通股每股利润的影响,如表4.7所示。

表4.7 光明公司不同资本结构下的每股利润

项 目	增发普通股	增发公司债
预计息税前利润($EBIT$)/万元	800	800
减:利息/万元	100	250
税前利润/万元	700	550
减:所得税(40%)/万元	280	220
净利润/万元	420	330
普通股股数/万股	1 200	1 000
每股利润(EPS)/元	0.35	0.33

由表4.7可以看出,在息税前利润为800万元的情况下,若增发普通股,会使普通股每股收益预期为0.35元;若增发公司债,会使普通股每股收益预期为0.33元,采用增发公司普通

股票的形式筹集资本能使每股利润上升。从每股收益的角度来看,本案例中的光明公司应采用增发普通股票的形式来筹集所需资本。该选择是在预期息税前利润为 800 万元的情况下做出的,那么,息税前利润为多少时,筹资方式的选择会产生变化?我们可以通过计算每股收益无差别点($EBIT$)来判断,计算公式如下

$$\frac{(EBIT-I_1)(1-T)}{N_1}=\frac{(EBIT-I_2)(1-T)}{N_2}$$

将光明公司的资料代入上式

$$\frac{(EBIT-1\,000\times10\%)(1-40\%)}{1\,200}=\frac{(EBIT-2\,500\times10\%)(1-40\%)}{1\,000}$$

解之得

$$EBIT=1\,000(万元)$$

计算表明,当预期息税前利润为 1 000 万元时,增发普通股和增加负债两种方案的每股收益相等。在本例中,由于息税前利润预计为 800 万元($<EBIT$),故应选择增发普通股筹资。

在实务中可以遵循以下决策原则:在融资分析时,当预期息税前利润大于每股利润无差异点的息税前利润时,运用负债筹资可获得较高的每股利润,较为有利;反之,当预计息税前利润低于每股利润无差异点的息税前利润时,运用权益筹资可获得较高的每股利润;当预计息税前利润等于每股利润无差异点的息税前利润时,两种融资方式可以获得相同的每股收益。但是,这个方法的最大缺陷在于只考虑了资本结构对每股利润的影响,并假设每股利润最大,股票价格也就最高,而没有考虑风险的影响。

(二)资本成本比较法

资本成本比较法是在资本成本计量原理的基础上,通过计算和比较各种预设资本结构方案的加权平均资本成本,选择加权平均资本成本最低的那个方案所设定的资本结构为企业最佳资本结构。这种方法侧重于从资本投入的角度对资本结构进行优选分析评价。

1. 初始筹资资本成本比较

计算步骤为:①首先计算初始资本结构的个别资本成本、各类资本来源及其比重。②再依次计算可供选择的各方案的加权平均资本成本。③比较各方案的加权平均资本成本,以最低者为优。

在筹资决策之前,先拟定若干备选方案,分别计算各方案加权平均的资本成本,并选择加权平均资本成本最低的方案。

【例 4.15】 美兰公司因业务发展需要打算筹资 200 万元决策,现有 A,B 两方案备选,有关资料如下,要求分别计算两种方法的综合资本成本,从中选择一较优方案,如表 4.8 所示。

根据资料分别计算两种方案综合资本成本

A 方案的加权平均资本成本 = 80÷200×7% +20÷200×8% +100÷200×9% =7.7%

B 方案的加权平均资本成本 =60÷200×6% +30÷200×8% +110÷200×9% =7.95%

B方案的加权平均资本成本高于A方案的加权平均资本成本,所以应选择A筹资方案。

表4.8 某企业筹资决策方案

筹资方式	A方案		B方案	
	筹资额/万元	资本成本	筹资额/万元	资本成本
长期借款	80	6%	60	6%
公司债券	20	8%	30	8%
普通股	100	9%	110	9%
合 计	200		200	

2. 追加筹资资本成本比较

企业在持续的生产经营过程中,由于扩大业务或对外投资的需要,有时需要追加筹资。由于追加筹资以及筹资环境的变化,企业原有的资本结构就会发生变化,从而原定的最佳资本结构也未必是最优的。因此,企业应在资本结构不断变化中寻求最优比例,保持资本结构的最优化。

一般而言,按照最佳资本结构的要求,选择追加筹资方案可有两种方法:一种方法是直接测算比较各备选追加筹资方案的加权平均资本成本,从中选择最优筹资方案;另一种方法是将备选追加筹资方案与原有资本汇总,测算各追加筹资条件下汇总资本结构的综合资本成本,比较确定最优追加筹资方案。

【例4.16】 某企业现有资本1 000万元,由于产品供不应求,拟增资1 000万元,现有两方案可供选择。原有资本和新增方案的相关资料如表4.9所示。

表4.9 原有资本和新增方案的相关资料

筹资方式	原有资本		追加筹资方案A		追加筹资方案B	
	资本额/万元	资本成本/%	追加筹资额/万元	资本成本/%	追加筹资额/万元	资本成本/%
长期借款	100	5	200	6	100	5.5
债券	200	6	300	7	200	7.5
优先股	300	8			200	9
普通股	400	10	500	12	500	12
合计	1 000		1 000		1 000	

方法一:直接测算追加部分的综合资本成本

方案A:

$$K_{wA} = \frac{200}{1\ 000} \times 6\% + \frac{300}{1\ 000} \times 7\% + \frac{500}{1\ 000} \times 12\% = 9.3\%$$

方案B

$$K_{wB}=\frac{100}{1\ 000}\times5.5\%+\frac{200}{1\ 000}\times7.5\%+\frac{200}{1\ 000}\times9\%+\frac{500}{1\ 000}\times12\%=9.85\%$$

两个追加筹资方案相比,方案 A 的加权平均资本成本低于方案 B 的加权平均资本成本,因此,追加筹资方案 A 优于方案 B。

方法二:汇总计算综合资本成本

汇总方案 A

$$K_{wA}=\frac{100}{2\ 000}\times5\%+\frac{200}{2\ 000}\times6\%+\frac{200}{2\ 000}\times6\%+\frac{300}{2\ 000}\times7\%+\frac{300}{2\ 000}\times8\%+$$
$$\frac{400}{2\ 000}\times12\%+\frac{500}{2\ 000}\times12\%=9.1\%$$

汇总方案 B

$$K_{wB}=\frac{100}{2\ 000}\times5\%+\frac{100}{2\ 000}\times5.5\%+\frac{200}{2\ 000}\times6\%+\frac{200}{2\ 000}\times7.5\%+\frac{300}{2\ 000}\times8\%+$$
$$\frac{200}{2\ 000}\times9\%+\frac{400}{2\ 000}\times12\%+\frac{500}{2\ 000}\times12\%=9.375\%$$

以上汇总计算中,根据同股同利原则,原有普通股应按新普通股的资本成本计算其加权平均资本成本。这里假定股票的资本成本与报酬等价。

比较汇总计算的加权平均资本成本,汇总方案 A 的加权平均资本成本低于汇总方案 B 的加权平均资本成本,因此,追加筹资方案 A 优于方案 B。

在比较资本成本的确定中,权数的性质与计算一直是一个争议较大的问题。账面价值权数与市场价值权数的选择成为关键。在国外对企业的相关调查中,发现企业运用最多的还是较为简单的账面价值权数。

(三)公司价值比较法

公司价值确定法是指使得公司的市场价值最大的资本成本,公司的市场总价值应是其股票的市价与负债的市价之和

$$V=S+B$$

其中,V 为公司总价值,S 为股票的市价,B 为负债的市价。

为简单起见,一般假设负债的市场价值等于其账面价值,股票的市场价值计算为

$$S=\frac{(EBIT-I)(1-T)}{K_S}$$

其中,$EBIT$ 为息税前利润,I 为年利息,T 为所得税率,K_S 为权益资本成本。

权益资本成本采用资本资产定价模型来确定

$$K_s=R_F+\beta(R_M-R_F)$$

在公司价值测算的基础之上,假设公司的全部资本由长期债务和普通股构成,则公司的全部资本成本即综合资本成本 K_W,可按下列公式计算:

$$K_W = \frac{B}{V}K_b(1-T) + \frac{S}{V}k_s$$

【例 4.17】 某企业的长期资本构成均为普通股,无长期债权资本和优先股资本。股票的账面价值为 3 000 万元。预计未来每年 $EBIT$ 为 600 万元,所得税税率为 25%。该企业认为目前的资本结构不合理,准备通过发行债券回购部分股票的方式,调整资本结构,提高企业价值。经咨询,目前市场无风险报酬率为 8%,市场证券组合的必要报酬率为 12%,长期债务利率和权益资本成本状况如表 4.10。

表 4.10 长期债务利率和权益资本成本状况

债券市场价值 B/万元	税前债务资本成本 K_b/%	股票 β 值
0	—	1.2
300	10	1.3
600	10	1.4
900	12	1.55
1 200	14	1.7
1 500	16	2.1

根据表 4.10 资料,即可计算出不同长期债务资本规模下的企业价值和加权平均资本成本,进而确定最佳资本结构(表 4.11)。

表 4.11 最佳资本结构

债券市场价值 B(万元)	税前债务资本成本 K_b/%	股票 β 值	权益资本成本 k_s/%	股票市场价值/万元	企业市场价值/万元	加权平均资本成本/%
0		1.2	12.8	3 515.63	3 515.63	12.8
300	10	1.3	13.2	3 238.64	3 538.64	12.72
600	10	1.4	13.6	2 977.94	3 577.94	12.58
900	12	1.55	14.2	2 598.59	3 498.59	12.86
1 200	14	1.7	14.8	2 189.19	3 389.19	13.28
1 500	16	2.1	16.4	1 646.34	3 146.34	14.3

由表 4.11 计算可见,当长期债务为 600 万元时,公司价值最大,加权平均资本成本最低,因此,长期债务资本为 600 万元时企业的资本结构为最佳资本结构。

通过资本资产定价模型等方法确定权益资本成本后即可确定公司的总价值。以上所阐述的确定资本结构的定量分析方法和定性分析方法各有优缺点,在实际工作中应结合起来加以运用,以便合理确定资本结构。

三、资本结构的调整

【小资料】
　　高鸿股份拟对子公司进行资本结构调整,以持有的高鸿信息2 740万元出资额与高鸿恒昌2 740万元出资额进行等价置换。资本结构调整后,公司将持有高鸿信息78.65%股份,持有高鸿恒昌100%股权。公司表示,对公司控股子公司资本结构进行调整,可以充分发挥资源优势,顺应3G-IT销售市场的快速增长趋势,扩大公司销售份额,并且根据公司整体战略规划,进一步控制3G-IT连锁销售业务经营风险,有利于公司的长远发展。

资料引自:世华财讯.

(一)资本结构调整的概述

资本结构调整是指修订公司的资本结构。它是以不影响公司总体股本为前提重组公司的债务及股本组合。

资本结构调整可能会牵涉到以股权利益交换负债义务的行为(这是目前一些极度缺乏现金的公司愈来愈常用的财务工具)。

资本结构调整也可能牵涉到以某种债务形式的有价证券交换另一种债务形式有价证券,如将可转换公司债(Convertible debentures)转换为债券(Bond)。在某些情况下,以优先股(Preferred stock)与普通股份间的互换交易来进行资本结构调整是很合理的事。

(二)企业资本结构调整的原因

1. 成本过高

即原有资本结构的加权资本过高,从而使得利润下降,它是资本结构调整的主要原因之一。

2. 风险过大

虽然负债筹资能降低成本、提高利润,但风险较大。如果筹资风险较大,以至于企业无法承担,则破产成本会直接抵减因负债筹资而取得的杠杆收益,企业此时也需进行资本结构调整。

3. 弹性不足

弹性是指企业在进行资本结构调整时原有结构应有的灵活性。包括:筹资期限弹性、各种筹资方式间的转换弹性。其中,期限弹性针对负债筹资方式是否具有展期性、提前收兑性等而言;转换弹性针对负债与负债间、负债与资本间、资本与资本间是否具有可转换性而言。弹性不足时,企业要调整结构也很难;反过来,也正是由于弹性不足而促使企业要进行资本结构调整。弹性大小是判断企业资本结构是否健全的标志之一。

4. 约束机制

不同的筹资方式,投资者对筹资方的使用约束是不同的。约束过严,在一定意义上有损于企业财务自主权,有损于企业灵活调动与使用资本。正因为如此,有时企业宁愿承担较高的代价而选择那些使用约束相对较宽的筹资方式,这也是促使企业进行资本结构调整的动因之一。

(三) 资本结构调整方式与选择

资本结构决策的标准通常被认为:①有利于最大限度地增加所有者的财富,能使企业价值最大化。因为,财务目标的理念任何时刻都影响着企业的财务行为,资本结构决策也不例外。②企业的加权平均资本成本最低。由此,我们在讨论资本结构决策,调整负债与所有者权益之间的比例时,往往采用三种方法:①企业价值最大判断法;②加权平均资本成本最低判断法;③无差异点分析法。前两种又可合并成一种,因为,普遍认为资本成本最低,就是企业价值最大。

事实上,无论哪一种方法的资本结构决策,都不可避免地面临这样的问题,即在进行资本结构决策时,融资方式、渠道的选择是开放的,选择何种方式,主要取决于企业的财务分析而没有过多地考虑资本市场的准入问题。似乎资本市场的进入也是开放的,其实并不然。

现实中的企业,不可能总是在要通过资本市场融资时调整资本结构。在企业的日常经营中,也同样面临许多资本结构决策的问题。如果利用前述的方法,显然将受到现实中资本市场的诸多约束条件的制约。因此,当企业进行资本结构决策时,不可能任何时刻均会在股票与债券之间反复权衡。也就是说,在这种情况下,企业的资本结构决策将更多地依赖于本身资产活性的激活,因为事实上,企业要进行筹资时,除了因为规模扩张,资本不够外,主要方面在于流动资本过多被占用,资产活性不强,其运作能力、变现能力、收益能力不高。因此,在企业的日常经营中,企业资本结构决策时应拓宽决策的方式和渠道。

1. 内涵式调整

内涵式调整资本结构,实质是企业资产存量、负债和所有者权益之间的调整和转换。基本前提是企业的资产规模不变,但权益之间进行相应转换。例如,针对当前国有企业高负债率现象,许多学者提出"债转股"的思路,变对银行的债务成为银行对企业的投资,从而,降低企业的资产负债率,调整了企业的资本结构。

具体来说:①当企业债务过高时,可将部分债务资本转变为主权资本,现实中"债转股"就是一例。②或是在企业债务过高时,将长期债务收兑或提前归还,并筹集相应的主权资本。③或与关联公司进行资产置换,改变资产的活性,达到改善资本结构的目的。

2. 扩张式调整

扩张式调整资本结构是指通过扩大资产规模的同时,调整企业的资本结构。它除了有前述无差异点法、加权平均资本成本最低法决策外,具体来说还有:①在债务过高时,通过增加主权资本的投资来改善企业的资本结构。②当企业债务偏低时,通过增加负债规模来改变企业的资本结构。③当企业扩大关联企业的合作,以增加生产能力时,通过兼并、重组进行规模扩张,改善企业的资本结构。

3. 收缩式调整

收缩式调整企业资本结构是指通过减少现有企业资产规模来重新调整企业的资本结构。具体方式有:①在主权资本过高时,可通过减少资本来降低比重。如通过回购本企业流通在外的股票。②在债务资本过高时,利用税后留成归还债务,用以减少债务比重,调整企业资本结构。③通过剥离非经营性资产,减少不应由企业负担的行为,调整企业的资本结构。④通过分立非核心经营业务,加强企业核心能力,调整企业资本结构。

本章小结

1. 资本成本是指企业为筹集和使用资本而付出的代价。它包括资本筹集费和资本使用费两部分。资本使用费是筹资企业经常发生的;资本筹集费是指企业在筹措资本过程中为获取资本而支付的费用。资本成本可以用绝对数表示,也可以用相对数表示,但在财务管理中,一般用相对数表示。

2. 个别资本成本是指各种筹资方式的成本,包括债券成本、银行借款成本、优先股成本、普通股成本和留存收益成本,前两者可统称为负债资本成本,后三者统称为权益资本成本。个别资本成本主要用于衡量某一筹资方式的优劣。综合资本成本率是指企业全部长期资本的成本率,综合反映资本成本总体水平的一项重要指标。它是公司取得资本的平均成本,因此在计算时须考虑所有不同的资本来源及其占总资本的比重。主要用于衡量筹资组合方案的优劣或用于评价企业资本结构的合理性。边际资本成本率是指企业追加长期资本的成本率。用于衡量在某一资本结构下,资本每增加一个单位而增加的成本。它是公司为取得额外1元新资本所必须负担的成本,是一种加权平均资本成本。

3. 企业经营风险的大小常常使用经营杠杆来衡量。经营杠杆是指在某一固定成本比重下,销售量变动对息税前利润产生的作用。债务对投资者收益的影响称做财务杠杆。财务杠杆作用的大小通常用财务杠杆系数表示。财务杠杆系数表明息税前利润的增长所引起的每股净收益的增长幅度。经营杠杆和财务杠杆的连锁作用称为总杠杆(复合杠杆)作用。

资本结构是指企业各种长期资本筹集来源的构成和比例关系。公司最佳资本结构应当是可使其预期的综合资本成本率最低同时又能使企业总价值最高的资本结构。资本结构决策的方法主要介绍两种即每股收益无差异分析(EBIT-EPS 分析)和比较资本成本法。每股收益的无差别点是指每股收益不受融资方式影响的销售水平,一般用息税前利润表示。根据每股收益无差别点,可以分析判断在什么样的销售水平下适于采用何种资本结构。比较资本成本法即分别计算各筹资方案的加权平均资本成本,再根据加权平均资本成本的高低来确定资本结构,哪个方案的加权平均资本成本最低就选哪个。

复习思考题

1. 资本成本的含义及其作用体现在哪里?

2. 如何计算债务成本？优先股成本的计算与债务成本计算有何异同？
3. 简述普通股成本股利率增长模式的计算方法。留存收益成本计算与普通股成本计算有何差异？
4. 如何计算综合资本成本，影响综合资本成本的因素有哪些？
5. 经营风险的含义、财务风险的含义分别是什么？
6. 掌握经营杠杆的含义以及经营杠杆系数的高低与经营风险的关系如何？
7. 掌握财务杠杆的含义以及财务杠杆系数的高低与财务风险的关系如何？
8. 经营杠杆系数、财务杠杆系数的计算方法有哪些？
9. 掌握资本成本的含义及其决策的方法有哪几种？

【案例分析】

不同国别的资本构成

企业的资本来源主要包括内部融资和外部融资两个渠道，其中内部融资主要是指企业的自有资本和在生产经营过程中的资本积累部分；外部融资即企业的外部资本来源部分，主要包括直接融资和间接融资两种方式。

从美国、英国、德国、法国、意大利、加拿大、日本等七国平均水平来看，内部融资比例高达55.71%，外部融资比例为44.29%；而在外部融资中，来自金融市场的股权融资仅占融资总额的10.86%，而来自金融机构的债务融资则占32%。

从国别差异上看，内部融资比例以美国、英国两国最高，均高过75%，德国、加拿大、法国、意大利四国次之，日本最低。从股权融资比例看，加拿大最高达到19%，美国、法国、意大利三国次之，均为13%，英国、日本分别为8%和7%，德国最低仅为3%。从债务融资比例看，日本最高达到59%，美国最低为12%。可见，美国企业不仅具有最高的内部融资比例，而且从证券市场筹集的资本中，债务融资所占比例也要比股权融资高得多。

我国上市公司的内部融资在融资结构中的比例是非常低的，外部融资比例远高于内部融资，那些"未分配利润为负"的上市公司几乎是完全依赖外部融资。另外，在外部融资中，股权融资所占比重平均大大超出了50%。

讨论题：
1. 为什么上述七国注重内部融资和外部融资中的金融机构融资，我国公司为什么做不到？
2. 内部融资和金融机构融资会给企业带来哪些益处？

第五章 Chapter 5

项目投资管理

【学习要点及目标】

通过本章学习,要求了解项目投资的概念、特点;掌握现金流量的含义及现金流量的构成;掌握贴现与非贴现现金流量指标的计算;掌握项目投资决策评价指标的运用。

【导入案例】

永正面粉厂是生产面粉的中型企业,该厂生产的面粉质量高,价格合理,长期以来供不应求。为了扩大生产能力,永正面粉厂准备新建一条生产线。

王新是该厂的助理会计师,主要负责筹资和投资工作。总会计师李建要求王新搜集建设新生产线的有关资料,并对投资项目进行财务评价,以供厂领导决策考虑。

王新经过十几天的调查研究,得到以下有关资料:

(1)投资新的生产线需一次性投入2 000万元,无建设期,预计可使用10年,报废时无残值收入;该生产线的折旧年限为10年,使用直线法折旧,残值率为10%。

(2)购置设备所需的资金通过银行借款筹措,借款期限为4年,每年年末支付利息100万元,第4年年末用税后利润偿付本金。

(3)该生产线投入使用后,预计可使工厂第1~5年的销售收入每年增长2 000万元,第6~10年的销售收入每年增长1 000万元,耗用的人工和原材料等成本为收入的60%。

(4)生产线建设期满后,工厂还需垫支流动资金200万元。

(5)所得税税率为25%。

(6)银行借款的资金成本为10%。

永正面粉厂是否可以建设该项新生产线,判断项目的财务可行性并作出投资决策。

第一节 项目投资概述

一、项目投资的含义与特点

（一）项目投资的含义

项目投资是一种以特定项目为投资对象的长期投资行为，它与企业的新建项目或更新改造项目直接有关。从性质上看，它是企业直接的、生产性投资，通常包括固定资产投资、无形资产投资、开办费投资和流动资金投资等内容。本章所介绍的工业企业投资项目主要包括新建项目（含单纯固定资产投资项目和完整工业投资项目）和更新改造项目两种类型。

（二）项目投资的特点

与其他形式的投资相比，项目投资具有以下主要特点。

1. 投资金额大

项目投资直接与新建项目或更新改造项目有关，所以投资金额往往比较大，有的甚至是企业及其投资人多年的资金积累，在企业总资产中占有相当大的比重。因此，项目投资对企业未来的现金流量和财务状况都将产生深远的影响。

2. 投资期限长

项目投资是一种长期投资行为，故投资期及发挥作用的时间都比较长，对企业未来的生产经营活动和长期经营活动将产生重大影响。

3. 变现能力差

项目投资一般不准备在一年或一个营业周期内变现，而且即使在短期内变现，其变现能力也较差。因为，项目投资一旦完成，要想改变是相当困难的，不是无法实现，就是代价太大。

4. 投资风险大

项目投资未来收益受多种因素影响，同时其投资金额大、投资的期限长和变现能力差，因此使得其投资风险比其他投资高，对企业未来的命运产生决定性影响。

二、项目投资的类型

企业项目投资的类型主要包括新建项目和更新改造项目。新建项目以新增生产能力为目的，按其涉及内容可进一步细分为单纯固定资产投资项目和完整工业投资项目。单纯固定资产投资项目简称固定资产投资，其特点在于：在投资中只包括为取得固定资产而发生的垫支资本投入而不涉及周转资本的投入；完整工业投资项目则不仅包括固定资产投资，而且还涉及流动资金投资，甚至包括其他长期资产项目（如无形资产）的投资。因此，不能将项目投资简单地等同于固定资产投资。更新改造项目以恢复或改善生产能力为目的，按其涉及的内容也可进一步细分为更新项目和改造项目。

三、项目计算期的构成

项目计算期是指投资项目从投资建设开始到最终清理结束整个过程的全部时间,即该项目的有效持续期间。完整的项目计算期包括项目建设期和经营期。项目建设期是指项目从投资建设开始到完工投产所需要的时间。建设起点一般为第1年年初(记作第0年),建设期的最后一年末称为投产日(记作s年)。生产经营期是指从投产之日起到项目终结点之间持续的时间(记作p)。项目终结点一般为项目计算期最后1年年末(记作第n年)。它们之间数量关系如图5.1所示,公式表示为

$$项目计算期(n) = 建设期(s) + 运营期(p)$$

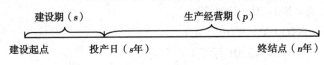

图 5.1

【例5.1】 某企业拟购进一台新的固定资产生产设备,该设备使用年限为20年。要求:就以下两种不相关情况分别确定该项目的项目计算期。

(1)在建设起点投资并投产;

(2)建设期为一年。

解 (1)项目计算期$(n) = 0+20 = 20$(年);(2)项目计算期$(n) = 1+20 = 21$(年)。

四、项目投资的内容及资金投入方式

(一)项目投资的内容

1. 建设投资

是指在建设期内按一定生产经营规模和建设内容进行的投资,具体包括固定资产投资、无形资产投资和其他资产投资三项内容。

(1)固定资产投资,是指项目用于购置或安装固定资产应当发生的投资。固定资产原值与固定资产投资之间的关系为

$$固定资产原值 = 固定资产投资 + 建设期资本化借款利息$$

(2)无形资产投资,是指项目用于取得无形资产应当发生的投资。

(3)其他资产投资,是指建设投资中除固定资产投资和无形资产投资以外的投资,包括生产准备和开办费投资。

2. 原始总投资

原始总投资又称初始投资额,是企业为使项目完全达到设计生产能力、正常开展生产经营

而投入的全部现实资金,包括建设投资和流动资金投资。流动资金投资,是指项目投产前后分次或一次投放于流动资产项目的投资增加额,又称垫支流动资金或营运资金投资。

3. 项目总投资

项目总投资是反映项目投资总体规模的价值指标,它等于项目原始总投资与建设期资本化利息之和。其中,建设期资本化利息是指在项目建设期发生的购建项目所需的固定资产等长期资产的借款利息。

【例5.2】 某企业拟新建一条生产线,需在建设起点一次发生固定资产投资200万元,无形资产投资100万元,流动资金投资50万元。其中,固定资产和无形资产投资所需资金均来源于银行借款,建设期资本化利息为20万元。预计项目建设期为1年,计算该企业项目投资有关指标。

(1) 固定资产原值 = 200+20 = 220(万元)。

(2) 建设投资额 = 200+100 = 300(万元)。

(3) 原始总投资 = 300+50 = 350(万元)。

(4) 项目总投资 = 350+20 = 370(万元)。

(二) 项目投资的资金投入方式

项目投资的资金投入方式可分为集中性一次投入和分散性分次投入两种。如果企业的资金在建设期内的某个时点一次投入,而不涉及两个或两个以上的时点,这种方式就属于集中性一次投入方式;反之,就属于分散性分次投入方式。

五、项目投资的程序

项目投资的程序主要包括以下步骤。

1. 提出投资领域和投资对象

这需要在把握良好投资机会的情况下,根据企业的长远发展战略、中长期投资计划和投资环境的变化来确定。

2. 评价投资方案的财务可行性

在分析和评价特定投资方案经济、技术可行性的基础上,需要进一步评价其是否具备财务可行性。

3. 投资方案比较与选择

在财务可行性评价的基础上,对可供选择的多个投资方案进行比较和选择。

4. 投资方案的执行

即投资行为的具体实施。

5. 投资方案的再评价

在投资方案的执行过程中,应注意原来作出的投资决策是否合理、是否正确。一旦出现新的情况,就要随时根据变化的情况作出新评价和调整。

六、项目投资的财务可行性评价

可行性是指一项事物可以做到的、现实行得通的、有成功把握的可能性。

广义的可行性研究是指在现代环境中，组织一个长期投资项目之前，必须进行的有关该项目投资必要性的全面考察与系统分析，以及有关该项目未来在技术、财务乃至国际经济等诸方面能否实现其投资目标的综合论证与科学评价。它是有关决策人（包括宏观投资管理当局与投资当事人）做出正确可靠投资决策的前提与保证。狭义的可行性研究专指在实施广义可行性研究过程中，与编制相关研究报告相联系的有关工作。

财务可行性评价，是指在已完成相关环境与市场分析、技术与生产分析的前提下，围绕已具备技术可行性的建设项目而开展的，有关该项目在财务方面是否具有投资可行性的一种专门分析评价。在财务管理中对企业项目投资可行性的分析，主要是运用项目评价指标及项目决策方法得出的结论，对项目进行财务可行性分析，从而帮助企业作出正确的项目投资取舍。

第二节 项目投资的现金流量分析

一、现金流量的含义及作用

（一）现金流量的含义

在项目投资决策中，现金流量是指该项目投资所引起的现金流入量和现金流出量的统称，它可以动态反映该投资项目的投入和产出的相对关系。现金流入量是指能够使投资方案的现实货币资金增加的项目；现金流出量是指能够使投资方案的现实货币资金减少或需要动用现金的项目。这里的"现金"是指广义的现金概念，包括货币资金和非货币资金的变现价值。现金流量是评价投资方案是否可行时必须事先计算的一个基础性指标。

（二）现金流量的作用

（1）现金流量对整个项目投资期间的现实货币资金收支情况进行了全面揭示，序时动态地反映项目投资的流向与回收之间的投入产出关系，使决策得以完整、准确，全面地评价投资项目的经济效益。

（2）采用现金流量的考核方法有利于科学地考虑资金的时间价值因素。由于项目投资的时间较长，资金时间价值的作用不容忽视。采用现金流量的考核方法确定每次支出款项和收入款项的具体时间，将使评价投资项目财务可行性时考虑资金时间价值成为可能。

（3）采用现金流量指标作为评价项目投资经济效益的信息，可以摆脱在贯彻财务会计的权责发生制时必然面临的困境，即由于不同的投资项目可能采取不同的固定资产折旧方法、存货估价方法或费用摊配方法，从而导致不同方案的利润相关性差、可比性差的问题。

（4）采用现金流量信息，排除了非现金收付内部周转的资本运动形式，从而简化了有关投资决策评价指标的计算过程。

二、现金流量的构成

项目投资决策中的现金流量，一般由以下三个部分构成。

（一）初始现金流量

初始现金流量是指项目开始投资时发生的现金流量，一般包括以下几个部分：

（1）固定资产投资。固定资产投资包括固定资产的购入或建造成本、运输成本和安装成本等。

（2）流动资产投资。流动资产投资包括对材料、在产品、产成品和现金等流动资产的投资。

（3）其他投资费用。其他投资费用指与长期投资有关的职工培训费、谈判费、注册费用等。

（4）原有固定资产的变价收入。这主要是指固定资产更新时原有固定资产的变卖所得的现金收入。

以上四项内容中前三项为现金流出量，最后一项为现金流入量。

（二）营业现金流量

营业现金流量是指投资项目投入使用后，在其寿命周期内由于生产经营所带来的现金流入和流出的数量，这种现金流量一般按年度进行计算。这里的现金流入一般是指营业现金收入，现金流出是指营业现金支出和缴纳的税金。

（三）终结现金流量

终结现金流量是指投资项目完结时所发生的现金流量，一般包括以下几个部分：

（1）固定资产的残值收入或变价收入。

（2）原来垫支在各种流动资产上的资金的收回。

（3）停止使用的土地变价收入等。

上述几项内容均属于现金的流入量。

三、现金流量的内容

不同类型的投资项目，其现金流量的具体内容存在差异。

（一）单纯固定资产投资项目的现金流量

单纯固定资产投资项目是指只涉及固定资产投资而不涉及无形资产投资、其他资产投资和流动资金投资的建设项目。它以新增生产能力，提高生产效率为特征。

1. 现金流入量

单纯固定资产投资项目的现金流入量包括:增加的营业收入和回收固定资产余值等内容。

2. 现金流出量

单纯固定资产投资项目的现金流出量包括:固定资产投资、新增经营成本和增加的各项税款等内容。

(二)完整工业投资项目的现金流量

完整工业投资项目简称新建项目,是以新增工业生产能力为主的投资项目,其投资内容不仅包括固定资产投资,而且还包括流动资金投资的建设项目。

1. 现金流入量

完整工业投资项目的现金流入量包括:营业收入、补贴收入、回收固定资产余值和回收流动资金。

2. 现金流出量

完整工业投资项目的现金流出量包括:建设投资、流动资金投资、经营成本、营业税金及附加、维持运营投资和调整所得税。

(三)固定资产更新改造投资项目的现金流量

固定资产更新改造投资项目可分为以恢复固定资产生产效率为目的的更新项目和以改善企业经营条件为目的的改造项目两种类型。

1. 现金流入量

固定资产更新改造投资项目的现金流入量包括:因使用新固定资产而增加的营业收入、处置旧固定资产的变现净收入和新旧固定资产回收固定资产余值的差额等内容。

2. 现金流出量

固定资产更新改造投资项目的现金流出量包括:购置新固定资产的投资、因使用新固定资产而增加的经营成本、因使用新固定资产而增加的流动资金投资和增加的各项税款的内容。其中,因提前报废旧固定资产所发生的清理净损失而发生的抵减当期所得税税额用负值表示。

四、投资项目现金流量的估算

由于项目投资的投入、回收及收益的形成均以现金流量的形式表现,因此,在整个项目计算期的各个阶段上,都有可能发生现金流量。必须逐年估算每一时点上的现金流入量和现金流出量。

【例5.3】 某企业完整工业投资项目的流动资金投资为100万元,终结点固定资产余值为20万元。

据此可估算出终结点的回收额为

$$100+20=120(万元)$$

五、现金净流量的确定

(一)现金净流量(NCF_t)的含义

又称净现金流量,是指在项目计算期内由每年现金流入量与同年现金流出量之间的差额所形成的序列指标,它是计算项目投资决策评价指标的重要依据。

(二)计算公式

公式为

$$某年现金净流量(NCF_t) = 该年现金流入量 - 该年现金流出量$$

显然,现金净流量具有以下两个特征:第一,无论是在经营期内还是在建设期内都存在现金净流量这个范畴;第二,由于项目计算期不同阶段上的现金流入和现金流出发生的可能性不同,使得各阶段上的现金净流量在数值上表现出不同的特点,如建设期内的现金净流量一般小于或等于零,在经营期内的现金净流量则多为正值。

(三)现金净流量的计算

1. 新建项目现金净流量的估算

(1)项目建设期现金净流量的计算

若完整工业项目的全部原始投资均在建设期内投入,则建设期现金净流量可按以下简化公式计算:

$$NCF_t = -I_t \quad (t = 0,1,2\cdots)$$

NCF_t——项目建设期内第 t 年的现金净流量;

I_t——第 t 年发生的原始投资额。

(2)项目经营期现金净流量的计算

经营期内各年的现金净流量(NCF_t)

= 该年现金流入量(CI_t) - 同期现金流出量(CO_t)

= **营业收入 - 付现成本 - 所得税**

= 营业收入 - (营业成本 - 折旧(摊销)等非付现成本) - 所得税

= 营业收入 - 营业成本 - 所得税 + 折旧(摊销)等非付现成本

= (营业收入 - 营业成本) × (1 - 所得税税率) + 折旧(摊销)等非付现成本

= **净利润 + 折旧(摊销)**

= 【营业收入 - 付现成本 - 折旧(摊销)】 × (1 - 所得税税率) + 折旧(摊销)

= **税后营业收入 - 税后付现成本 + 折旧(摊销)的抵税金额**

根据全投资假设,债务利息支出不视为营业现金流出量,而净利润已将利息支出剔除,应予以加回。故考虑利息费用时公式调整为:

经营期内各年的现金净流量(NCF_t) = 该年净利润 + 折旧(摊销) + 利息费用

(3) 项目终结时现金净流量的计算

项目终结时的现金净流量 = 该年营业现金净流量 + 该年回收额

> 【小资料】
> 　　销售税金及附加主要包括消费税、资源税、营业税、城市维护建设税、教育费附加等。由于增值税属价外税，在营业税收入中不含此税，其核算特点决定了增值税税项不应作为现金流出处理。企业计提折旧会引起成本增加，利润减少，从而使所得税减少。折旧是企业的成本，但不是付现成本，如果不计提折旧，企业所得税将会增加，所以折旧可以起到减少税负的作用，即会使企业实际少缴所得税，也就是减少了企业现金流出量，增加了现金净流量。
> 　　　　　　　　　　　　　　　　资料引自：杨欣. 财务管理[M]. 北京：中国财政经济出版社，2005.

【例 5.4】 某项目投资总额为 2 000 000 元，其中固定资产投资 1 400 000 元，建设期为 2 年，于建设起点分 2 年平均投入，残值为 100 000 元；无形资产投资 400 000 元，于建设起点投入，无形资产于投产日开始分 5 年平均摊销；流动资金投资 200 000 元，流动资金在项目终结时可一次全部收回。另外，预计项目投产后，前 5 年每年可获得 600 000 元的营业收入，并发生 480 000 元的总成本；后 5 年每年可获得 800 000 元的营业收入，发生 390 000 元的付现成本。适用的企业所得税税率为 25%。要求：计算该项目投资在项目计算期内各年的所得税后现金净流量。

解 (1) 建设期现金净流量

$$NCF_0 = -700\ 000 - 400\ 000 = -1\ 100\ 000(元)$$

$$NCF_1 = -700\ 000(元)$$

$$NCF_2 = -200\ 000 = -200\ 000(元)$$

(2) 经营期现金净流量

$$固定资产年折旧额 = \frac{1\ 400\ 000 - 100\ 000}{10} = 130\ 000(元)$$

$$无形资产年摊销额 = \frac{400\ 000}{5} = 80\ 000(元)$$

$$NCF_{3\sim7} = (600\ 000 - 480\ 000) \times (1 - 25\%) + 130\ 000 + 80\ 000 = 300\ 000(元)$$

$$NCF_{8\sim11} = (800\ 000 - 390\ 000 - 130\ 000) \times (1 - 25\%) + 130\ 000 = 340\ 000(元)$$

(3) 经营期终结点现金净流量

$$NCF_{12} = 340\ 000 + 100\ 000 + 200\ 000 = 640\ 000(元)$$

2. 更新改造项目的现金净流量

更新改造项目现金流量的估算可以采用差量分析法，即计算项目期内的差量收入、差量成本，进而计算差量现金净流量。

(1) 建设期 $\Delta NCF_t = -\Delta I_t + 旧设备变现金额 + 旧设备变现抵税额$

(2) 经营期 $\Delta NCF_t = (\Delta R - \Delta C - \Delta D) \times (1 - T) + \Delta D$

(3) 终结点 $\Delta NCF_t = (\Delta R - \Delta C - \Delta D) \times (1-T) + \Delta D + \Delta S$

其中，ΔNCF_t 为第 t 期的差量现金流量，ΔI_t 为新旧设备在第 t 期的投资的差额，ΔR 为同期收入差，ΔC 为同期付现成本差，ΔD 为同期折旧等非付现成本的差，ΔS 为项目终结时回收金额的差。

【例 5.5】 大正公司打算变卖一台尚可使用 5 年的旧设备，该设备原购置成本为 400 000 元，使用 5 年，已提折旧 200 000 元，假定期满后无残值，如果现在变卖可得价款 200 000 元，使用该设备每年可获收入 500 000 元，每年的付现成本为 300 000 元。该公司现准备用一台新设备来代替原有的旧设备，新设备的购置成本为 600 000 元，估计可使用 5 年，期满有残值 100 000 元，使用新设备后，每年收入可达 800 000 元，每年付现成本为 400 000 元。假设该公司的资金成本为 10%，所得税税率为 25%，新、旧设备均用直线法计提折旧。

计算该更新设备项目的项目计算期内各年的差量净现金流量（ΔNCF_t）。

解 计算以下相关指标

更新设备比继续使用旧设备增加的投资额 = 新设备的投资 − 旧设备变价净收入 = 600 000 − 200 000 = 400 000（元）

经营期第 1~5 年每年因更新改造而增加的折旧 = $\dfrac{600\,000 - 100\,000}{5} - \dfrac{200\,000}{5}$ = 100 000 − 40 000 = 60 000（元）

各年的差量现金净流量为

$$\Delta NCF_0 = -(600\,000 - 200\,000) = -400\,000（元）$$

$$\Delta NCF_{1\sim 4} = [(800\,000 - 500\,000) - (400\,000 - 300\,000) - 60\,000] \times (1 - 25\%) + 60\,000 = 165\,000（元）$$

$$\Delta NCF_5 = [(800\,000 - 500\,000) - (400\,000 - 300\,000) - 60\,000] \times (1 - 25\%) + 60\,000 + 100\,000 = 265\,000（元）$$

第三节 项目投资决策评价指标

一、投资决策评价指标及其类型

投资决策评价指标，是指用于衡量和比较投资项目可行性，以便据以进行方案决策的定量化标准与尺度。从财务评价的角度，投资决策评价指标包括静态投资回收期、投资收益率、净现值、净现值率、获利指数、内部收益率。

评价指标可以按以下标准进行分类。

1. 按照是否考虑资金价值分类

可分为静态评价指标和动态评价指标。前者是指在计算过程中不考虑资金时间价值因素的指标,又称为静态指标,包括投资收益率和静态投资回收期;后者是指在指标计算过程中充分考虑和利用资金时间价值的指标,包括净现值、净现值率、获利指数和内部收益率。

2. 按指标性质不同

可分为在一定范围内越大越好的正指标和越小越好的反指标两大类。只有静态投资回收期属于反指标。

3. 按指标在决策中的重要性分类

可分为主要指标、次要指标和辅助指标。净现值、内部收益率等为主要指标;静态投资回收期为次要指标;投资收益率为辅助指标。

二、静态评价指标

(一)静态投资回收期

1. 静态投资回收期的含义

静态投资回收期简称回收期,是指以投资项目经营现金净流量抵偿原始总投资所需要的全部时间。它有"包括建设期的投资回收期(记作 PP)"和"不包括建设期的投资回收期(记作 PP')"两种形式。静态投资回收期一般以年为单位,它是一种使用较广的投资决策指标。

2. 静态投资回收期的计算

投资回收期的计算,因每年的营业现金净流量是否相等而有所不同。

(1)每年的营业现金净流量(NCF)相等。投产后一定期间内每年经营现金净流量相等,且其合计大于或等于原始投资额,可按以下公式计算出不包括建设期的投资回收期,即

$$不包括建设期的回收期(PP') = \frac{原始投资额合计}{每年相等的净现金流量}$$

$$包括建设期的回收期(PP) = 不包括建设期的回收期(PP') + 建设期(S)$$

(2)每年的营业现金净流量(NCF)不相等。此时,需计算逐年累计的现金净流量,然后用插值法计算出投资回收期。

累计净现金流量法(NCF_t)

$$投资回收期 = (累计净现金流量开始出现正值的年份 - 1) + \frac{上一年累计净现金流量的绝对值}{出现正值年份的净现金流量}$$

【例5.6】 某企业有甲、乙两个投资方案,投资总额均为10万元,全部用于购置新的设备,折旧采用直线法,使用期均为5年,无残值,其他有关资料如表5.1所示。

表 5.1　投资回收期计算表

单位：元

项目计算期	甲方案		乙方案	
	净利润	现金净流量（NCF）	净利润	现金净流量（NCF）
0		−100 000		−100 000
1	15 000	35 000	10 000	30 000
2	15 000	35 000	14 000	34 000
3	15 000	35 000	18 000	38 000
4	15 000	35 000	22 000	42 000
5	15 000	35 000	26 000	46 000
合计	75 000	75 000	90 000	90 000

要求：分别计算甲、乙两个方案的静态投资回收期。

解　（1）甲方案的静态投资回收期 $=\dfrac{100\ 000}{35\ 000}=2.86$（年）。

（2）乙方案的静态投资回收期，如图 5.2 所示。

表 5.2　投资回收期计算表（累计净现金流量）

单位：元

项目计算期	乙方案	
	现金净流量（NCF）	累计现金净流量（NCF）
0	−100 000	−100 000
1	30 000	−70 000
2	34 000	−36 000
3	38 000	2 000
4	42 000	44 000
5	46 000	90 000

$$投资回收期=(3-1)+\dfrac{36\ 000}{38\ 000}=2.95（年）$$

3. 投资回收期指标的决策标准

投资回收期是反指标，其数值越小越好。其决策标准是：在只有一个备选方案的投资决策中，如果计算的投资回收期小于或等于基准投资回收期，则方案具有财务可行性，否则就不可行；如果有多个方案，则投资回收期最短的为最优方案。

例 5.6，假定该企业设定的基准投资回收期为 3 年，从上述计算结果可以看出，甲方案投资回收期为 2.86 年，乙方案投资回收期为 2.95 年，均低于基准投资回收期，故甲、乙两种方案都具备财务可行性，但甲方案的投资回收期较短，故甲方案为最优方案。

4. 投资回收期指标的特点

投资回收期指标的优点是能够直观地反映原始投资额的返本期限，概念容易理解，而且计算也比较简单;但这一指标的缺点是没有考虑资金的时间价值,没有考虑回收期满后的现金流量状况,因此该类指标一般只适用于方案的初选,或者投资后各项目间经济效益的比较。

【例5.7】 有两个方案的预计现金流量详见表5.3,试计算回收期,比较优劣。

表5.3 预计现金流量表

单位:元

项目	第0年	第1年	第2年	第3年	第4年
A方案现金流量	−10 000	4 000	6 000	4 000	4 000
B方案现金流量	−10 000	4 000	6 000	6 000	6 000

从表5.3可以看出两个方案的回收期相同,都是2年,如果用回收期进行评价,两者结果相同,但实际上B方案明显优于A方案,因为B方案回收期满后的各年现金净流量均大大高于A方案。

(二)投资收益率

1. 投资收益率的含义

又称投资报酬率(记作ROI),是指达产期正常年份的年息税前利润或运营期年均息税前利润占项目总投资的百分比。

2. 投资收益率的计算公式

公式为

$$投资收益率(ROI) = \frac{年息税前利润或年均息税前利润}{项目总投资} \times 100\%$$

【例5.8】 有关资料见例5.6。

要求:计算甲、乙两个方案的投资收益率。

解 可得

$$甲方案的投资收益率 = \frac{15\ 000}{100\ 000} \times 100\% = 15\%$$

$$乙方案的投资收益率 = \frac{90\ 000 \div 5}{100\ 000} \times 100\% = 18\%$$

3. 投资收益率指标的决策标准

投资收益率是正指标,其数值越大越好。其决策标准是:在只有一个备选方案的投资决策中,如果计算的投资收益率高于基准投资收益率,则方案具有财务可行性,否则就不可行;如果有多个互斥方案,则投资收益率最高的方案为最优方案。

例5.8,假定该企业设定的基准投资收益率为14%,从上述计算结果可以看出,甲方案的投资收益率为15%,乙方案的投资收益率为18%,均高于基准投资收益率,故甲、乙两种方案都具有财务可行性,但乙方案的投资收益率高于甲方案的投资收益率,所以乙方案为最优方案。

4. 投资收益率指标的特点

投资收益率指标的优点是计算公式简单;缺点是没有考虑资金时间价值因素,不能正确反映建设期长短及投资方式不同和回收额的有无对项目的影响,分子、分母计算口径的可比性较差,无法直接利用净现金流量信息。

三、动态评价指标

(一)净现值

1. 净现值的含义

净现值(NPV)是指在项目计算期内,按一定贴现率计算的各年现金净流量现值的代数和。所用的贴现率可以是企业的资金成本,也可以是企业所要求的最低报酬率水平。

2. 净现值的计算公式

公式为

$$NPV = \sum_{t=0}^{n} NCF_t \times (P/F, i, t)$$

其中,n 为项目计算期(包括建设期与经营期),NCF_t 为第 t 年的现金净流量,$(P/F, i, t)$ 为第 t 年贴现率为 i 的复利现值系数。

(1)经营期内各年现金净流量相等,建设期为零,净现值的计算公式为

净现值=经营期每年相等的现金净流量×普通年金现值系数-投资额现值

【例5.9】 大正公司购入设备一台,价值30 000元,按直线法计提折旧,使用寿命6年,期末无残值。预计投产后每年可获净利润8 000元,企业要求的报酬率为12%。要求:计算该项目的净现值。

解

$$NCF_0 = -30\ 000(元)$$

$$NCF_{1-6} = 8\ 000 + \frac{30000}{6} = 13\ 000(元)$$

$$NPV = 13\ 000 \times (P/A, 12\%, 6) - 30\ 000 = 13\ 000 \times 4.1114 - 30\ 000 = 23\ 448.2(元)$$

【例5.10】 假定例5.9中,投产后每年可获得净利润分别为4 000元、4 000元、5 000元、6 000元、7 000元、8 000元,其他资料不变。要求:计算该项目的净现值。

解 可得

$$NCF_0 = -30\ 000(元)$$

$$年折旧额 = \frac{30\ 000}{6} = 5\ 000(元)$$

$$NCF_1 = 4\ 000 + 5\ 000 = 9\ 000(元)$$

$$NCF_2 = 4\ 000 + 5\ 000 = 9\ 000(元)$$

$$NCF_3 = 5\ 000 + 5\ 000 = 10\ 000(元)$$

$$NCF_4 = 6\ 000 + 5\ 000 = 11\ 000(元)$$

$$NCF_5 = 7\ 000 + 5\ 000 = 12\ 000(元)$$

$$NCF_6 = 8\,000 + 5\,000 = 13\,000(元)$$

$$NPV = 9\,000 \times (P/F, 12\%, 1) + 9\,000 \times (P/F, 12\%, 2) + 10\,000 \times (P/F, 12\%, 3) +$$
$$11\,000 \times (P/F, 12\%, 4) + 12\,000 \times (P/F, 12\%, 5) +$$
$$13\,000 \times (P/F, 12\%, 6) - 40\,000 = 9\,000 \times 0.892\,9 + 9\,000 \times 0.797\,2 +$$
$$10\,000 \times 0.711\,8 + 11\,000 \times 0.635\,5 + 12\,000 \times 0.567\,4 +$$
$$13\,000 \times 0.506\,6 - 30\,000 = 12\,714(元)$$

3. 净现值指标的决策标准

净现值是正指标,其数值越大越好。如果投资方案的净现值大于或等于零,该方案为可行方案;如果投资方案的净现值小于零,该方案为不可行方案;如果几个方案的投资额相同,项目计算期相等且净现值均大于零,那么净现值最大的方案为最优方案。所以,净现值大于或等于零是项目可行的必要条件。

4. 净现值指标的特点

净现值是一个正指标,其优点在于:一是综合考虑了资金时间价值,能较合理地反映投资项目的真正经济价值;二是考虑了项目计算期的全部现金净流量,体现了流动性与收益性的统一;三是考虑了投资风险性,因为贴现率的大小与风险大小有关,风险越大,贴现率就越高。但是该指标的缺点也是明显的,即无法直接反映投资项目的实际投资收益率水平;当各项目投资额不同时,难以确定最优的投资项目。

(二)净现值率

1. 净现值率的含义

净现值率($NPVR$),是指投资项目的净现值占原始投资现值总和的比率,亦可将其理解为单位原始投资的现值所创造的净现值。

2. 净现值率的计算公式

公式为

$$净现值率(NPVR) = \frac{项目的净现值}{原始投资的现值合计}$$

【例 5.11】 有关资料见例 5.9。

要求:计算该项目的净现值率(保留四位小数)。

解 可得

$$净现值率 = \frac{23\,448.2}{30\,000} = 0.781\,6$$

3. 净现值率指标的评价

净现值率指标属正指标,其数值越大越好。只有净现值率指标大于或等于零的投资项目才具有财务可行性。

4. 净现值率指标的特点

净现值率指标的优点是考虑了资金的时间价值,可以从动态的角度反映项目投资的资金投入与净产出之间的关系。但缺点是这一指标同样无法直接揭示各个投资方案本身可能达到的实际报酬率是多少,且计算通常建立在净现值指标的计算基础上。

(三) 获利指数

1. 获利指数的含义

获利指数(PI),是指投产后按基准收益率或设定折现率折算的各年净现金流量的现值合计与原始投资的现值合计之比。

2. 获利指数的计算公式

公式为

$$获利指数(PI) = \frac{投产后各年净现金流量的现值合计}{原始投资的现值合计}$$

或

$$获利指数(PI) = 1 + 净现值率$$

【例 5.12】 仍按例 5.9 中的净现金流量资料。

要求:(1)计算该方案的获利指数(结果保留四位小数);(2)验证获利指数与净现值率之间的关系。

解 (1) PI 的计算

$$PI = \frac{13\,000 \times (P/A, 12\%, 6)}{30\,000} = 1.781\,6$$

(2) PI 与 $NPVR$ 关系的验证

$$NPVR = \frac{23\,448.2}{30\,000} = 0.781\,6$$

$$PI = 1 + 0.781\,6 = 1.781\,6$$

3. 获利指数指标的决策标准

获利指数指标属正指标,是数值越大越好。其决策标准是:在只有一个备选方案的投资决策中,获利指数大于或等于1,则方案具有财务可行性,否则就不可行。在有多个方案的互斥投资决策中,获利指数超过1最多的投资方案为最优方案。

4. 获利指数指标的特点

获利指数法的优点是考虑了资金的时间价值,能够真实地反映投资项目的盈亏程度,有利于在初始投资额不同的投资方案之间进行对比;但缺点是这一指标也无法直接反映投资项目的实际收益率,而且其概念不便于理解。

(四) 内部收益率

1. 内部收益率的含义

内部收益率(IRR),是指项目投资实际可望达到的收益率,即能使投资项目的净现值等于零时的折现率,又叫内含报酬率或内部报酬率。

2. 内部收益率的计算

根据内部收益率指标的含义,IRR 应满足下列等式

$$\sum_{t=0}^{n}[NCF_t \cdot (P/F, IRR, t)] = 0$$

计算内部收益率指标可以特殊方法和一般方法来完成。

(1)内部收益率指标计算的特殊方法

该方法是指当项目投产后的净现金流量表现为普通年金的形式时,可以直接利用年金现值系数计算内部收益率的方法,又称为简便算法。

该方法所要求的充分而且必要的条件是:经营期内各年现金净流量相等,且全部投资均于建设起点一次投入,建设期为零。

计算公式可表示为

经营期每年相等的现金净流量(NCF)×年金现值系数($P/A, IRR, t$) – 原始总投资 = 0

内部收益率的具体计算的程序如下:

①计算普通年金现值系数($P/A, IRR, t$),即

$$(P/A, IRR, t) = \frac{原始总投资}{经营期每年相等的现金净流量}$$

②根据计算出来的年金现值系数与已知的年限 n,查普通年金现值系数表,确定内含报酬率的范围。

③运用插值法求出内含报酬率。

【例 5.13】 仍按例 5.9 中的净现金流量资料。

要求:计算该项目的内含报酬率。

解 可得

$$(P/A, IRR, 6) = \frac{30\,000}{13\,000} = 2.308$$

如图 5.3 所示,查表可知有

$$IRR = 35\% + \frac{2.308 - 2.385}{2.168 - 2.385} \times (40\% - 35\%) = 36.77\%$$

```
35%                    IRR                    40%
2.385                  2.308                  2.168
```

图 5.3

(2)内部收益率指标计算的一般方法

若投资项目在经营期内各年现金净流量不相等,或建设期不为零,投资额是在建设期内分次投入的情况下,无法应用上述的简便方法,必须按定义采用逐次测试的方法,计算能使净现

值等于零的贴现率，即内含报酬率。其计算步骤如下：

第一步：先估计一个贴现率，用它来计算净现值。如果净现值为正数，说明方案的实际内含报酬率大于预计的贴现率；应提高贴现率再进一步测试；如果净现值为负数，说明方案本身的报酬率小于估计的贴现率，应降低贴现率再进行测算。如此反复测试，寻找出使净现值由正到负或由负到正且接近零的两个贴现率。

第二步：根据上述相邻的两个贴现率用插值法求出该方案的内含报酬率。由于逐步测试法是一种近似方法，因此相邻的两个贴现率不能相差太大，否则误差会很大。

3. 内部收益率指标的决策标准

内部收益率指标属正指标，其数值越大越好。其决策标准是：在只有一个备选方案的投资决策中，如果计算的内部收益率大于或等于基准折现率或资金成本，则方案具有财务可行性，否则就不可行；在有多个备选方案的互斥投资决策中，内部收益率超过基准折现率或资金成本最多的方案为最优方案。

4. 内部收益率指标的特点

内部收益率法的优点是考虑了资金的时间价值，反映了投资项目的真实报酬率，又不受基准折现率高低的影响，比较客观。但缺点是计算过程比较复杂，尤其当经营期大量追加投资时，又有可能导致多个内部收益率出现，或偏高或偏低，缺乏实际意义。

第四节 项目投资决策评价方法

利用投资决策评价指标可以对不同项目投资方案进行对比与选优，为项目投资方案提供决策的定量依据。但投资方案对比与选优的方法会因项目投资方案的不同而有区别。

一、独立方案项目投资决策评价方法

独立方案是指方案之间存在着相互依赖的关系，但又不能相互取代的方案。在只有一个投资项目可供选择的条件下，只需评价其财务上是否可行。

常用的评价指标有净现值、净现值率、现值指数和内部收益率，如果评价指标同时满足以下条件：$NPV \geq 0$ 时，$NPVR \geq 0$，$PI \geq 1$，$IRR \geq i_c$，则项目具有财务可行性；反之，则不具备财务可行性。而静态投资回收期与投资利润率可作为辅助指标评价投资项目，但需注意，当辅助指标与主要指标（净现值等）的评价结论发生矛盾时，应当以主要指标的结论为准。利用动态指标对同一投资项目进行评价和决策，会得出完全相同的结论。

【例5.14】 某固定资产投资项目只有一个方案，其原始投资为200万元，项目计算期为8年（其中生产经营期为6年），基准投资收益率为6.5%，行业基准折现率为10%。有关投资决策评价指标如下：$ROI = 8\%$，$PP = 4$ 年，$PP' = 2.5$ 年，$NPV = +138.57$ 万元，$NPVR = 13.24\%$，$PI = 1.1324$，$IRR = 12.73\%$。

要求:评价该项目的财务可行性。

解 因为

$$ROI=8\%>i=6.5\%, PP'=2.5 \text{ 年}<\frac{6}{2}\text{年}=3 \text{ 年}, NPV>0$$

$$NPVR=13.24\%>0, PI=1.1324>1, IRR=12.73\%>i_c=10\%$$

所以该方案完全具备财务可行性。

二、多个互斥方案项目投资决策评价方法

项目投资决策中的互斥方案(相互排斥方案)是指在决策时涉及的多个相互排斥,不能同时实施的投资方案。互斥方案决策过程就是在每一个入选方案已具备项目可行性的前提下,利用具体决策方法比较各个方案的优劣,利用评价指标从各个备选方案中最终选出一个最优方案的过程。

由于各个备选方案的投资额、项目计算期不相一致,因而要根据各个方案的使用期、投资额相等与否,采用不同的方法作出选择。

1. 互斥方案的原始投资额、项目计算期均相等

此时可采用净现值法或内含报酬率法。所谓净现值法,是指通过比较互斥方案的净现值指标的大小来选择最优方案的方法。所谓内部收益率法,是指通过比较互斥方案的内部收益率指标的大小来选择最优方案的方法。净现值或内部收益率最大的方案为优。

【例 5.15】 江海公司现有资金 1 000 万元可用于固定资产项目投资,有 A,B,C 三个互相排斥的备选方案可供选择,这三个方案投资总额均为 1 000 万元,项目计算期都为 10 年,贴现率为 10%,现经计算

$$NPV_A=-5.1263 \text{ 万元}, IRR_A=9.2\%$$
$$NPV_B=16.2894 \text{ 万元}, IRR_B=13\%$$
$$NPV_C=7.6892 \text{ 万元}, IRR_C=11.98\%$$

要求:决策哪一个投资方案为最优。

解 因为 A 方案净现值为-5.1263 万元,小于零,内含报酬率为 9.2%,小于贴现率,不符合财务可行的必要条件,应舍去。

又因为 B,C 两个备选方案的净现值均大于零,且内含报酬平均大于贴现率。所以 B,C 方案均符合财务可行的必要条件。

且 $NPV_B>NPV_C$,即 16.2894>7.6892,$IRR_B>IRR_C$,即 13%>11.98%。

所以 B 方案最优,C 方案为其次,所以应采用 B 方案。

2. 互斥方案的投资额不相等,但项目计算期相等

(1)净现值率法。是指通过比较所有已具备财务可行性投资方案的净现值率指标的大小来选择最优方案的方法。在此法下,净现值率最大的方案为优。

在投资额相同的互斥方案比较决策中,采用净现值率法会与净现值法得到完全相同的结论;但投资额不相同时,情况就不同了。

【例5.16】 甲项目与乙项目为互斥方案,它们的项目计算期相同。甲项目原始投资的现值为200万元,净现值为36.40万元;乙项目原始投资的现值为120万元,净现值为28.7万元。

要求:①分别计算两个项目的净现值率指标;②请分别运用净现值法和净现值率法在甲项目和乙项目之间作出比较决策,并指出哪种方法更为合理。

解 ①计算净现值率

$$NPVR_甲 = \frac{36.40}{200} = 0.182$$

$$NPVR_乙 = \frac{28.7}{120} = 0.239$$

②在净现值法下:

因为36.40>28.7,所以甲项目优于乙项目。

在按照净现值率法下:

因为0.239>0.182,所以乙项目优于甲项目。

由于两个项目的原始投资额不相同,导致两种方法的决策结论相互矛盾,似乎无法据此作出相应的比较决策。但前者再投资报酬率的基点是相对合理的资金成本,而后者再投资报酬率是基于一个相对较高的内含报酬(高于净现值法的资金成本)。考虑到两者在再投资报酬假设上的区别,净现值法将更具合理性。

(2)差额内部收益率法。所谓差额内部收益率法,是指在两个投资总额不同方案的差量现金净流量(记作ΔNCF)的基础上,计算出差额内含报酬率(记作ΔIRR),并据以行业基准折现率进行比较,进而判断方案孰优孰劣的方法。

在此方法下,一般以投资额大的方案减投资额小的方案,当$\Delta IRR \geq i_c$时,投资额大的方案较优;反之,则投资额小的方案为优。

差额内含报酬率ΔIRR的计算过程和计算技巧同内含报酬率IRR计算完全一样,只是所依据的是ΔNCF。

【例5.17】 甲项目原始投资的现值为200万元,1~10年的净现金流量为32.46万元;乙项目的原始投资额现值为120万元,1~10年的净现金流量为22.56万元。行业基准折现率为10%。

要求:(1)计算差量净现金流量ΔNCF;(2)计算差额内部收益率ΔIRR;(3)用差额投资内部收益率法作出比较投资决策。

解 (1)差量净现金流量为

$$\Delta NCF_0 = -200 - (-120) = -80(万元)$$

$$\Delta NCF_{1\sim10} = 32.46 - 22.56 = 9.9(万元)$$

(2)差额内部收益率 ΔIRR 为

$$(P/A,\Delta IRR,10) = \frac{80}{9.9} = 8.0808$$

因为

$$(P/A,5\%,10) = 7.722 < 8.0808$$
$$(P/A,4\%,10) = 8.111 > 8.0808$$

所以
$$4\% < \Delta IRR < 5\%$$

应用插值法

$$\Delta IRR = 4.08\%$$

(3)用差额投资内部收益率法决策。

因为 $\Delta IRR = 4.08\% < i_c = 10\%$

所以应当投资乙项目。

3. 互斥方案的投资额不相等,项目计算期也不相同

(1)年等额净回收额法

年等额净回收额法,是指通过比较所有投资方案的年等额净回收额指标的大小来选择最优方案的决策方法。在此方法下,年等额净回收额最大的方案为优。

年等额净回收额法的计算步骤如下:

①计算各方案的净现值(NPV);

②计算各方案的年等额净回收额,若贴现率为 i,项目计算期为 n,则

$$某方案年等额净回收额 = 该方案净现值 \times \frac{1}{普通年金现值系数} = \frac{NPV}{(P/A,i,n)}$$

③作出决策。年等额净回收额最大的方案为优。

【例 5.18】 大正公司拟投资建设一条新生产线。现有三个方案可供选择:甲方案的原始投资为 1 250 万元,项目计算期为 11 年,净现值为 1 103.5 万元;乙方案的原始投资为 1 100 万元,项目计算期为 10 年,净现值为 948 万元;丙方案的净现值为 −12.5 万元。行业基准折现率为 10%。

要求:①判断每个方案的财务可行性;②用年等额净回收额法作出最终的投资决策。

解 ①判断方案的财务可行性:

因为甲方案和乙方案的净现值均大于零,所以这两个方案具有财务可行性。

因为丙方案的净现值小于零,所以该方案不具有财务可行性。

②比较决策

$$A_甲 = 1\,103.5 \times \frac{1}{(P/A,10\%,11)} = 1\,103.5 \times \frac{1}{6.49506} = 169.90(万元)$$

$$A_乙 = 948 \times \frac{1}{(P/A,10\%,10)} = 948 \times \frac{1}{6.14457} = 154.28(万元)$$

因为甲方案的年等额回收额大于乙方案的年等额净回收额,所以应投资甲方案。

(2)寿命周期统一法

寿命周期统一法是指通过对寿命周期不相等的多个互斥方案选定统一的计算分析期,根据该计算期计算的评价指标来选择最优方案的一种方法。它包括最小公倍数法和最短寿命周期法。

最小公倍数法是指以各方案寿命周期的最小公倍数作为统一的计算分析期来计算有关指标,并据此进行比较决策的一种方法。该方法的步骤为:

①计算每个方案原寿命周期内的评价指标(一般为净现值);

②对比每个方案的寿命周期,确定出最小公倍数;

③按最小公倍数分别对每个方案原寿命周期内计算出的净现值进行再折现,并求和;

④比较每个方案的净现值,并按净现值决策标准进行决策。

【例5.19】 飞达公司拟投资建设一条生产线。现有两个方案可供选择:A 方案项目的初始投资额为1 600 000元,每年的净现金流量为800 000元,项目寿命周期为3年,期满后必须更新且无残值;B 方案项目的初始投资额为2 100 000元,每年的净现金流量为640 000元,项目寿命周期为6年,期满后必须更新且无残值。假定该公司的资金成本为16%,试用最小公倍数法作出投资决策。

根据上述资料计算并决策如下:

①分别计算 A,B 两个方案的净现值。

A 方案

$NPV = 800\ 000 \times (P/A, 16\%, 3) - 1\ 600\ 000 = 800\ 000 \times 2.245\ 9 - 1\ 600\ 000 = 196\ 720(元)$

B 方案

$NPV = 640\ 000 \times (P/A, 16\%, 6) - 2\ 100\ 000 = 640\ 000 \times 3.684\ 7 - 2\ 100\ 000 = 258\ 208(元)$

②A,B 两个方案的项目寿命周期分别为3年和6年,故最小公倍数为6。

③按最小公倍数对 A 方案进行再折现,并求总现值

$NPV' = 196\ 720 + 196\ 720 \times (P/F, 16\%, 3) = 196\ 720 + 196\ 720 \times 0.640\ 7 = 322\ 758.5(元)$

B 方案的项目寿命周期即为最小公倍数,故其现值不需要进行调整。

④比较 A,B 两个方案调整后的净现值,A 方案净现值为322 758.5元,大于 B 方案的258 208元,故 A 方案为最优方案,应选 A 方案。

最短寿命周期法是指在将所有方案的净现值还原为年等额净回收额的基础上,再按照最短的寿命周期来计算出相应的净现值,并据此进行比较决策的一种方法。该方法的步骤为:

①将所有方案的净现值还原为年等额净回收额;

②确定所有方案的最短寿命周期;

③对还原的年等额净回收额按最短寿命周期计算出净现值;

④比较所有方案的净现值,并按净现值决策标准进行决策。

【例 5.20】 以例 5.19 的资料为例，试用最短寿命周期法作出投资决策。

根据上述资料计算并决策如下：

①将 B 方案的净现值还原为年等额净回收额，即

$$A_B = 258\ 208 \div (P/A, 16\%, 6) = 258\ 208 \div 3.684\ 7 = 70\ 075.72(元)$$

A 方案的项目寿命周期即为最短寿命周期，故净现值不需还原再计算。

②计算 B 方案按还原后的年等额净回收额计算的净现值，即

$$NPV' = 70\ 075.72 \times (P/A, 16\%, 3) = 70\ 075.72 \times 2.245\ 9 = 157\ 383.06(元)$$

③比较 A、B 两个方案调整后的净现值，A 方案的净现值为 196 720 元，大于 B 方案的 157 383.05 元，故 A 方案为最优方案，应选 A 方案。

本章小结

1. 项目投资是一种以特定项目为对象直接与新建项目或更新改造项目有关的长期投资行为。它与其他形式的投资相比，具有投资金额大、投资时间长、变现能力差和投资风险高等特点。工业企业投资项目主要包括新建项目和更新改造项目两类。项目投资资金投入的方式通常有集中性一次投入和分散性分次投入。

2. 企业项目投资决策的指标通常有贴现和非贴现决策评价指标。贴现决策评价指标是指考虑资金时间价值的指标，主要包括净现值、内部收益率、净现值率和获利指数等。非贴现决策评价指标是指不考虑资金时间价值的指标，主要包括静态投资回收期和投资收益率。计算这些指标的基础是现金流量。

3. 计算评价指标的目的，是为了进行项目投资方案的对比与选优，使它们在方案的对比与选优中正确地发挥作用，为项目投资方案提供决策的定量依据。

复习思考题

1. 什么是项目投资？它有何特点？
2. 项目建设投资、原始总投资、投资总额这三者之间的数量关系如何？
3. 投资项目的现金流量有哪几部分构成？
4. 如何计算完整工业项目在不同时点的现金净流量？
5. 项目投资决策评价指标在实际工作中如何运用？

【案例分析】

利达 VCD 制造厂是生产 VCD 的中型企业，该厂生产的 VCD 质量优良，价格合理，长期以来供不应求。为扩大生产能力，厂家准备新建一条生产线。负责这项投资工作的总会计师经过调查研究后，得到如下有关资料：

(1) 该生产线的原始投资额为 12.5 万元，分两年投入。第一年初投入 10 万元，第二年初

投入 2.5 万元。第二年末项目完工可正式投产使用。投产后每年可生产 VCD 为 1 000 台,每台销售价格为 300 元,每年可获销售收入 30 万元,投资项目可使用 5 年,残值 2.5 万元,垫支流动资金 2.5 万元,这笔资金在项目结束时可全部收回。

(2) 该项目生产的产品总成本的构成如下:

材料费用　20 万元　　　制造费用　2 万元
人工费用　3 万元　　　　折旧费用　2 万元

总会计师通过对各种资金来源进行分析,得出该厂加权平均的资金成本为 10%。

同时还计算出该项目的营业现金流量、现金流量、净现值,并根据其计算的净现值,因此该项目可行。有关数据见表 1~3。

表 1　利达 VCD 制造厂投资项目营业现金流量计算表

单位:元

项　目	第 1 年	第 2 年	第 3 年	第 4 年	第 5 年
销售收入	300 000	300 000	300 000	300 000	300 000
现付成本	250 000	250 000	250 000	250 000	250 000
其中:材料费用	200 000	200 000	200 000	200 000	200 000
人工费用	30 000	30 000	30 000	30 000	30 000
制造费用	20 000	20 000	20 000	20 000	20 000
折旧费用	20 000	20 000	20 000	20 000	20 000
税前利润	30 000	30 000	30 000	30 000	30 000
所得税(33%)	9 900	9 900	9 900	9 900	9 900
税后利润	20 100	20 100	20 100	20 100	20 100
现金流量	40 100	40 100	40 100	40 100	40 100

表 2　利达 VCD 制造厂投资项目现金流量计算表

单位:元

项　目	投资建设期			经营期				
	0	1	2	3	4	5	6	7
初始投资	100 000	25 000						
流动资金投资			25 000					
营业现金流量				40 100	40 100	40 100	40 100	40 100
设备残值								25 000
流动资金回收								25 000
现金流量合计	100 000	25 000	25 000	40 100	40 100	40 100	40 100	90 100

表3　利达 VCD 制造厂投资项目净现值计算表

单位:元

时　间	现金流量	10%贴现系数	现　值
0	-100 000	1.000 0	-100 000.00
1	-25 000	0.909 1	-22 727.50
2	-25 000	0.826 4	-20 660.00
3	40 100	0.751 3	30 127.13
4	40 100	0.683 0	27 388.30
5	40 100	0.620 9	24 898.09
6	40 100	0.564 5	22 636.45
7	90 100	0.513 2	46 239.32
净现值			7 901.79

(3)厂部中层干部意见。

经营副总认为,在项目投资和使用期间通货膨胀率大约在10%左右,将对投资项目各有关方面产生影响;

基建处长认为,由于受物价变动的影响,初始投资将增长10%,投资项目终结后,设备残值也将增加到37 500元;

生产处长认为,由于物价变动的影响,材料费用每年将增加14%,人工费用也将增加10%;

财务处长认为,扣除折旧后的制造费用,每年将增加4%,折旧费用每年仍为20 000元;

销售处长认为,产品销售价格预计每年可增加10%。

问题:

(1)分析、确定影响利达 VCD 投资项目决策的各因素。

(2)根据影响利达 VCD 投资项目的各因素,重新计算投资项目的现金流量、净现值等。

(3)根据分析、计算结果,确定利达 VCD 项目投资决策。

(4)探讨利达 VCD 投资决策中为什么要分析计算"现金流量"。

第六章
Chapter 6

证券投资管理

【学习要点及目标】

通过学习本章,要求理解证券投资的种类、特点、目的及风险;掌握股票投资和债券投资的种类及目的,能熟练运用股票估价模型及债券估价模型对股票投资及债券投资进行分析和决策;理解基金投资的含义及种类,掌握基金的价值评估,了解基金投资的优缺点。

【导入案例】

在1995～1998年间主要的股票市场业绩是非常显著的——这是一个投资者愿意不断重复投资的时期。在这4年里,在美国股票市场交易的股票年平均收益率高于20%。在1998年,诸如微软和MCI世界通信等公司价值翻了一番多。其他公司如美国在线、亚马逊、雅虎等网络公司,增值超过500%。如果在1998年初以30.13美元购买了亚马逊的股票,在年末以321.25美元出售,试想一下你将获得多少收益——966%的年收益。即使这些股票获得了无法想象的收益,其他股票的损失也是很惨重的。作为一家保健服务公司,FPA药业管理的股票从年初18.63美元下跌至年末的13美分——损失率接近99.3%。同时,CompUSA的股票下跌幅度超过58%,迪斯尼股票下跌幅度超过9%。这些例子表明,那些将"所有鸡蛋放在一个篮子里"的投资者在股票市场中将面临巨大的风险——如果他们选择的"篮子"是亚马逊公司的股票则会收益颇丰,但是如果"篮子"是FPA药业管理公司的股票则几乎将血本无归。通过投资许多股票或通过共同基金来分散风险的投资者将获得一个平均收益,介于亚马逊、美国在线和雅虎等异常增值和FPA药业管理、CompUSA和其他公司异常下跌之间——这种多样化投资的巨大"篮子"获得的收益将非常接近股票市场的平均收益。投资是有风险的!即使在股票市场业绩良好的1995～1998年间,也可能经历价格下滑或平均收益为负的时期。就像坐过山车!多么大的风险啊!

> 股票市场变幻莫测——可能上涨为牛市,也可能下跌到熊市,几乎没有人知道它会如何变化。投资者如何通过创建证券投资组合来降低风险,同时又不减少投资的收益呢?

第一节 证券投资概述

企业除了直接将资金投入生产经营活动,进行直接投资外,常常还将资金投放于有价证券,进行证券投资。证券投资相对于项目投资而言,变现能力强,少量资金也能参与投资,便于随时调用和转移资金,这为企业有效利用资金、充分挖掘资金的潜力提供了十分理想的途径,所以证券投资已经成为企业投资的重要组成部分。

一、证券的基本内容

(一)证券的概念

证券是指用以证明或设定权利所做成的书面凭证,它表明证券持有人或第三人有权取得该证券所拥有的特定权益。

(二)证券的特点

证券具有流动性、收益性和风险性三个特点。

(1)流动性又称变现性,是指证券可以随时抛售取得现金。

(2)收益性是指证券持有者凭借证券可以获得相应的报酬。证券收益一般由当前收益和资本利得构成。以股息、红利或利息所表示的收益称为当前收益。由证券价格上升(或下降)而产生的收益(或亏损),称为资本利得或差价收益。

(3)风险性是指证券投资者达不到预期的收益或遭受各种损失的可能性。证券投资既有可能获得收益,更有可能带来损失,具有很强的不确定性。

流动性与收益性往往成反比,而风险性则一般与收益性成正比。

(三)证券的种类

证券投资是指企业为获取投资收益或特定经营目的而买卖有价证券的一种投资行为。

证券按不同的分类标准可以分为不同种类:

(1)按照证券发行主体的不同,可分为政府证券、金融证券和公司证券。政府证券是中央政府或地方政府为筹集资金而发行的证券;金融证券是银行或其他金融机构为筹集资金而发行的证券;公司证券是工商企业发行的证券。

(2)按照证券所体现的权益关系,可分为所有权证券和债权证券。所有权证券是指证券的持有人便是证券发行单位的所有者的证券,如股票;债权证券是指证券的持有人是证券发行单位的债权人的证券,如债券。

(3)按照证券收益的决定因素,可分为原生证券和衍生证券。原生证券的收益大小主要取决于发行者的财务状况;衍生证券包括期货合约和期权合约两种基本类型,其收益取决于原生证券的价格。

(4)按照证券收益稳定性的不同,可分为固定收益证券和变动收益证券。固定收益证券在证券票面规定有固定收益率;变动收益证券的收益情况随企业经营状况而改变。

(5)按照证券到期日的长短,可分为短期证券和长期证券。短期证券是指到期日短于一年的证券;长期证券是到期日长于一年的证券。

(6)按照募集方式的不同,可分为公募证券和私募证券。公募证券,又称公开发行证券,是指发行人向不特定的社会公众广泛发售的证券;私募证券,又称内部发行证券,是指面向少数特定投资者发行的证券。

二、证券投资的目的与特征

(一)证券投资的含义与目的

证券投资是指投资者将资金投资于股票、债券、基金及衍生证券等资产,从而获取收益的一种投资行为。

企业进行证券投资的目的主要有以下几个方面。

1. 暂时存放闲置资金

证券投资在多数情况下都是出于预防的动机,以替代较大量的非盈利的现金余额。

2. 与筹集长期资金相配合

处于成长期或扩张期的公司一般每隔一段时间就会发行长期证券,所获得的资金往往不会一次用完,企业可将暂时闲置的资金投资于有价证券,以获得一定的收益。

3. 满足未来的财务需求

企业根据未来对资金的需求,可以将现金投资于期限和流动性较为恰当的证券,在满足未来需求的同时获得证券带来的收益。

4. 满足季节性经营对现金的需求

从事季节性经营的公司在资金有剩余的月份可以投资证券,而在资金短缺的季节将证券变现。

5. 获得对相关企业的控制权

通过购入相关企业的股票可实现对该企业的控制。

(二)证券投资的特征

相对于实物投资而言,证券投资具有如下特点。

1. 流动性强

证券资产的流动性明显高于实物资产。

2. 价格不稳定

证券相对于实物资产来说,受人为因素的影响较大,且没有相应的实物作保证,其价值受政治、经济环境等各种因素的影响较大,具有价值不稳定、投资风险较大的特点。

3. 交易成本低

证券交易过程快速、简捷,成本较低。

三、证券投资的对象与种类

金融市场上的证券很多,其中可供企业投资的证券主要有国债、短期融资券、可转让存单、企业股票与债券、投资基金以及期权、期货等衍生证券。具体可以分为以下几类。

1. 债券投资

债券投资是指投资者购买债券以取得资金收益的一种投资活动。相对于股票投资,债券投资一般风险较小,能获得稳定收益,但要注意投资对象的信用等级。

2. 股票投资

股票投资是指投资者将资金投向股票,通过股票的买卖和收取股利以获得收益的投资行为。股票投资风险较大,收益也相对较高。

3. 基金投资

基金投资是指投资者通过购买投资基金股份或受益凭证来获取收益的投资方式。这种方式可使投资者享受专家服务,有利于分散风险,获得较高的、较稳定的投资收益。

4. 期货投资

期货投资是指投资者通过买卖期货合约躲避价格风险或赚取利润的一种投资方式。所谓期货合约,是指在将来一定时期以指定价格买卖一定数量和质量的商品而由商品交易所制定的统一的标准合约,它是确定期货交易关系的一种契约,是期货市场的交易对象。

5. 期权投资

期权投资是指为了实现盈利目的或者规避风险而进行期权买卖的一种投资方式。

6. 证券组合投资

证券组合投资是指企业将资金同时投资于多种证券,这样可分散证券投资风险。证券组合投资是企业等法人单位进行证券投资时常用的投资方式。

四、证券投资风险

证券投资风险是指在证券投资过程中遭到损失或达不到预期收益的可能性。证券投资风险按风险性质分为系统性风险和非系统性风险两大类别。

1. 系统性风险

系统性风险也称之为不可分散风险,是由于外部经济环境因素变化引起整个金融市场不确定性加强,从而对市场上所有证券都产生影响的共同性风险,主要包括利息率风险、再投资风险和购买力风险。利息率风险是指由于利息率的变动而引起证券价格变动,投资人遭受损失的风险。再投资风险是由于市场利率下降而造成的无法通过再投资而实现预期收益的风险。购买力风险是由于通货膨胀而使证券到期或出售时所获得的货币资金的购买力降低的风险。

2. 非系统风险

非系统风险也称之为可分散风险,是由于特定经营环境或特定事件变化引起的不确定性,从而对个别证券产生影响的特有性风险,主要包括违约风险、流动性风险和破产风险。违约风险是指证券发行人无法按期支付利息和偿还本金的风险。流动性风险是在投资人想出售有价证券获取现金时,证券不能立即出售的风险。破产风险是在证券发行者破产清算时,投资者无法收回应得收益的风险。

五、证券投资的基本程序

(一)选择投资对象

企业进行证券投资首先要选择合适的投资对象,即选择投资于何种证券,投资于哪家企业的证券。投资对象的选择是证券投资最关键的一步,它关系到投资的成败,投资对象选择得好,可以更好地实现投资的目标,投资对象选择得不好,就有可能使投资者蒙受损失。

(二)开户与委托

投资者在进行证券买卖之前,首先要到证券营业部门或证券登记机构开立证券账户。证券账户用来记载投资者进行证券买卖和拥有证券的数额和品种的情况。投资者在开户并选择好投资于何种证券后,就可以选择合适的证券经纪人,委托其买卖证券。

(三)交割与清算

投资者委托证券经纪人买卖各种证券之后,就要及时办理证券交割。所谓证券交割,是指买入证券方交付价款领取证券,卖出证券方交出证券收取价款的收交活动。

(四)过户

证券过户就是投资者从交易市场买进证券后,到证券的发行公司办理变更持有人姓名的手续。证券过户一般只限于记名股票。办理过户的目的是为了保障投资者的权益,只有及时办理过户手续,才能成为新股东,享有应有的权利。

第二节 股票投资

一、股票投资的种类和目的

股票投资主要分为两种:普通股投资和优先股投资。企业投资于普通股,股利收入不稳定,投资于优先股可以获得固定的股利收入。普通股股票价格比优先股股票价格的波动要大,投资普通股比投资优先股的风险要大,但投资普通股,一般能获得较高收益。

企业进行股票投资的目的主要有两种:一是获利,即作为一般的证券投资,获取股利收入及股票买卖差价;二是控股,即通过购买某一企业的大量股票达到控制该企业的目的。

二、股票投资估价

股票是代表投资者拥有对公司股份资本所有权的证书。股票持有者拥有对股份公司的重大决策权、盈利分配要求权、剩余财产求索权和股份转让权。

(一) 股票的价值

股票的价值又称股票的内在价值,是进行股票投资所获得的现金流入的现值。股票带给投资者的现金流入包括两部分:股利收入和股票出售时的收入。因此,股票的内在价值由一系列的股利和将来出售股票时售价的现值构成,通常当股票的市场价格低于股票内在价值时才适宜投资。

(二) 股票估价

1. 股票估价的基本模型

股票估价的一般模型的基本计算公式为

$$P = \sum_{t=1}^{n} \frac{R_t}{(1+K)^t}$$

其中,P 是股票价值,R_t 是股票第 t 年带来现金流入量(包括股利收入、卖出股票的收入),K 为折现率(股票的必要报酬率),n 是持有年限。

这是股票估价的一般模型,无论 R_t 的具体形态如何(递增、递减、固定或随机变动),此模型均有效。

2. 股利固定模型(零成长股票的模型)

如果长期持有股票,且各年股利固定,其支付过程是一个永续年金,股票价值计算公式为

$$P = \sum_{t=1}^{\infty} \frac{D}{(1+K)^t} = \frac{D}{K}$$

其中,D 为各年收到的固定股息,其他符号的含义与基本公式相同。

【例6.1】 大正公司股票每年分配股利2元,若投资者最低报酬率为16%,则该股票的价值为

$$P = \frac{D}{K} = \frac{2}{16\%} = 12.5(元)$$

这就是说,该股票每年给你带来 2 元的收益,在市场利率为 16% 的条件下,它相当于 12.5 元资本的收益,所以其价值是 12.5 元。当然,市场上股价不一定就是 12.5 元,还要看投资人对风险的态度,可能高于或低于 12.5 元。

如果当时的市价不等于股票价值,例如市价为 12 元,每年固定股利 2 元,则其预期报酬率为

$$K = 2 \div 12 \times 100\% = 16.67\%$$

可见,市价低于股票价值时,预期报酬率高于最低报酬率。

3. 股利固定增长模型

从理论上看,企业的股利不应当是固定不变的,而应当不断增长。假定企业长期持有股票,且各年股利按照固定比例增长,则股票价值计算公式为

$$P = \sum_{t=1}^{\infty} \frac{D_0(1+g)^t}{(1+K)^t}$$

其中,D_0 为上年的股利,g 为股利每年增长率,其他符号含义与基本公式相同。

如果 $g<K$,用 D_1 表示预计第一年股利,则上式可简化为

$$P = \frac{D_0 \times (1+g)}{K-g} = \frac{D_1}{K-g}$$

当预期报酬率与必要报酬率相等时,有 $K = \frac{D_1}{P} + g$,这就是著名的戈登模型,常用于普通股资本成本的计算。

【例 6.2】 假设大正公司本年每股将派发股利 0.2 元,以后每年的股利按 4% 递增,必要投资报酬率为 9%,则该公司股票的内在价值为

$$P = \frac{0.2}{9\% - 4\%} = 4(元/股)$$

$$预期报酬率 = \frac{0.2}{4} + 4\% = 5\% + 4\% = 9\%$$

因为股利逐年增加,股票价值亦同比例上升,故投资者每年可获得 4% 的资本利得,即预期报酬率(内含报酬率)等于当年的股利收益率与股利预计增长率之和。

【例 6.3】 大正公司准备投资购买东方信托公司的股票,该股票上年每股股利为 2 元,预计以后每年以 4% 的增长率增长,大正公司经过分析后,认为必须得到 10% 的报酬率,才能购买该公司的股票。则该公司股票的内在价值为

$$P = \frac{2 \times (1+4\%)}{10\% - 4\%} = 34.67(元)$$

即东方信托公司的股票价格在 34.67 元以下时,大正公司才能购买。

4. 三阶段模型

在现实生活中,很多公司的股利可能既不是一成不变,也不一定按照固定比例持续增长,而是出现不规则变化,比如预计未来一段时间内股利高速增长,接下来的时间正常固定增长或者固定不变,则可以分别计算高速增长、正常固定增长、固定不变等各阶段未来收益的现值,各阶段现值之和就是非固定增长股利的股票价值。

$$P = 股利高速增长阶段现值 + 固定增长阶段现值 + 固定不变阶段现值$$

【例 6.4】 大正公司预期以 20% 的增长率发展 5 年,然后转为正常增长,年递增率为

4%。公司最近支付的股利为1元/股,股票的必要报酬率为10%。则该公司股票的内在价值为:

(1)计算高速增长期间股利的现值,如表6.1所示。

表6.1 高速增长期间股利现值计算表

年 次	股 利	现值系数	股利现值
1	1.2	0.909	1.09
2	1.44	0.826	1.19
3	1.728	0.751	1.30
4	2.074	0.683	1.42
5	2.489	0.621	1.55
合计	—	—	6.55

(2)计算正常增长期间股利的现值即高速增长末期股票价值的现值。

①计算高速增长期末即第5年年末股票的价值:

由 $$P=\frac{D_0\times(1+g)}{K-g}=\frac{D_1}{K-g}$$

得 $$P_5=\frac{D_6}{K-g}=\frac{D_5\times(1+g)}{K-g}$$

即 $$P=\frac{2.489\times(1+4\%)}{10\%-4\%}=43.14(元)$$

②计算第5年年末股票的现值

$$43.14\times(1+10\%)^{-5}=26.79(元/股)$$

③该公司股票的内在价值为

$$6.55+26.79=33.34(元/股)$$

三、股票投资收益

(一)短期股票收益率的计算

如果企业购买的股票在一年内出售,其投资收益主要包括股票投资价差及股利两部分,不需考虑货币时间价值,其收益率计算公式如下

$$K=\frac{(S_1-S_0+D)}{S_0}\times100\%=\frac{S_1-S_0}{S_0}+\frac{D}{S_0}=预期资本利得收益率+股利收益率$$

其中,K为短期股票收益率,S_1为股票出售价格,S_0为股票购买价格,D为股利。

【例6.5】 2010年3月10日,大正公司购买某公司每股市价为20元的股票,2011年1月,大正公司每股获现金股利2元。2011年3月10日,大正公司将该股票以每股25元的价格出售。要求:计算投资收益率应为多少。

解 $K=(25-20+2)\div 20\times 100\%=35\%$。

经计算得,该股票的收益率为35%。

(二)股利固定增长、长期持有的股票收益率的计算

由前面计算可知,股利固定增长、长期持有的股票收益率的计算模型为 $K=\dfrac{D_1}{P}+g$。

【例6.6】 有一只股票的价格为40元,预计下一期的股利是2元,该股利将以大约10%的速度持续增长。

要求:计算该股票的预期收益率为多少?

解 $K=2\div 40+10\%=15\%$。

经计算得,该股票的收益率为15%。

(三)一般情况下股票投资收益率的计算

一般情况下,企业进行股票投资可以取得股利,股票出售时也可以收回一定资金,只是股利不同于债券利息,是经常变动的,股票投资的收益率是使各期股利及股票售价的复利现值等于股票买价时的贴现率。即

$$V=\sum_{t=1}^{n}\dfrac{D_t}{(1+K)^t}+\dfrac{V_n}{(1+K)^n}$$

其中,V为股票的买价,D_t为第t期的股利;K为投资收益率,V_n为股票出售价格,n为持有股票的期数。

【例6.7】 某公司于2008年6月1日投资600万元,购买某种股票100万股,在2009年,2010年和2011年的5月30日分得每股现金股利分别为0.6元,0.8元和0.9元,并于2011年5月30日以每股8元的价格将股票全部出售,试计算该项投资的收益率。

解 采用逐步测试法计算,先用20%的收益率进行测算

$V=60\div(1+20\%)+80\div(1+20\%)^2+890\div(1+20\%)^3=$
$60\times 0.833\ 3+80\times 0.694\ 4+890\times 0.578\ 7=620.59(万元)$

由于620.59比600万元大,再用24%测算

$V=60\div(1+24\%)+80\div(1+24\%)^2+890\div(1+24\%)^3=$
$60\times 0.806\ 5+80\times 0.650\ 4+890\times 0.524\ 5=567.23(万元)$

然后用内插法计算得

$$K=21.54\%$$

四、股票投资风险

股票投资风险是指股票投资中不能获得投资收益、投资资本遭受损失的可能性。股票投资风险包括股票投资收益风险和股票投资资本风险两部分内容。

（一）股票投资收益风险

投资的目的是使资本增值，取得投资收益。如果投资结果使投资人可能获取不到比存银行或购买债券等其他有价证券更高的收益，甚至未能获取收益，那么对投资者来说意味着遭受了风险，这种风险称之为投资收益风险。

（二）股票投资资本风险

股票投资资本风险是指投资者在股票投资中面临着投资资本遭受损失的可能性。

在股票投资中使投资者有可能蒙受损失的风险可归纳成两大类：一是系统性风险；一是非系统性风险。系统性风险包括政治风险、经济风险、心理风险、技术风险等；非系统性风险的来源归纳起来主要包括经营风险和财务风险。

将上述几种风险综合起来，股票投资风险可分为可分散风险、不可分散风险和总风险三个范畴。

1. 可分散风险

由于非系统性风险只对个别公司或行业的股票发生影响，与股票市场总价格的变动不存在系统性、全局性的联系，为分散此风险的发生，一般可采取股票组合投资的方法，因此非系统性风险也称为可分散风险。

2. 不可分散风险

由于系统性风险是同时影响整个股票市场价格的，它无法通过任何技术处理的办法来分散其风险性影响，因此系统性风险也称为不可分散风险。

3. 总风险

可分散风险和不可分散风险之和为总风险，它反映股票投资者的股票持有期收益的总变动性。

五、股票投资的特点

股票投资是权益性投资，股票是代表所有权的凭证，持有人作为发行公司的股东，有权参与公司的经营决策。股票投资具有以下特点。

（一）股票的投资的优点

1. 投资收益高

股票投资是一种最具挑战性的投资，由于股票价格变动频繁，因此，其投资风险较高，但只要选择得当，股票投资的收益也是非常优厚的。

2. 购买力风险低

由于普通股的股利不固定，在通货膨胀比较高时，因物价普遍上涨，股份公司盈利增加，股利的支付也会随着增加，因此，与固定收益证券相比，普通股能有效降低购买力风险。

3. 拥有经营控制权

普通股股东是股份公司的所有者,他们有权控制和监督企业的生产经营情况,因此,收购公司股票是对这家公司实施控制的常用的有效手段。

(二)股票投资的缺点

1. 价格不稳定

普通股的价格受众多因素的影响,如政治因素、经济因素、企业的盈利情况、投资者心理因素等,这使得股票投资具有较高的风险。

2. 收入不稳定

普通股股利的多少,要视企业经营状况和财务状况而定,其股利有无、多寡均无法律上的保证。因此,其收入的风险远大于固定收益证券。

第三节 债券投资

一、债券投资的种类和目的

企业债券投资按不同的标准可进行不同的分类,这里按债券投资的时间将债券投资分为短期债券投资和长期债券投资。其中短期债券投资是指 1 年以内到期或准备在 1 年之内变现的投资;长期债券投资是指 1 年以上才能到期或不准备在 1 年以内变现的投资。

企业进行短期债券投资的目的主要是为了合理利用暂时闲置资金,调节现金余额,获得收益。当企业现金余额太多时,便投资于债券,使现金余额降低;反之,当现金余额太少时,则出售原来投资的债券,收回现金,使现金余额提高。企业进行长期债券投资的目的主要是为了获得稳定的收益。

二、债券投资估价

债券,是债务人依据法定程序发行,承诺按约定的利率和日期支付利息,并在特定日期偿还本金的书面债务凭证。

(一)债券的基本要素

1. 债券的面值

债券的面值是指设定的票面金额,它代表发行人借入并且承诺于未来某一特定日期偿付给债券持有人的金额。

2. 债券的期限

债券从发行之日起至到期日之间的时间称为债券的期限。债券到期时必须还本付息。

3. 债券的利率

债券上标明的利率一般是年利率或固定利率,近年来也有浮动利率。债券的面值与票面利率的乘积为年利息额。此外,也有的债券票面利率为零,债券持有期间不计利息,到期只要按面值偿还即可。

4. 债券的价格

从理论上看,债券的面值就是其价格,但由于资金供求关系、市场利率等因素的变化,债券的价格往往偏离其面值,故会出现债券溢价发行、折价发行等情况。

(二) 债券估价

1. 债券估价的基本模型

典型的债券是固定利率、每年计算并支付利息、到期偿还本金。按照这种模式,债券估价基本模型的计算公式为

$$P = \sum_{t=1}^{n} \frac{M \cdot i}{(1+K)^t} + \frac{M}{(1+K)^n}$$

$$P = I(P/A, K, n) + M(P/F, K, n)$$

其中,P 是债券价值,I 是每年利息,K 为折现率(债券当时的市场利率或投资者要求的必要报酬率),M 是债券面值,n 是债券期限,i 是票面利率。

【例 6.8】 某种债券面值 1 000 元,票面利率为 10%,期限为 5 年,大正公司准备投资这种债券,已知市场利率为 12%,则该种债券价格为

$$P = \sum_{t=1}^{n} \frac{1\,000 \times 10\%}{(1+12\%)^t} + \frac{1\,000}{(1+12\%)^5} = 1\,000 \times 10\% \times 3.605 + 1\,000 \times 0.567 = 927.5(元)$$

2. 一次还本付息且不计复利的债券估价模型

我国大多数债券都采用利随本清即一次还本付息方式,其价值计算公式为

$$P = \frac{M + I \times n}{(1+i)^n}$$

$$P = M \cdot (1 + i \cdot n) \cdot (P/F, K, n)$$

【例 6.9】 大正公司准备购买一家公司发行的利随本清债券,该债券面值为 1 000 元,期限 3 年,票面利率 10%,不计复利。已知市场利率为 12%,则该种债券的价格为

$$P = M \cdot (1 + i \cdot n) \cdot (P/F, K, n) = 1\,000 \times (1 + 10\% \times 3) \times (P/F, 12\%, 3) =$$
$$1\,000 \times 1.30 \times 0.711\,8 = 925.34(元)$$

3. 零票面利率债券的估价模型

零票面利率债券,即到期时只支付本金的债券

$$P = \frac{M}{(1+i)^n}$$

或

$$P = M \cdot (P/F, K, n)$$

【例 6.10】 面值为 1 000 元的零票面利率债券,期限 5 年,若有投资者想投资这种债券,目前市场利率为 10%,则当债券价格为多少时投资者才能进行投资?

解 可得

$$P = M \cdot (P/F, K, n) = 1\,000 \times (P/F, 10\%, 5) = 1\,000 \times 0.620\,9 = 620.9(元)$$

即当该债券价格低于620.9元时,投资者买入比较有利。

三、债券投资收益

(一)短期债券收益率的计算

短期债券由于期限较短,一般不用考虑货币时间价值因素,只需要考虑债券价差及利息,将其与投资额相比,即可求出短期债券收益率。其基本计算公式为

$$K = \frac{V_1 - V_0 + I}{V_0}$$

其中,V_0 为债券买价格,V_1 为债券出售价格,I 为债券利息,K 为债券投资收益率。

【例6.11】 某企业与2010年3月1日以950元购进一张面值为1 000元,票面利率为5%,每年付息一次的债券,并于2011年3月1日以1 100元价格出售。

要求:计算该债券的投资收益率是多少?

解 $K = (1\,100 - 950 + 50) \div 950 = 21.05\%$。

该债券的投资收益率为21.05%。

(二)长期债券收益率的计算

对于长期债券,由于涉及时间较长,需要考虑货币时间价值,其投资收益率一般是指购进债券后一直持有至到期日止可获得的收益率,它是使债券利息的年金现值和债券到期收回本金的复利现值之和等于债券购买价格时的贴现率。

1. 一般债券收益率的计算

一般债券的价值模型为

$$V = I \times (P/A, K, n) + F \times (P/F, K, n)$$

其中,V 为债券的购买价格,I 为每年获得的固定利息,F 为债券到期收回的本金或中途出售收回的资金,K 为债券的投资收益率,n 为投资期限。

由于无法直接计算收益率,必须采用逐步测试法及内插法来计算,即先设定一个贴现率代入上式,如计算出的 V 正好等于债券买价,该贴现率即为收益率;如计算出的 V 与债券买价不等,则须继续测试,再用内插法求出收益率。

【例6.12】 某公司2009年1月1日用平价购买一张面值为1 000元的债券,其票面利率为8%,每年1月1日计算并支付一次利息,该债券与2014年1月1日到期,按面值收回本金。

要求:计算其到期收益率。

解 已知 $I = 1\,000 \times 8\% = 80(元)$,$F = 1\,000(元)$。

设收益率 $K = 8\%$,则

$$V = 80 \times (P/A, 8\%, 5) + 1\,000 \times (P/F, 8\%, 5) = 1\,000(元)$$

由上面计算表明,用8%计算出来的债券价值正好等于债券买价,所以该债券的收益率为8%。可见,平价发行的每年复利计息一次的债券,其到期收益率等于票面利率。

如果该公司购买该债券的价格为1 100元,即高于面值,则该债券收益率应为多少?

要求收益率,则根据计算公式得

$$1\,100 = 80 \times (P/A, K, 5) + 1\,000 \times (P/F, K, 5)$$

通过前面计算已知,$K=8\%$时,上式等式右边为1 000元。由于利率与现值呈反向变化,即现值越大,利率越小。而债券买价为1 100元,收益率一定低于8%,降低贴现率进一步试算。

(1)用 $K_1 = 6\%$ 试算

$$V_1 = 80 \times (P/A, 6\%, 5) + 1\,000 \times (P/F, 6\%, 5) =$$
$$80 \times 4.212\,4 + 1\,000 \times 0.747\,3 = 1\,084.29(元)$$

由于贴现结果仍小于1 100元,还应进一步降低贴现率试算。

(2)用 $K_2 = 5\%$ 试算

$$V_1 = 80 \times (P/A, 5\%, 5) + 1\,000 \times (P/F, 5\%, 5) =$$
$$80 \times 4.329\,5 + 1\,000 \times 0.783\,5 = 1\,129.86(元)$$

(3)用内插法计算

$$K = 5\% + \frac{1\,129.86 - 1\,100}{1\,129.86 - 1\,084.29} \times (6\% - 5\%) = 5.66\%$$

所以,如果债券的购买价格为1 100元时,债券的收益率为5.66%。

2.一次还本付息的单利债券收益率的计算

【例6.13】 某公司2010年1月1日以1 050元购买一张面值为1 000元,票面利率为8%,单利计息的债券,该债券期限5年,到期一次还本付息。

要求:计算其到期收益率。

解 一次还本付息的单利债券估价模型为

$$P = M \cdot (1 + i \cdot n) \cdot (P/F, K, n)$$
$$1\,050 = 1\,000 \times (1 + 5 \times 8\%) \times (P/F, K, 5)$$
$$(P/F, K, 5) = 0.75$$

用内插法计算

$$K = 5.93\%$$

债券的收益率是进行债券投资时选购债券的重要标准,它可以反映债券投资按复利计算的实际收益率。如果债券的收益率高于投资人要求的必要报酬率,则可购进债券;否则,就应放弃此项投资。

四、债券投资的风险

（一）违约风险

违约风险是指借款人无法按时支付债券利息和偿还本金的风险。避免违约风险的方法是不买质量差的债券。

（二）利率风险

利率风险是指由于利率变动而使投资者遭受损失的风险。减少利率风险的办法是分散债券的到期日。

（三）购买力风险

购买力风险是指由于通货膨胀而使货币购买力下降的风险。减少风险的方法是，投资于预期报酬率会上升的资产，如房地产、短期负债、普通股等，作为减少损失的避险工具。

（四）变现力风险

变现力风险是指无法在短期内以合理价格来卖掉资产的风险。避免风险的方法是，购买国库券等可在短期内以合理的市价出售的证券。

（五）再投资风险

再投资风险购买短期债券，而没有购买长期债券，在利率下降时，会有再投资风险。避免方法是，预计利率将会下降时，应购买长期债券。

五、债券投资的特点

（一）债券投资的优点

1. 本金安全性高

与股票相比，债券风险比较小。政府发行的债券有国家作为后盾，其本金的安全性非常高，通常视为无风险债券。企业债券的持有者拥有优先求偿权，即当企业破产时优于企业分得资产，因此，其本金损失的可能性很小。

2. 收入稳定性强

债券票面一般都标有固定利息率，债券的发行人有按时支付利息的法定义务，因此，在正常情况下，投资于债券都能获得比较稳定的收入。

3. 市场流动性好

许多债券都具有较好的流动性。政府和大企业发行的债券一般可以在金融市场上迅速出售，流动性很好。

(二)债券投资的缺点

1. 购买力风险较大

债券的面值和利息率在发行时就已确定,如果投资期间的通货膨胀率较高,则本金和利息的购买力将不同程度地受到侵蚀,在通货膨胀率非常高时,投资者虽然名义上有收益,但实际上却有损失。

2. 没有经营管理权

投资于债券只是获得收益的一种手段,无权对债券发行单位施加影响和控制。

第四节 基金投资

一、基金投资的含义和种类

(一)基金的含义

基金,是一种利益共享、风险共担的集合投资方式,即通过发行基金股份或受益凭证等有价证券聚集众多的不确定投资者的出资,交由专业投资机构经营运作,以规避投资风险并谋取投资收益的证券投资工具。

(二)基金的种类

1. 根据组织形态的不同,可分为契约型基金和公司型基金

(1)契约型基金。契约型基金,又称为单位信托基金,是指把受益人(投资者)、管理人、托管人三者作为基金的当事人,由管理人与托管人通过签订信托契约的形式发行受益凭证而设立的一种基金。

(2)公司型基金。公司型基金,是指按照公司法以公司形态组成的,它以发行股份的方式募集资金,一般投资者购买该公司的股份即为认购基金,也就成为该公司的股东,凭其持有的基金份额依法享有投资收益。

2. 根据变现方式的不同,可分为封闭式基金和开放式基金

(1)封闭式基金。封闭式基金,是指基金的发起人在设立基金时,限定了基金单位的发行总额,筹集到这个总额后,基金即宣告成立,并进行封闭,在一定时期内不再接受新的投资。

(2)开放式基金。开放式基金,是指基金发起人在设立基金时,基金单位的总数是不固定的,可视经营策略和发展需要追加发行。

3. 根据投资标的不同,可分为股票基金、债券基金、货币基金、期货基金、期权基金、认股权证基金、专门基金等

(1)股票基金

股票基金,是所有基金品种中最为流行的一种类型,它是指投资于股票的投资基金,其投资对象通常包括普通股和优先股,其风险程度较个人投资股票市场要小得多,且具有较强的变现性和流动性,因此它也是一种比较受欢迎的基金类型。

(2)债券基金

债券基金,是指投资管理公司为稳健型投资者设计的,投资于政府债券、市政公债、企业债券等各类债券品种的投资基金。债券基金一般情况下定期派息,其风险和收益水平通常较股票基金低。

(3)货币基金

货币基金,是指由货币存款构成投资组合,协助投资者参与外汇市场投资,赚取较高利息的投资基金。其投资工具包括银行短期存款、国库券、政府公债、公司债券、银行承兑票据及商业票据等。这类基金的投资风险小,投资成本低,安全性和流动性较高,在整个基金市场上属于低风险的安全基金。

(4)期货基金

期货基金,是指投资于期货市场以获取较高投资回报的投资基金。由于期货市场具有高风险和高回报的特点,因此投资期货基金既可能获得较高的投资收益,同时也面临着较大的投资风险。

(5)期权基金

期权基金是指以期权作为主要投资对象的基金。期权交易,是指期权购买者向期权出售者支付一定费用后,取得在规定时期内的任何时候,以事先确定好的协定价格,向期权出售者购买或出售一定数量的某种商品合约的权利的一种买卖行为。

(6)认股权证基金

认股权证基金是指以认股权证为主要投资对象的基金。认股权证,是指由股份有限公司发行的、能够按照特定的价格,在特定的时间内购买一定数量该公司股票的选择权凭证。由于认股权证的价格是由公司的股票决定的,一般来说,认股权证的投资风险较通常的股票要大得多。因此,认股权证基金也属于高风险基金。

(7)专门基金由股票基金发展演化而成,属于分类行业股票基金或次级股票基金,包括:黄金基金、资源基金、科技基金、地产基金等,这类基金的投资风险较大,收益水平较易受到市场行情的影响。

二、基金投资的价值评价

(一)投资基金的价值

投资基金也是一种证券,与其他证券一样,基金的内在价值也是指在基金投资上所能带来的现金净流量。但是,基金内在价值的具体确定依据与股票、债券等其他证券又有很大的区别。

基金的价值取决于基金净资产的现在价值。其原因在于,股票的未来收益是可以预测的,而基金投资的未来收益是不可预测的。由于投资基金不断变换投资组合对象,再加上基金投资者对于资本利得的追求,变幻莫测的证券价格波动,使得对投资基金未来收益的预测变得困难。因此基金的投资者关注的是基金资产的现有市场价值。

(二)基金投资的估价

1. 基金单位净值

基金的单位净值,也称为单位净资产值或单位资产净值。基金的价值取决于基金净资产的现在价值,因此基金单位净值是评价基金业绩最基本和最直观的指标,也是开放型基金申购价格、赎回价格以及封闭型基金上市交易价格确定的重要依据。

基金单位净值指的是在某一时点,每一基金单位(或基金股份)具有的市场价值,计算公式为

$$基金单位净值 = \frac{基金净资产价值总额}{基金单位总份数}$$

其中

$$基金净资产价值总额 = 基金资产总额 - 基金负债总额$$

在基金净资产价值的计算中,基金负债除了以基金名义对外融资借款外,还包括应付投资者的分红、应付给基金经理公司的首次认购费、经理费用等各项费用。相对来说,基金的负债总额是固定的,基金净资产的价值主要取决于基金总资产的价值,此处,基金总资产的价值并不是指资产总额的账面价值,而是指资产总额的市场价值。

2. 基金收益率

基金收益率是用以反映基金增值的,通过基金净资产的价值变化来衡量。基金收益率的计算公式为

$$基金收益率 = \frac{年末持有份数 \times 年末基金单位净值 - 年初持有份数 \times 年初基金单位净值}{年初持有份数 \times 年初基金单位净值}$$

其中持有份数是指基金单位的持有份数。

3. 基金的报价

从理论上说,基金的价值决定了基金的价格,基金的交易价格是以基金单位净值为基础的,基金单位净值高,基金的交易价格也高。封闭型基金在二级市场上竞价交易,交易价格由供求关系和基金业绩决定,围绕着基金单位净值上下波动。开放型基金的柜台交易价格则完全以基金单位净值为基础,其计算公式为

$$基金认购价 = 基金单位净值 + 首次认购费$$
$$基金赎回价 = 基金单位净值 - 基金赎回费$$

基金认购价即基金管理公司的卖出价,首次认购费是支付给基金管理公司的发行佣金。基金赎回价即基金管理公司的买入价,基金赎回费是基金赎回时的各种费用,以此提高赎回成本,防止投资者的赎回,保持基金资产的稳定性。

三、基金投资风险

基金投资的风险主要包括系统风险、非系统风险、流动性风险、经营和管理风险。

(一)系统风险

基金主要投资于股票和债券。股票和债券价格会随着资本市场的波动而波动,因此基金的净值也随之波动。基金的系统风险主要取决于股票和债券系统风险。

(二)非系统风险

基金同时还面临非系统风险。任何公司都会有经营风险以及商业周期的影响,公司个别风险会使股票价格产生同市场不同步的波动。如果基金的持股结构较集中或行业分布不均衡都会加大非系统风险。

(三)流动性风险

投资人在需要卖出时面临的变现困难和不能在适当价格上变现的风险。市场风险和基金管理风险可能使得基金管理公司面临巨额赎回的请求,从而进一步加剧这一风险。

(四)经营和管理风险

管理和经营风险是指基金运作中,基金经理人的管理经营水平给投资人带来的风险。也就是说,基金管理公司内部运作是否有效,内部经营和风险控制的好坏直接关系到基金的盈利与否。

四、基金投资的特点

(一)基金投资的优点

基金投资的最大优点是能够在不承担太大风险的情况下获得较高收益。原因在于投资基金具有专家理财优势,具有资金规模优势。

(二)基金投资的缺点

(1)无法获得很高的投资收益。投资基金在投资组合过程中,在降低风险的同时,也丧失了获得巨大收益的机会。

(2)在大盘整体大幅度下跌的情况下,投资人可能承担较大风险。

本章小结

1. 证券投资是指投资者将资金投资于股票、债券、基金及衍生证券等资产,从而获取收益的一种投资行为。相对于实物投资而言,证券投资具有流动性强、价格不稳定、交易成本低等特点。根据证券投资的对象不同,可以分为股票投资、债券投资和基金投资三类。

2. 企业进行股票投资的目的是获利和控股。股票投资具有投资收益高、购买力风险低和拥有经营控制权等优点;其缺点是价格不稳定,收入不稳定。

3.企业进行短期债券投资的目的主要是为了合理利用暂时闲置资金,调节现金余额,获得收益,企业进行长期债券投资的目的主要是为了获得稳定的收益。债券投资具有本金安全性高、收入稳定性强和市场流动性好的优点;其缺点是购买力风险较大,没有经营管理权。

4.投资基金,是一种利益共享、风险共担的集合投资方式,即通过发行基金股份或受益凭证等有价证券聚集众多的不确定投资者的出资,交由专业投资机构经营运作,以规避投资风险并谋取投资收益的证券投资工具。

5.股票、债券、基金投资均具有风险。

复习思考题

1. 简述证券的含义和种类。
2. 简述证券投资的种类和目的。
3. 简述债券投资的优缺点。
4. 简述股票投资的优缺点。
5. 简述基金投资的风险。

【案例分析】

王宏是东方公司的一名财务分析师,应邀评估百花商业集团建设新商场对公司股票价值的影响。王宏根据公司情况做了以下估计:

(1)公司本年度净收益为200万元,每股支付现金股利2元,新建商场开业后,净收益第1年、第2年均增长15%,第3年增长8%,第4年及以后将保持这一净收益水平。

(2)该公司一直采用固定支付率的股利政策,并打算今后继续实行该政策。

(3)公司的β系数为1,如果将新项目考虑进去,β系数将提高到1.5。

(4)无风险收益率(国库券)为4%,市场要求的收益率为8%。

(5)公司股票目前市价为23.6元。

王宏打算利用股利贴现模型,同时考虑风险因素进行股票价值的评估。百花集团公司的一位董事提出,如果采用股利贴现模型,则股利越高,股价越高,所以公司应改变原有的股利政策提高股利支付率。

问题:

(1)参考固定股利增长贴现模型,分析这位董事的观点是否正确。

(2)分析股利增加对可持续增长率的股票的账面价值有何影响。

(3)评估公司股票价值。

(4)假设你是一个投资者是否购买其股票。

第七章
Chapter 7

营运资金管理

【学习要点及目标】

本章主要介绍了现金、应收账款和存货这三种流动资产的相关理论知识和管理方法。通过本章学习,要求了解营运资金的概念、特征;熟悉和掌握现金、应收账款和存货管理的目标、内容及具体的管理方法。

【导入案例】

金和李两位先生合伙成立了一个电脑公司,向小规模公司出售自己开发生产的小型微处理电脑,由于公司有敏锐行销眼光的工程师,产品销售极佳。目前公司已有较高负债,债权人不同意继续增加借款,除非金、李增加投资,金、李希望提高未来借款的可能,但他们没钱增加投资,也不愿意对外出售股票,因为那会失去他们的控制权。在财务顾问的帮助下,公司决定改变信用政策,释放部分应收账款占用的资金全部用于偿还债务,信用政策改变如下:信用条件由 $2/10, n/60$ 改为 $2/10, n/30$;提高信用标准;加强欠款回收改变政策后,公司可能的变化为:销售总额由10 000万美元下降为9 800万美元;坏账损失减少150万美元;信用部门成本增加100万美元;平均收款期限减少到30天;享受折扣的顾客由过去的50%增加到80%。请思考,这些政策的改变能实现金和李两位合伙人的目标吗?

第一节 营运资金概述

一、营运资金及其管理目标

(一)营运资金的概念

营运资金是指在企业生产经营活动中占用在流动资产上的资金。营运资金有广义和狭义之分,广义的营运资金又称毛营运资金,是指一个企业流动资产的总额;狭义的营运资金又称净营运资金,是指流动资产减去流动负债后的余额。流动资产是指可以在1年或者超过1年的一个营业周期内变现或耗用的资产,包括现金、交易性金融资产、应收账款、存货等。流动负债是指将在1年内或者超过1年的一个营业周期内须偿还的债务,主要有短期借款、应付账款、应付票据、预收账款等。本文中讨论的营运资金管理是基于狭义上的理解。

(二)营运资金的管理目标

营运资金是企业进行日常生产经营活动的重要基础,持有一定数量的营运资金对企业顺利开展经营活动是十分必要的。企业对营运资金的管理目标是:在经营过程中要使营运资金保持一个适当的量,既要满足生产经营的需要,又要避免持有过多。因为营运资金虽流动性较强,持有的营运资金数量越多,风险越小,但持有过多却会降低企业资金的总体收益;而持有过少,会对企业的生产经营带来不利影响,可能会增加企业经营风险。因此,企业要在风险和收益之间进行权衡,将营运资金的持有量控制在适当的范围内。

二、营运资金的特点

为了有效地管理企业的营运资金,必须研究营运资金的特点,以便有针对性地进行管理。营运资金一般具有以下特点。

(一)营运资金的周转具有短期性

企业占用在流动资产上的资金,周转一次所需时间较短,通常会在一年或一个营业周期内收回,对企业影响的时间比较短,根据这一特点,营运资金可以用商业信用、银行短期借款等短期筹资方式来解决。

(二)营运资金的实物形态具有易变现性

交易性金融资产、应收账款、存货等流动资产一般具有较强的变现能力,如果遇到意外情况,企业出现资金周转不灵、现金短缺时,便可迅速变卖这些资产,以获取现金。这对财务上应付临时性资金需求具有重要意义。

（三）营运资金的数量具有波动性

流动资产的数量会随企业内外条件的变化而变化，时高时低，波动很大。季节性企业如此，非季节性企业也如此。随着流动资产数量的变动，流动负债的数量也会相应发生变动。

（四）营运资金的实物形态具有变动性

企业营运资金的实物形态是经常变化的，一般在现金、材料、在产品、产成品、应收账款、现金之间顺序转化。企业筹集的资金，一般都以现金的形式存在；为了保证生产经营的正常进行，必须拿出一部分现金去采购材料，这样，有一部分现金转化为材料；材料投入生产后，当产品尚未最后完工脱离加工过程以前，便形成在产品和自制半成品；当产品进一步加工完成后，就成为准备出售的产成品；产成品经过出售有的可直接获得现金，有的则因赊销而成为应收账款；经过一定时期以后，应收账款通过收现又转化为现金。总之，流动资金每次循环都要经过采购、生产、销售过程，并表现为现金、材料、在产品、产成品、应收账款等具体形态。为此，在进行流动资产管理时，必须在各项流动资产上合理配置资金数额，以促进资金周转顺利进行。

（五）营运资金的来源具有灵活多样性

企业筹集长期资金的方式一般比较少，只有吸收直接投资、发行股票、发行债券、银行长期借款等方式。而企业筹集营运资金的方式却较为灵活多样，通常有：银行短期借款、短期融资券、商业信用、应交税费、应付利润、应付职工薪酬、应付费用、预收货款、票据贴现等。

本章将主要对营运资金中流动性较强的现金、应收账款、存货进行讨论，因为这三种流动资产占用了绝大部分的流动资金。

三、营运资金的管理原则

企业的营运资金在全部资金中占有相当大的比重，而且周转期短，形态易变，所以是企业财务管理工作的一项重要内容。实证研究也表明，财务经理的大量时间都用于营运资金的管理。企业进行营运资金管理，必须遵循以下原则。

(1)认真分析生产经营状况，合理确定营运资金的需要数量。企业营运资金的需要数量与企业生产经营活动有直接关系，当企业产销两旺时，流动资产会不断增加，流动负债也会相应增加；而当企业产销量不断减少时，流动资产和流动负债也会相应减少。因此，企业财务人员应认真分析生产经营状况，采用一定的方法预测营运资金的需要数量，以便合理使用营运资金。

(2)在保证生产经营需要的前提下，节约使用资金。在营运资金管理中，必须正确处理保证生产经营需要和节约使用资金二者之间的关系。要在保证生产经营需要的前提下，遵守勤俭节约的原则，挖掘资金潜力，精打细算地使用资金。

(3)加速营运资金周转，提高资金的利用效果。营运资金周转是指企业的营运资金从现金投入生产经营开始,到最终转化为现金的过程。在其他因素不变的情况下,加速营运资金的周转,也就相应地提高了资金的利用效果。因此,企业要千方百计地加速存货、应收账款等流动资产的周转,以使用有限的资金,取得最优的经济效益。

(4)合理安排流动资产与流动负债的比例关系,保证企业有足够的短期偿债能力。流动资产、流动负债以及二者之间的关系能较好地反映企业的短期偿债能力,保持流动资产结构与流动负债结构的适配性,保证企业有足够的短期偿债能力是营运资金管理的重要原则之一。流动负债是在短期内需要偿还的债务,而流动资产则是在短期内可以转化为现金的资产。因此,如果一个企业的流动资产比较多,流动负债比较少,说明企业的短期偿债能力较强;反之,则说明短期偿债能力较弱。但如果企业的流动资产太多,流动负债太少,也并不是正常现象,这可能是因流动资产闲置或流动负债利用不足所致。根据惯例,流动资产是流动负债的一倍是比较合理的。因此,在营运资金管理中,要合理安排流动资产和流动负债的比例关系,以便既节约使用资金,又保证企业有足够的偿债能力。

四、营运资金管理战略

营运资金战略包括营运资金持有战略和营运资金筹集战略。它们分别研究如何确定营运资金持有量和如何筹集营运资金两个方面的问题。

(一)营运资金持有战略

营运资金概念包括流动资产和流动负债两部分,是企业日常财务管理的重要内容。流动资产随企业业务量的变化而变化,业务量越大,其所需的流动资产越多。但它们之间并非线性的关系。由于规模经济、使用效率等原因的作用。流动资产以递减的比率随业务量增长。这就产生了如何把握流动资产投资量的问题。

营运资金持有量的高低,影响着企业的收益和风险。营运资金持有量的确定就是在收益和风险之间进行权衡。我们将持有较高的营运资金称为宽松的营运资金战略;而将持有较低的营运资金称为紧缩的营运资金战略。前者的收益、风险均较低;后者的收益、风险均较高。介于两者之间的,是适中的营运资金战略。在适中的营运资金战略下,营运资金的持有量不过高也不过低,恰好现金足够支付之需,存货足够满足生产和销售所用,除非利息高于资本成本(这种情况不大可能发生),一般企业不保留有价证券。也就是说,适中的营运资金战略对于投资者财富最大化来讲理论上是最佳的。然而,我们却难以量化地描述适中战略的营运资金持有量。这是因为这一营运资金水平是多种因素共同作用的结果。包括销售水平、存货和应收账款的周转速度,等。所以,各企业应当根据自身的具体情况和环境条件,按照适中营运资金战略的原则,确定适当的营运资金持有量。

(二)营运资金筹集战略

营运资金筹集战略,是营运资金战略的研究重点。营运资金筹集战略,主要是就如何安排临时性流动资产和永久性流动资产的资金来源而言的,一般可以区分为三种,即配合型筹资战略、激进型筹资战略和稳健型筹资战略。

1. 配合型筹资战略

配合型筹资战略的特点是:对于临时性流动资产,运用临时负债筹集资金满足其资金需要;对于永久性流动资产和固定资产(统称为永久性资产,下同)。运用长期负债、自发性负债和权益资本筹集资金满足其资金需要。配合型筹资战略如图7.1所示。

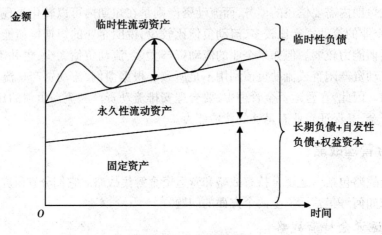

图7.1 配合型筹资战略

> 【小资料】
> 　　自发性负债,是指随着生产经营活动的进行而自动形成和增加的负债,如应交税金、应付福利费、应付工资、其他应付款和预提费用等。
> 资料引自:MBA智库网.

配合型筹资战略要求企业临时负债筹资计划严密,实现现金流动与预期安排相一致。在季节性低谷时,企业应当除了自发性负债外没有其他流动负债;只有在临时性流动资产的需求高峰期,企业才举借各种临时性债务。

例如,某企业在生产经营的淡季,需占用600万元的流动资产和1 000万元的固定资产;在生产经营的高峰期,会额外增加400万元的季节性存货需求。配合型筹资战略的做法是:企业只在生产经营的高峰期才借入400万元的短期借款;不论何时,1 600万元永久性资产(即600万元永久性流动资产和1 000万元固定资产之和)均由长期负债、自发性负债和权益资本解决其资金需要。

这种筹资战略的基本思想是将资产与负债的周期相配合,以降低企业不能偿还到期债务的风险和尽可能降低债务的资本成本。但是,事实上由于资产使用寿命的不确定性,往往达不到资产与负债的完全配合。如本例,一旦企业生产经营高峰期内的销售不理想,未能取得销售现金收入,便会发生偿还临时性负债的困难。因此,配合型筹资战略是一种理想的、对企业有着较高资金使用要求的营运资本筹集战略。

2. 激进型筹资战略

激进型筹资战略的特点是:临时性负债不但融通临时性流动资产的资金需要,还解决部分永久性资产的资金需要。该筹资战略如图7.2所示。

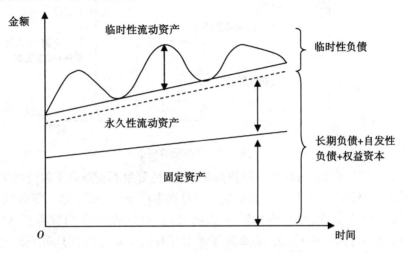

图7.2 激进型筹资战略

从图7.2可以看到,激进型筹资战略下临时性负债在企业全部资金来源中所占比重大于配合型筹资战略。沿用上例,企业生产经营淡季占用600万元的流动资产和1 000万元的固定资产,在生产经营的高峰期,额外增加400万元的季节性存货需求。如果企业的权益资本、长期负债和自发性负债的筹资额低于1 600万元(即低于正常经营期的流动资产占用与固定资产占用之和),比如只有1 400万元甚至更少,那么就会有200万元或者更多的永久性资产和400万元的临时性流动资产(在经营高峰期内)由临时性负债筹资解决。这种情况表明企业实行的是激进型筹资战略。由于临时性负债(如短期银行借款)的资本成本一般低于长期负债和权益资本的资本成本,而激进型筹资战略下临时性负债所占比重较大,所以该战略下企业的资本成本较低。但是另一方面,为了满足永久性资产的长期资金需要,企业必然要在临时性负债到期后重新举债或申请债务展期,这样企业便会更为经常地举债和还债,从而加大筹资困难和风险;还可能面临由于短期负债利率的变动而增加企业资本成本的风险,所以激进型筹资战略是一种收益性和风险性均较高的营运资金筹资战略。

3. 稳健型筹资战略

稳健型筹资战略的特点是:临时性负债只融通部分临时性流动资产的资金需要,另一部分临时性流动资产和永久性资产,则由长期负债、自发性负债和权益资本作为资金来源,见图7.3。

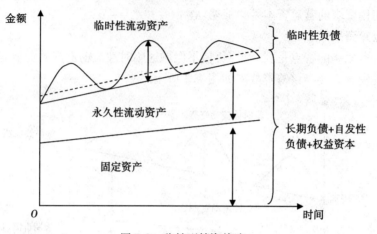

图 7.3　稳健型筹资战略

从图 7.3 可以看到,与配合型筹资战略相比,稳健型筹资战略下临时性负债占企业全部资金来源的比例较小。沿用上例,如果企业只是在生产经营的旺季借入资金低于 400 万元,比如 200 万元的短期借款,而无论何时的长期负债、自发性负债和权益资本之和总是高于 1 600 万元,比如达到 1 800 万元,那么旺季季节性存货的资金需要只有一部分(200 万元)靠当时的短期借款解决,其余部分的季节性存货和全部永久性资金需要则由长期负债、自发性负债和权益资本提供。而在生产经营的淡季,企业则可将闲置的资金(200 万元)投资于短期有价证券。这种做法下由于临时性负债所占比重较小,所以企业无法偿还到期债务的风险较低,同时蒙受短期利率变动损失的风险也较低。然而,另一方面,却会因长期负债资本成本高于临时性负债的资本成本,以及经营淡季时仍需负担长期负债利息,从而降低企业的收益。所以,稳健型筹资战略是一种风险性和收益性均较低的营运资金筹集战略。

一般地说,如果企业能够驾驭资金的使用,采用收益和风险配合得较为适中的配合型筹资战略是有利的。

第二节　现金管理

现金是流动性最强的资产,拥有足够的现金对降低企业财务风险、增强企业资金的流动性具有十分重要的意义。

一、现金及其管理目标

现金是指可以立即用来购买物品、支付各项费用或用来偿还债务的交换媒介或支付手段。

主要包括企业的库存现金、各种形式的银行存款以及银行本票、银行汇票等其他货币资金。

现金在企业所有的资产中流动性最强,具有普遍的可接受性。企业持有一定数量的现金不仅能满足日常生产经营开支的各种需要,而且能缴纳税款,购入机器设备,偿还借款等。但是,现金属非盈利性资产,即使是银行存款,其收益也是最低的。因此,企业现金管理的目标是:在保证企业生产经营活动所需现金的同时,尽量节约使用资金,并从暂时闲置的现金中获得较多的利息收入。现金管理应力求做到既保证企业经营所需资金,降低风险,又不致使企业有过多地闲置现金,从而影响企业的总体收益。

二、企业持有现金的动机

企业持有现金的动机主要有如下三个方面。

(一)交易性动机

交易性动机是指企业持有现金以便满足日常交易的需要,如用于购买材料、支付工资、缴纳税款、偿还到期债务、支付股利等,这是企业持有现金最主要的动机。企业每天的现金收入和现金支出很少同时等额发生,保留一定的现金余额可使企业在现金支出大于现金收入时,不致中断交易。企业为满足交易动机需要所持有的现金余额主要取决于企业的销售水平。企业销售扩大,销售量增加,则所需现金的余额也会随之增加;反之,随之减少。

(二)预防性动机

预防性动机是指企业持有现金以应付意外事件对现金的需求,这是企业持有现金余额的重要动机。现实生活中,企业经常会碰到一些无法预见的意外事件,如地震、水灾、火灾等自然灾害;生产事故;主要客户未能及时付款等。这些事件的发生对企业的现金收支会产生重大的影响。因此,企业持有较多的现金,便可更好地应付这些意外事件的发生,同时又不会影响生产经营活动。预防性动机所需现金余额的多少,主要取决于企业预测现金收支的可靠程度、企业的借款能力以及企业愿意承担的风险程度。

(三)投机性动机

投机性动机是指企业持有现金以寻求一些不寻常的购买机会,这是企业持有现金的次要动机。例如,当证券价格剧烈波动时,从事投机活动,从中获得收益;或遇到廉价原材料大批量购进等。通常,企业为投机性动机而保存的现金数量一般很少,遇到不同寻常的购买机会,大都会设法临时筹集资金。

需要说明的是,由于各种动机所需的现金可以调剂使用,且上述动机所需保持的现金,并不一定要求必须是货币形态,因此,企业持有的现金余额并不完全等于上述三种动机所需现金余额的简单加总,前者一般小于后者。

三、现金的成本

企业持有现金的成本一般有以下三部分组成。

(一) 机会成本

现金的机会成本是指企业因持有一定数量的现金余额而丧失的再投资收益。现金作为企业的一项资金占用,是有代价的,这种代价就是它的机会成本。假定某企业的资本成本为10%,年均持有现金20万元,则该企业每年现金的成本为2万元(20×10%万元)。现金持有额越大,机会成本越高。企业为了经营业务,需要拥有一定的现金,付出相应的机会成本代价是必要的,但现金拥有量过多,机会成本代价大幅度上升,就不合算了。

(二) 管理成本

企业拥有现金,会发生管理费用,如现金管理人员的工资、安全措施费等。这些费用是现金的管理成本。管理成本是一种固定成本,与现金持有量之间无明显的比例关系。

(三) 短缺成本

现金的短缺成本是指因现金余额不足并又无法及时弥补而给企业带来的损失,包括直接损失和间接损失。直接损失是由于现金短缺致使企业的生产经营及投资活动受到影响而造成的损失。如由于现金短缺而不能购进急需的材料,从而使企业生产经营中断而遭受的损失。间接损失是由于现金短缺而给企业造成的无形损失,如由于现金短缺而不能及时足额偿付本息,从而影响企业的信用和企业形象,由此产生的经济损失。

短缺成本是否属于现金管理决策的相关成本,主要取决于企业是否允许出现现金短缺。如果企业不允许出现现金短缺,则该项成本不存在,属无关成本;如果企业允许出现现金短缺,则该项成本就属于相关成本,而且与现金持有量成反比例关系。通常,企业持有的现金越多,则短缺成本越小;反之,越大。

四、最佳现金持有量的确定

最佳现金持有量是指企业现金管理的相关总成本最小时的现金持有量,其确定方法通常有以下三种。

(一) 成本分析模式

成本分析模式是通过分析公司持有现金的相关成本,寻求使持有现金的相关总成本最低的现金持有量的模式。该模式涉及的现金的相关成本只包括持有现金而产生的机会成本和短缺成本,而不包括管理成本。即

$$现金管理相关总成本 = 机会成本 + 短缺成本$$

其中 机会成本 = 现金持有量×机会成本率(有价证券利率或投资报酬率)

在成本分析模式下,最佳现金持有量就是持有现金所产生的机会成本与短缺成本之和最小时的现金持有量。(图 7.4)

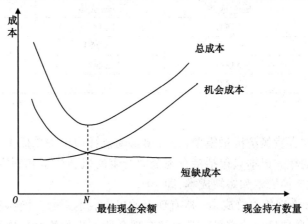

图 7.4 成本分析模式示意图

实际工作中运用该模式确定最佳现金持有量的具体步骤为:①根据不同的现金持有量测算并确定有关成本数值。②按照不同的现金持有量及其有关成本资料编制最佳现金持有量预测表。③在测算表中找出相关总成本最低的现金持有量,即最佳现金持有量。成本分析模式的优点是相对简单、易于理解,但要求能够比较准确地确定相关成本与现金持有量的函数关系。

【例7.1】 某企业现有甲、乙、丙、丁四种备选方案,有关成本资料如表 7.1 所示。采用成本分析模式确定哪种方案为最佳方案。

表 7.1 现金持有量备选方案表

单位:元

项 目	甲	乙	丙	丁
现金持有量	25 000	50 000	75 000	100 000
机会成本	3 000	6 000	9 000	12 000
短缺成本	12 000	6 750	2 500	0

注:该企业机会成本率为12%。

根据表 7.1,采用成本分析模式可编制该企业最佳现金持有量测算表,如表 7.2 所示。

通过表 7.2 测算结果比较可知,丙方案的相关总成本为11 500元,在四种方案中最低,故该方案下的现金持有量75 000元,即为企业最佳现金持有量。

表7.2 最佳现金持有量预测表

单位:元

方案	机会成本	短缺成本	相关总成本
甲	3 000	12 000	15 000
乙	6 000	6 750	12 750
丙	9 000	2 500	11 500
丁	12 000	0	12 000

(二)存货模式

存货模式是根据存货经济批量模型,分析预测现金管理相关总成本最低时现金持有量的一种方法。该模式的相关成本只包括持有现金而产生的机会成本和固定性转换成本,而不包括管理费用、变动性转换成本和短缺成本,即

现金管理相关总成本=持有现金的机会成本+固定性转换成本

在存货模式下,最佳现金持有量就是指持有现金所产生的机会成本与固定性转换成本之和最小时的现金持有量。

假设:T 为特定时间内的现金需求总量,N 为最佳现金持有量,b 为每次的转换成本,TC 为持有现金的相关总成本,i 为有价证券的年利率,N 为现金持有数量,则有

$$TC = \frac{N}{2}i + \frac{T}{N}b$$

其中,机会成本是按现金持有量的一半来计算的,因为随着生产经营活动的不断进行,现金持有量逐步减少,它不可能始终保持在最高持有水平上,因此对其进行平均计算较为合理。

现金管理相关总成本与机会成本、固定性转换成本的关系如图7.5所示。

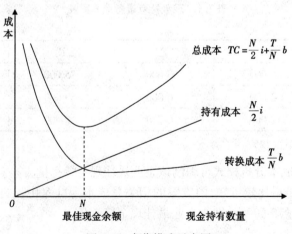

图7.5 存货模式示意图

从上图可以看出，TC是一条凹形曲线，由数学定理可证明当机会成本与固定性转换成本相等时，现金管理的相关总成本最低，该点所对应的现金持有量便是最佳现金持有量。也可用求导方法得出最小值，令TC的一阶导数等于零，可以得出令总成本TC最小的N值，即

$$最佳现金持有量 N = \sqrt{\frac{2Tb}{i}}$$

$$最低现金管理总成本 TC = \sqrt{2Tbi}$$

【例7.2】 某企业预计全年需要现金6 000元，现金与有价证券的转换成本为每次100元，有价证券的年利息率为30%，则

$$最佳现金持有量 N = \sqrt{2 \times 6\,000 \times 100 \div 30\%} = 2\,000(元)$$

$$最低现金管理相应总成本 TC = \sqrt{2 \times 6\,000 \times 100 \times 30\%} = 600(元)$$

其中 　　　　　有价证券转换次数 = 6 000 ÷ 2 000 = 3(次)

需要说明的是，采用存货模式确定最佳现金持有量，是以下列假设为前提的：
(1)企业预算期内现金总量可以预测。
(2)企业所需要的现金可以通过证券变现取得，且证券变现的不确定性很小。
(3)现金的支出过程比较稳定，波动较小，且不允许出现现金短缺。
(4)证券利率或报酬率及每次固定性交易费用可以获悉。
如果以上条件得不到满足，则不能采用该模式。

(三)现金周转期模式

现金周转期模式是根据现金周转期来确定最佳现金持有量的一种方法。

现金周转期是指从现金投入生产经营活动开始，经过生产经营过程，到最终销售转化为现金的时间。它大致包括以下三个方面。

1. 存货周转期

存货周转期是指将原材料转化成产成品并出售所需要的时间。

2. 应收账款周转期

应收账款周转期是指将应收账款转换为现金所需要的时间，即从产品销售到收回现金的期间。

3. 应付账款周转期

应付账款周转期是指从收到尚未付款的材料开始到现金支出之间所用的时间。

其数量关系用公式表示为

　　　　　现金周转期 = 存货周转期 + 应收账款周转期 – 应付账款周转期

现金周转期确定后，便可计算最佳现金持有量。其计算公式为

　　　　　最佳现金持有量 = (年现金需求总额 ÷ 360) × 现金周转期

从上式中可以看出，最佳现金持有量与现金周转期成正比例关系，现金周转期越短，现金

持有量越小;反之,越大。

【例7.3】 某企业预计存货周转期为90天,应收账款周转期为40天,应付账款周转期为30天,预计全年需要现金720万元,要求计算最佳现金持有量。

解 可得

$$现金周转期 = 90 + 40 - 30 = 100（天）$$

$$最佳现金持有量 = (720 \div 360) \times 100 = 200（万元）$$

采用现金周转期模式确定最佳现金持有量简单明了,易于计算。但是这种方法假设材料采购与产品销售产生的现金流量在数量上一致,企业的生产经营过程在1年中持续稳定地进行,即现金需要和现金供应不存在不确定的因素。如果以上假设条件不存在,则求得的最佳现金持有量将发生误差。

五、现金的日常管理

现金的日常管理是现金管理中一项非常重要的内容,其主要目的是尽快收回现金,尽可能延迟支付现金,以加快现金的周转速度;同时要严格遵守现金管理的有关规定,合理地使用现金,提高其利用效率。

现金的日常管理主要包括以下几个方面。

(一)加速收款

为了提高现金的使用率,加速现金周转,公司应尽快加速收款,即在不影响销售的前提下,尽可能加快现金回笼。公司加速收款的任务不仅在于尽量让客户早付款,而且还要尽快地使这些付款转化为现金。为此,公司应做到:①缩短客户付款的邮寄时间。②缩短公司收到客户支票的兑换时间。③加速资金存入自己往来银行的过程。为了达到以上要求,可采取以下措施。

1. 集中银行法

集中银行法是指通过设立多个收款中心来加速账款回收的一种方法。其目的是缩短从客户寄出账款到现金收入企业账户这个阶段的时间。

具体做法是企业设立若干收款中心,并指定一个主要开户行为集中银行(通常是公司总部所在地);客户收到结算单据后直接邮寄给当地的收款中心,中心收款后立即存入当地银行;当地银行在票据交换后直接转给总部的银行。这种方法缩短了客户邮寄的票据到达的时间,也就缩短了款项从客户到企业的间隔时间。但该种方法的缺点是,开设的收款中心的相关开支成为此种决策的相关成本,企业要综合权衡后,才能做出是否采用这种方法的决策。在该种方法下企业要计算分散收账收益净额,其计算公式为

$$\begin{matrix} 分散收账 \\ 收益净额 \end{matrix} = \left(\begin{matrix} 分散收账前应 \\ 收账款数额 \end{matrix} - \begin{matrix} 分散收账后应 \\ 收账款数额 \end{matrix} \right) \times \begin{matrix} 企业综合 \\ 资金成本率 \end{matrix} - \begin{matrix} 因增设收款中心 \\ 每年增加的费用额 \end{matrix}$$

若分散收账收益净额大于零,则企业可以采用银行集中法;否则,不能采用该方法。

【例 7.4】 某公司现在平均占用资金 2 000 万元,公司准备改变收账办法,采用集中银行方法收账。经研究测算,公司增加收账中心预计每年多增加支出 17 万元,但是可节约现金 200 万元,公司加权平均资本成本为 9%。问是否应采用集中银行制?

采用集中银行制度,公司从节约资金中获得的收益是 18 万元(200×9% 万元),比增加的支出 17 万元多 1 万元。因此,采用集中银行制度比较有利。

2. 锁箱法

锁箱法又称邮政信箱法,企业可以在业务比较集中的地区租用专门的邮政信箱,并开立分行存款户,通知客户把付款邮寄到指定的信箱,授权当地银行每日开启信箱,在取得客户票据后立即予以结算,将款项拨给企业所在地银行。

采用锁箱系统的优点是大大地缩短了公司办理收账、存储手续的时间,即公司从收到支票到完全存入银行之间的时间差距消除了。这种方法的主要缺点是需要支付额外费用。由于银行提供多项服务,因此要求有相应的报酬。这种费用支出一般来说与存入支票的张数成一定比例。所以,如果平均汇款数额较小,采用锁箱系统并不一定有利。是否采用锁箱系统法要看节约资金带来的收益与额外支出的费用孰大孰小。如果增加的费用支出比收益要小,则可采用该系统;反之,就不宜采用。

(二)付款控制

现金支出管理一般是尽可能延缓现金的支付时间,在不违背合同支付期的情况下,企业尽量推迟货款的支付,以增加现金的利用效率。在财务管理实务中,付款控制的方法有以下几种。

1. 运用"浮游量"

所谓现金的浮游量是指企业账户上现金余额与银行账户上所示的现金余额之间的差额。有时,企业账簿上的现金余额已为零或负数,而银行账簿上该企业的现金余额还有很多。这是因为有些企业已开出的支票由于客户的原因尚未送达银行,因此银行并未付款出账。如果能正确预测浮游量并加以利用,可节约大量资金。

2. 控制支出时间

为了最大限度地利用现金,合理地控制现金支出的时间是十分重要的。例如,企业在采购材料时,如果付款条件是"1/10, n/30",应安排在发票开出日期后的第 10 天付款,这样,企业可以最大限度地利用现金而又不丧失现金折扣。如果由于资金上的原因无意取得现金折扣,也应在最后一天,即第 30 天付款,以最大限度地利用资金。

3. 利用员工工资

许多公司都为支付工资而单独开设一个存款账户。为了最大限度地减少这一存款数额,公司可以合理预测所开出支付工资的支票到银行兑现的具体时间。例如,某公司在每月 6 日支付工资,根据历史资料,其6日,7日,8日,9日及9日以后的兑现比率分别为30%,40%,20%,5%和5%。这样,公司就不必在6日存够全部工资所需资金。

（三）现金收支的综合控制

1. 力争现金流入与流出同步

如果企业能尽量使它的现金流入与现金流出发生的时间趋于一致,就可以使其所持有的交易性现金余额降到较低水平,从而减少有价证券与现金的转换次数,节约转换成本。

2. 实行内部牵制制度

在现金管理中,要实行管钱的不管账,管账的不管钱,使出纳人员和会计人员互相牵制,互相监督。凡有库存现金收付,应坚持复核制度,以减少差错,堵塞漏洞。出纳人员调换时,必须办理交接手续,做到责任清楚。

3. 及时进行现金的清理

在现金管理中,要及时进行现金的清理。库存现金的收支应做到日清月结,确保库存现金的账面余额与实际库存余额相互符合；银行存款账户余额与银行对账单余额相互符合；现金、银行存款日记账数额分别与现金、银行存款总账数额相互符合。

4. 遵守国家规定的库存现金的使用范围

5. 对银行存款进行统一管理

企业超过库存现金限额的现金,应存入银行,由银行统一管理。

6. 适当进行证券投资

企业库存现金没有利息收入,银行活期存款的利息率也比较低,因此,当企业有较多闲置不用的现金时,可投资于国库券、大额定期可转让存单、企业债券、企业股票,以获取较多的利息收入,而当企业现金短缺时,再出售各种证券获取现金。这样,既能保证有较多的利息收入,又能增强企业的变现能力,因此,进行证券投资是调整企业现金余额的一种比较好的方法。

第三节　应收账款的管理

一、应收账款及其管理目标

应收账款是企业因对外赊销商品、材料、供应劳务等方面向购货或接受劳务的单位收取的款项。应收账款是企业流动资产的一个非常重要的项目。随着市场经济的不断发展,商业竞争的日趋加剧,公司的应收账款数额明显增多,因此,应收账款管理已成为流动资产管理中的重要内容。企业提供商业信用,采用赊销方式,可以扩大产品销售,提高产品的市场占有率,从而增加销售收入和提高利润,但企业在销售收入增加的同时,由于应收账款数额大大增加,也必然会增加相关的成本费用,如机会成本、管理成本和坏账成本等。因此,应收账款管理的目标是:正确衡量信用成本和信用风险,合理确定信用政策,及时回收账款,保证流动资产价值的真实性。

二、应收账款的功能

(一)扩大销售

企业产品销售方式有现销和赊销两种,通常后者对客户具有更大的吸引力,所以在市场竞争比较激烈的情况下,赊销是促进销售的一种重要方式。当今市场是买方市场,企业面临激烈的市场竞争,不论是从巩固原有市场还是从开拓新市场的角度,赊销是战胜众多竞争对手的极为重要的一种手段。

(二)减少存货

企业大量地采用赊销增加应收账款的同时,也会使企业的库存存货减少。存货减少必然使存货管理的相关费用,如管理费、仓储费和保险费等支出降低。相反,企业持有应收账款数额较少,也有可能说明存货积压较多,存货占用资金也较多。

三、应收账款的成本

应收账款成本是指公司持有一定应收账款所付出的代价,这种代价就是应收账款成本,包括机会成本、管理成本和坏账成本。

(一)机会成本

应收账款的机会成本是指企业因资金被占用在应收账款上无法用来投资而丧失的其他收入。企业资金如果不被占用在应收账款上,便可用于其他投资并获得收益,如投资于有价证券会有利息收入。

通常,机会成本与应收账款占用资金成正比例关系,应收账款占用资金越多,机会成本就越大。其计算公式为

$$应收账款机会成本 = 应收账款占用资金 \times 资金成本率$$
$$应收账款占用资金 = 应收账款平均余额 \times 变动成本率$$
$$应收账款平均余额 = 每日赊销额 \times 平均收账期$$

其中,资金成本率可按有价证券利息率表示,变动成本率为变动成本总额与销售收入的比例,每日赊销额为年赊销总额除以360天(假定1年以360天计算),平均收账期按以享受和不享受折扣的客户比例为权数加权平均计算。

如果企业不提供现金折扣,则平均收账期即为信用期。因此,上述公式也可表达为

$$应收账款机会成本 = (年赊销额 \div 360) \times 平均收账期 \times 变动成本率 \times 资金成本率$$

【例7.5】 某企业预计本年度赊销总额为300万元,应收账款平均收账天数为60天,变动成本率为60%,设资本成本率为10%,计算应收账款的机会成本。

解 可得

$$应收账款占用资金 = (300 \div 360) \times 60 \times 60\% = 30(万元)$$

$$应收账款机会成本 = 30 \times 10\% = 3(万元)$$

(二)管理成本

公司对应收账款进行管理所耗费的各种费用,即应收账款的管理成本,主要包括对客户的资信调查费用、应收账款账簿记录费用、收账费用、收集相关信息的费用、其他相关费用。通常,管理成本与应收账款数额成正比例关系,应收账款数额越大,管理成本就越大。

(三)坏账成本

应收账款的坏账成本是指应收账款因故不能收回而发生的损失,它与应收账款数额成同方向变动。一般来讲,应收账款数额越大,发生坏账损失的机会就越多,由此形成的坏账成本也就越大。

四、应收账款的信用政策

信用政策也称应收账款的管理政策,是指企业对应收账款进行管理与控制而制定的基本方针和策略,包括信用标准、信用条件和收账政策三部分内容。在成本效益分析的基础上制定适当的应收账款信用政策,是企业财务决策的一个重要组成部分。

(一)信用标准

信用标准是指客户获得公司的交易信用所应具备的条件。如果客户达不到信用标准,便不能享受或较少享受公司的信用,公司信用标准的高低将会直接影响公司的销售收入和销售利润。公司信用标准若定得较高,仅对信用卓著的客户给予赊销待遇。其结果是:一方面可以减少坏账损失,降低应收账款机会成本;另一方面将丧失一部分来自信用较差客户的销售收入和销售利润。这就要求公司权衡得失,比较信用成本与信用收益,准确地对不同客户规定相应的信用标准。

【例7.6】 某企业原来的信用标准是只对预计坏账损失率在10%以下的客户提供商业信用。目前,企业为适应形势需要,拟修改信用标准,现有A,B两个信用标准方案可供选择,有关资料如表7.3所示。

假定该企业的资金成本率为10%,要求选择对企业有利的信用标准。根据表7.3提供的资料,计算A,B两种信用标准方案净收益如表7.4所示。

表7.3 信用标准备选方案表

项 目	方案A	方案B
信用标准(预计坏账损失率)	5%	10%
年赊销额/元	800 000	1 000 000
变动成本总额/元	480 000	600 000
固定成本/元	120 000	120 000
平均收账期/天	60	90
管理成本/元	20 000	40 000

表7.4 两种信用标准方案净收益计算表

单位:元

年项目	方案A	方案B
年赊销额	800 000	1 000 000
减:变动成本总额	480 000	600 000
固定成本	120 000	120 000
毛利	200 000	280 000
减:机会成本	(800 000÷360)×60×60%×10%=8 000	(1 000 000÷360)×90×60%×10%=15 000
管理成本	20 000	40 000
坏账成本	800 000×5%=40 000	1 000 000×10%=100 000
收益	132 000	125 000

通过表7.4计算结果可知,方案A的净收益132 000元,高于方案B的净收益125 000元,因此,应选择方案A的信用标准,即采用较严格的信用标准。

(二)信用条件

信用条件是指企业提供信用时对客户提出的付款要求,主要包括信用期限、折扣期限和现金折扣率等。

信用条件的表示方法是"$1/10,n/30$",其含义为:若客户在发票开出后的10天内付款,可以享受1%的现金折扣;如果放弃现金折扣,则全部货款必须在30天内支付。该表示方法中,30天是信用期限,10天是折扣期限,1%是现金折扣率。

1. 信用期限

信用期限是指企业允许客户从购货到支付货款的时间间隔。企业产品销售量与信用期限之间存在着一定的依存关系。通常延长信用期限,可以在一定程度上扩大销售量,从而增加毛利。但不适当地延长信用期限,会给企业带来不良后果:一是使平均收账期延长,占用在应收账款上的资金相应增加,引起机会成本增加;二是引起坏账损失和收账费用的增加。因此,企业是否给客户延长信用期限,应视延长信用期限增加的边际收入是否大于增加的边际成本而定。

2. 现金折扣和折扣期限

延长信用期限会增加应收账款占用的时间和金额。许多企业为了加速资金周转，及时收回货款，减少坏账损失，往往在延长信用期限的同时，采用一定的优惠措施。即在规定的时间内提前偿付货款的客户可按销售收入的一定比率享受折扣。现金折扣实际上是对现金收入的扣减，企业决定是否提供以及提供多大程度的现金折扣，着重考虑的是提供折扣后所得的收益是否大于现金折扣的成本。

企业究竟应当核定多长的现金折扣期限，以及给予客户多大程度的现金折扣优惠，必须将信用期限及加速收款所得到的收益与付出的现金折扣成本结合起来考察，同延长信用期限一样，采取现金折扣方式在有利于刺激销售的同时，也需要付出一定的成本代价，即给予现金折扣造成的损失。如果加速收款带来的机会收益能够绰绰有余地补偿现金折扣成本，企业就可以采取现金折扣或进一步改变当前的折扣方针，如果加速收款的机会收益不能补偿现金折扣成本的话，现金优惠条件便被认为是不恰当的。

（三）信用条件备选方案的评价

虽然企业在信用管理政策中，已对可接受的信用风险水平做了规定，当企业的生产经营环境发生变化时，就需要对信用管理政策中的某些规定进行修改和调整，并对改变条件的各种备选方案进行认真地评价。

【例7.7】 某企业预测的下一年度赊销额为3 600万元，其信用条件是：$n/30$，变动成本率为60%，资金成本率（或有价证券利息率）为10%。假设企业收账政策不变，固定成本总额不变。该企业准备了二个信用条件的备选方案：

A：维持 $n/30$ 的信用条件；

B：将信用条件放宽到 $n/60$。

为各种备选方案估计的赊销水平、坏账百分比和收账费用等有关数据见表7.5。

表7.5 信用条件备选方案

单位：万元

方案 项目	A	B
信用条件	$n/30$	$n/60$
年赊销额	3 600	3 960
应收账款平均收账天数/天	30	60
应收账款平均余额	3 600÷360×30＝300	3 960÷360×60＝660
维持赊销业务所需资金	300×60%＝180	660×60%＝396
坏账损失占年赊销额的百分比/%	2	3
坏账损失	3 600×2%＝72	3 960×3%＝118.8
收账费用	36	60

根据以上资料,可计算如下指标,见表7.6。

根据表7.6中的资料可知,在这三种方案中,B方案($n/60$)的获利最大,它比A方案($n/30$)增加收益51.6万元。因此,在其他条件不变的情况下,应选择B方案。

表7.6 信用条件备选方案

单位:万元

方案 项目	A	B
信用条件	$n/30$	$n/60$
年赊销额	3 600	3 960
变动成本	2 160	2 376
信用成本前收益	1 440	1 584
应收账款机会成本	180×10% = 18	396×10% = 39.6
坏账损失	72	118.8
收账费用	36	60
小计	126	218.4
信用成本后收益	1 314	1 365.6

(四)收账政策

收账政策是指企业针对客户违反信用条件,拖欠甚至拒付账款所采取的收账策略与措施。

在企业向客户提供商业信用时,必须考虑三个问题:其一,客户是否会拖欠或拒付账款,程度如何;其二,怎样最大限度地防止客户拖欠账款;其三,一旦账款遭到拖欠甚至拒付,企业应采取怎样的对策。一、二两个问题主要靠信用调查和严格信用审批制度;第三个问题则必须通过制定完善的收账方针,采取有效的收账措施予以解决。

从理论上讲,履约付款是客户不容置疑的责任与义务,债权企业有权通过法律途径要求客户履约付款。但如果企业对所有客户拖欠或拒付账款的行为均付诸法律解决,往往并不是最有效的办法,因为企业解决与客户账款纠纷的目的,主要不是争论谁是谁非,而在于怎样最有成效的将账款收回。

通常的步骤是当账款被客户拖欠或拒付时,企业应当首先分析现有的信用标准及信用审批制度是否存在纰漏;然后重新对违约客户的资信等级进行调查、评价。将信用品质恶劣的客户从信用名单中删除,对其所拖欠的款项可先通过信函、电讯或者派员前往等方式进行催收,态度可以渐加强硬,并提出警告。当这些措施无效时,可考虑通过法院裁决。对于信用记录一向正常的客户,在去电、去函的基础上,不妨派人与客户直接进行协商,彼此沟通意见,达成谅解妥协,既可密切相互间的关系,又有助于较为理想地解决账款拖欠问题,并且一旦将来彼此关系置换时,也有一个缓冲的余地。当然,如果双方无法取得谅解,也只能付诸法律进行最后裁决。

除上述收账政策外,有些国家还兴起了一种新的收账代理业务,即企业可以委托收账代理机构催收账款。但由于委托手续费往往较高,许多企业,尤其是那些资产较少、经济效益差的企业很难采用。

企业对拖欠的应收账款,无论采用何种方式进行催收,都需要付出一定的代价,即收账费用,如收款所花的邮电通信费、派专人收款的差旅费和不得已时的法律诉讼费等。如果企业制定的收款政策过宽,会导致逾期未付款项的客户拖延时间更长,对企业不利;收账政策过严,催收过急,又可能伤害无意拖欠的客户,影响企业未来的销售和利润。因此,企业在制定收账政策时,要权衡利弊,掌握好宽度界限。

一般而言,企业加强收账管理,可以减少坏账损失,减少应收账款上的资金占用,但会增加收账费用。因此,制定收账政策就是要在增加收账费用与减少坏账损失、减少应收账款机会成本之间进行权衡,若前者小于后者,则说明制定的收账政策是可取的。

【例7.8】 收账政策的确定。已知某企业应收账款原有的收账政策和拟改变的收账政策见表7.7。

表7.7 收账政策备选方案资料

项 目	现行收账政策	拟改变的收账政策
年收账费用/万元	90	150
应收账款平均收账天数/天	60	30
坏账损失占赊销额的百分比/%	3	2
赊销额/万元	7 200	7 200
变动成本率/%	60	60

假设资金利润率为10%,根据表7.7中的资料,计算两种方案的收账总成本如表7.8所示。

表7.8 收账政策分析评价

单位:万元

项 目	现行收账政策	拟改变的收账政策
赊销额	7 200	7 200
应收账款平均收账天数	60	30
应收账款平均余额	7 200÷360×60=1 200	7 200÷360×30=600
应收账款占用的资金	1 200×60%=720	600×60%=360
收账成本:		
应收账款机会成本	720×10%=72	360×10%=36
坏账损失	7 200×3%=216	7 200×2%=144
年收账费用	90	150
收账总成本	378	330

表 7.8 的计算结果表明,拟改变的收账政策较现行收账政策减少的坏账损失和减少的应收账款机会成本之和 108 万元((216-144)+(72-36)),大于增加的收账费用 60 万元(150-90),因此,改变收账政策的方案是可以接受的。

影响企业信用标准、信用条件及收账政策的因素很多,如销售额、赊销期限、收账期限、现金折扣等的变化。这就使得信用政策的制定更为复杂,一般来说,理想的信用政策就是为企业带来最大收益的政策。

五、应收账款的日常管理

信用政策建立以后,企业要做好应收账款的日常管理工作,进行信用调查和信用评价,以确定是否同意顾客赊欠货款,当顾客违反信用条件时,还要做好账款催收工作。

(一)企业的信用调查

信用调查就是企业对客户的信用品质、偿债能力、担保情况、经营情况等信用状况进行调查,搜集客户的信用信息。只有正确地评价客户的信用状况,才能合理地执行企业的信用政策。通常企业获取客户信用资料的来源主要有以下四种方式。

1. 财务报表

企业的财务报表是信用资料的重要来源,通过财务报表分析,基本上能掌握一个企业的财务状况和盈利状况。

2. 信用评估机构

许多国家都有信用评估的专门机构,定期发布有关企业的信用等级报告。在评估等级方面,目前主要有两种形式:第一种是采用三类九级制,即把企业的信用情况分为 AAA,AA,A,BBB,BB,B,CCC,CC,C 九级,AAA 为最优等级,C 为最差等级;第二种是采用三级制度(即分成 AAA,AA,A)。专门的信用评估部门通常评估方法先进,评估调查细致,评估程序合理,可信度较高。因此,这也是企业获取客户信用资料的重要来源。

3. 银行

相关银行能为企业提供有关客户的信用资料。因为许多银行都设有信用部,为其客户提供服务。但银行的资料一般仅愿在同业之间交流,而不愿向其他单位提供。因此,如外地有一笔较大的买卖,需要了解客户的信用状况,最好通过当地开户银行,向其征询有关信用资料。

4. 其他信息

除以上来源外,还有其他一些部门和机构可以为企业提供客户部分信用资料,如财税部门、消费者协会、工商管理部门、企业的上级主管部门、证券交易部门等。另外,有些书籍、报刊、杂志、网络等也会在一定程度上反映有关客户的信用情况。

(二)企业的信用评估

搜集好信用资料后,要对这些资料进行分析,并对客户信用状况进行评估。信用评估的方法很多,这里介绍两种常见的方法:5C评估法和信用评分法。

1. 5C评估法

所谓5C评估法,是指重点分析影响信用的五个方面的一种方法。这五个方面英文的第一个字母都是C,故称之为5C评估法。这五个方面是:

(1)品德(Character):指客户愿意履行其付款义务的可能性。客户是否愿意尽自己最大努力来归还货款,直接决定着账款的回收速度和数量。品德因素在信用评估中是最重要的因素。

(2)能力(Capacity):指客户偿还货款的能力。这主要根据客户的经营规模和经营状况来判断。

(3)资本(Capital):指一个企业的财务状况。这主要根据有关的财务比率进行判断。

(4)抵押品(Collateral):指客户能否为获取商业信用提供担保资产。如有担保资产,则对顺利收回货款比较有利。

(5)条件(Conditions):指一般的经济情况对企业的影响,或某一地区的一些特殊情况对客户偿还能力的影响。

通过以上五个方面的分析,便基本上可以判断客户的信用状况,为最后决定是否向客户提供商业信用作好准备。

2. 信用评分法

信用评分法是先对一系列财务比率和信用情况指标进行评分,然后进行加权平均,得出客户综合的信用分数,并以此进行信用评估的一种方法。进行信用评分的基本公式为

$$Y = a_1 x_1 + a_2 x_2 + a_3 x_3 + \cdots + a_n x_n = \sum_{i=1}^{n} a_i x_i$$

其中,Y为某企业的信用评分,a_i为事先拟定出的对第i种财务比率和信用品质进行加权的权数($\sum_{i=1}^{n} a_i = 1$),x_i为第i种财务比率或信用品质的评分。

【例7.9】 A公司信用评估有关资料详见表7.9,要求对该公司信用情况进行评估。

表7.9 企业信用评估表

项 目	财务比率和信用品质(1)	分数(x) 0~100(2)	权数a(3)	加权平均数 (4)=(2)×(3)
流动比率	1.9	90	0.20	18.00
资产负债率/%	50	85	0.10	8.50
销售净利率/%	10	85	0.10	8.50
信用评估等级	AA	85	0.25	21.25
付款历史	尚好	75	0.25	18.75
企业未来预计	尚好	75	0.05	3.75
其他因素	好	85	0.05	4.25
合 计	-	-	1.00	83.00

在表7.9中,第(1)栏是根据搜集来的资料及分析确定的;第(2)栏是根据第(1)栏的资料

确定的;第(3)栏是根据财务比率和信用品质的重要程度确定的。

在采用信用评分法进行信用评估时:分数在 80 分以上者,说明企业信用状况良好;分数在 60~80 分者,说明信用状况一般;分数在 60 分以下者,则说明信用状况较差。

例 7.9 中,A 公司评估得分为 83 分,说明该公司信用状况良好。

(三)收账的日常管理

收账是企业应收账款管理的一项重要内容,应加强日常管理工作,收账管理包括以下两部分内容:

(1)确定合理的收账程序。催收账款的程序一般是:信函通知,电话催收,派人员面谈,法律行动。当客户拖欠账款时,要先给客户一封有礼貌的通知信件;接着,可寄出一封措辞较直率的信件;进一步则可通过电话催收;如再无效,企业的收账员可直接与客户面谈,协商解决;如果谈判不成,就只好诉诸法律。需要注意的是,企业一般不到迫不得已,尽量避免采取法律行动,否则会影响企业与客户的关系。

(2)确定合理的讨债方法。客户拖欠货款的原因有很多,企业应根据不同的原因同时考虑与客户的合作关系等多方面因素,确定合理的讨债方法,以达到收回账款的目的。常见的讨债方法有:讲理法、恻隐术法、疲劳战术法、激将法、软硬兼施法等。

【小资料】

应收账款也可质押融资。从 2007 年 10 月 1 日开始正式实施的《中华人民共和国物权法》,将应收账款纳入担保物范围,当年 10 月中国人民银行的应收账款质押登记公示系统正式上线运行,为全国范围内的应收账款主体提供了一类物权登记的公示平台。

资料引自:中顾法律网.

第四节 存货管理

一、存货及其管理目标

存货是指企业在日常生产经营过程中为生产或销售而储备的物资。企业持有充足的存货,不仅有利于生产过程的顺利进行,节约采购费用与生产时间,而且能够迅速地满足客户各种订货的需要,从而为企业的生产与销售提供较大的机动性,避免因存货不足带来机会损失。然而,存货的增加必然要占用更多的资金,将使企业付出较大的持有成本(即存货的机会成本),而且存货的储存与管理费用也会增加,从而影响企业获利能力的提高。因此,如何在存货的功能(收益)与成本之间进行利弊权衡,在充分发挥存货功能的同时降低成本、增加收益、实现它们的最佳组合,成为存货管理的基本目标。

> **小资料**
>
> JIT(Just In Time),准时生产,又译实时生产系统,简称 JIT 系统,在 1953 年由日本丰田公司的副总裁大野耐一提出。其实质是保持物质流和信息流在生产中的同步,实现以恰当数量的物料,在恰当的时候进入恰当的地方,生产出恰当质量的产品。这种方法可以减少库存,缩短工时,降低成本,提高生产效率。
>
> 资料引自:MBA 智库网.

二、存货的功能

存货功能是指存货在企业生产经营过程中所具有的作用,主要表现在以下四方面。

(一)防止停工待料

适量的原材料存货和在产品、半成品存货是企业生产正常进行的前提和保障。就企业外部而言,供货方的生产和销售往往会因某些原因而暂停或推迟,从而影响企业材料的及时采购、入库和投产。就企业内部而言,有适量的半成品储备,能使各生产环节的生产调度更加合理,各生产工序步调更为协调,联系更为紧密,不至于因等待半成品而影响生产。可见,适量的存货能有效防止停工待料事件的发生,维持生产的连续性。

(二)适应市场变化

存货储备能增强企业在生产和销售方面的机动性以及适应市场变化的能力。企业有了足够的库存产成品,能有效地供应市场,满足顾客的需要。相反,若某种畅销产品库存不足,将会坐失目前的或未来的推销良机,并有可能因此而失去顾客。在通货膨胀时,适当地储存原材料存货,能使企业获得因市场物价上涨而带来的好处。

(三)降低进货成本

很多企业为扩大销售规模,对购货方提供较优厚的商业折扣待遇,即购货达到一定数量时,便在价格上给予相应的折扣优惠。企业采取批量集中进货,可获得较多的商业折扣。此外,通过增加每次购货数量,减少购货次数,可以降低采购费用支出。即便在推崇以零存货为管理目标的今天,仍有不少企业采取大批量购货方式,原因就在于这种方式有助于降低购货成本,只要购货成本的降低额大于因存货增加而导致的储存等各项费用的增加额,便是可行的。

(四)维持均衡生产

对于那些所生产产品属于季节性产品,生产所需材料的供应具有季节性的企业。为实行均衡生产,降低生产成本,就必须适当储备一定的半成品存货或保持一定的原材料存货。否则,这些企业若按照季节变动组织生产活动,难免会产生忙时超负荷运转,闲时生产能力得不到充分利用的情形,这也会导致生产成本的提高。非季节性生产企业在生产过程中,同样会因为各种原因导致生产水平的高低变化,拥有合理的存货可以缓冲这种变化对企业生产活动及获利能力的影响。

三、存货成本

(一)采购成本

采购成本又称进货成本,是指存货本身的价值,是由买价、运杂费等构成的。采购成本一般与采购数量成正比例变化。一定时期内,在购进数量和单价既定的情况下,企业每次订购的数量多少并不影响存货的采购成本(假设无数量折扣),因而此项成本在存货决策中属无关成本。

(二)订货成本

订货成本是指企业为订购材料、商品而发生的成本费用,如采购的差旅费、邮资、通信费、专设采购机构的经费等。

订货成本分为变动性订货成本和固定性订货成本。变动性订货成本与订货次数成正比例关系,订货次数越多,变动性订货成本越高,如采购人员差旅费、通信费等,因此,它属存货管理决策相关成本;固定性订货成本与订货次数无关,如专设采购机构的经费支出,因此,它属存货管理决策无关成本。

(三)储存成本

存货成本是指企业为储存存货而发生的费用,主要包括存货资金占用利息、仓储费、保险费以及存货的变质与过期的损失等。储存成本也分为变动性储存成本和固定性储存成本。变动性储存成本与存货的储存数量成正比例关系,存货储存得越多,储存成本越高,如存货资金的应计利息、存货残损和变质损失、存货的保险费用等,因此,它属存货管理决策相关成本;固定性储存成本与存货的储存数量无关,如仓库折旧费、仓库保管员的固定月工资等,因此,它属存货管理决策无关成本。

(四)短缺成本

短缺成本是指由于存货储存不足而给企业造成的经济损失,包括由于材料供应中断造成的停工损失、材料供应中断导致延误而发生的信誉损失和丧失销售机会的损失等。

短缺成本能否作为存货管理决策的相关成本,应取决于企业是否允许存货短缺。若企业允许缺货,则短缺成本属决策相关成本,它与存货数量成反方向变动关系,存货数量越少,短缺成本越高;若企业不允许缺货,则短缺成本属决策无关成本。

四、经济订货量

经济订货量也称经济进货批量,是指一定时期储存成本和订货成本总和最低的采购批量。

通过以上对存货成本分析可知,存货管理决策的相关成本包括变动性订货成本,变动性储存成本和允许缺货时的短缺成本。不同的成本与订货数量之间存在着不同的变动关系。减少

177

订货量,会导致变动性订货成本和短缺成本的上升,变动性储存成本的下降;增加订货量,则会使变动性订货成本和短缺成本下降,但变动性储存成本会上升。所以,这就要求企业协调各成本间的关系,使其相关总成本保持最低水平。经济订货量确定的方法通常有以下三种。

(一)经济订货量基本模式

经济订货量基本模式以下列假设为前提:

(1)企业一定时期内的订货总量可以准确地预测。

(2)存货的耗用或销售比较均衡。

(3)存货的价格稳定,无数量折扣。

(4)不允许出现缺货情况。

(5)存货的订货数量和订货日期完全由企业确定,并且当存货量降为零时,下一批存货均能马上一次到位。

(6)仓储条件和所需资金不受限制。

(7)所需存货市场供应充足。

根据上述前提条件,在经济订货量基本模式下,存货管理相关总成本只包括变动性订货成本和变动性储存成本。即

$$存货管理相关总成本 = 变动性订货成本 + 变动性储存成本$$

基本模式下的经济订货量就是指变动性订货成本和变动性储存成本之和达到最低时的订货数量。

假设: A 为全年存货需求总量, Q 为经济订货数量, F 为每次订货成本, C 为单位存货年储存成本, T 为存货管理相关总成本,则

$$T = \frac{A}{Q} \cdot F + \frac{Q}{2} \cdot C$$

令 T 的一阶导数等于零,可得经济订货量

$$Q = \sqrt{\frac{2AF}{C}}$$

最低存货管理相关总成本

$$T = \sqrt{2AFC}$$

【例7.10】 某公司全年需要甲材料360 000 kg,单位采购成本为100元,每次订货成本为200元,每件年储存成本为4元,计算其经济订货批量,最低存货管理总成本。

解 经济订货批量

$$Q = \sqrt{2AF \div C} = \sqrt{2 \times 360\,000 \times 200 \div 4} = 6\,000(\text{kg})$$

最低存货管理总成本

$$T = \sqrt{2AFC} = \sqrt{2 \times 360\,000 \times 200 \times 4} = 24\,000(元)$$

其中

$$年订货成本 = (360\ 000 \div 6\ 000) \times 200 = 12\ 000(元)$$
$$年储存成本 = (6\ 000 \div 2) \times 4 = 12\ 000(元)$$
$$经济订货量平均占用资金 = (6\ 000 \div 2) \times 100 = 300\ 000(元)$$
$$经济订货次数 = 360\ 000 \div 6\ 000 = 60(次)$$

上述计算表明,当进货批量为 6 000 kg 时,订货成本和采购成本总额最低。

(二)存货数量折扣的经济订货量模式

销售企业为鼓励客户更多地购买商品,往往会给予不同程度的数量折扣,即当客户的一次订货量达到某一数量时,就可能给予价格上的优惠。每次订货量越多,给予的价格优惠越大。在这种情况下,存货的采购成本就成为存货管理决策的相关成本。

在经济订货量基本模式其他各种假设条件均具备的前提下,同时存在数量折扣时的存货管理相关成本可按下式计算

$$存货管理相关总成本 = 采购成本 + 变动性订货成本 + 变动性储存成本$$

即

$$T = A \cdot P + \frac{A}{Q} \cdot F + \frac{Q}{2} \cdot C$$

其中,P 为存货单位采购成本。

存在数量折扣的经济订货量一般按下列步骤进行确定:

第一步,按照存货经济订货量基本模式确定的存货经济订货量,计算存货管理相关总成本。

第二步,按给予数量折扣的经济订货量计算不同折扣下的存货管理相关总成本。

第三步,比较经济订货量基本模式下计算的相关总成本与不同数量折扣下计算的相关总成本,总成本最低的订货量就是经济订货量。

【例 7.11】 实行数量折扣的经济进货批量模式。某企业甲材料的年需要量为 16 000 kg,每千克标准价为 20 元。销售企业规定:客户每批购买量不足 1 000 kg 的,按照标准价格计算;每批购买量 1 000 kg 以上,2 000 kg 以下的,价格优惠 2%;每批购买量 2 000 kg 以上的,价格优惠 3%。已知每批进货费用 600 元,单位材料的年存储成本 30 元。

解 按经济进货批量基本模式确定的经济进货批量为

$$Q = \sqrt{2 \times 16\ 000 \times 600 \div 30} = 800(kg)$$

每次进货 800 kg 时的存货相关总成本为

$$存货相关总成本 = 16\ 000 \times 20 + 16\ 000 \div 800 \times 600 + 800 \div 2 \times 30 = 344\ 000(元)$$

每次进货 1 000 kg 时的存货相关总成本为

$$存货相关总成本 = 16\ 000 \times 20 \times (1 - 2\%) + 16\ 000 \div 1\ 000 \times 600 + $$
$$1\ 000 \div 2 \times 30 = 338\ 200(元)$$

每次进货 2 000 kg 时的存货相关总成本为

存货相关总成本 = 16 000×20×(1−3%) + 16 000÷2 000×600 + 2 000÷2×30 = 345 200(元)

通过比较发现，每次进货为 1 000 kg 时的存货相关总成本最低，所以此时最佳经济进货批量为 1 000 kg。

(三)允许缺货时的经济订货量模式

在企业允许缺货的情况下，短缺成本就属存货管理决策的相关总成本，即

$$相关总成本 = 变动性订货成本 + 变动性储存成本 + 短缺成本$$

该模式下的经济订货量就是能使变动性订货成本、变动性储存成本和短缺成本这三项成本之和最低的订货数量。

假设平均缺货量为 S，单位缺货成本为 R，其他字母含义同上，则

$$Q = \sqrt{\left(\frac{2AF}{C}\right)(C+R) \div R}$$

$$S = Q \cdot C \div (C+R)$$

【例 7.12】 某公司全年需要甲零件 25 000 件，每次订货成本 15 元，单位年储存成本 1 元，单位缺货成本 3 元，计算其经济订货量、平均缺货量和最低存货管理总成本。

解 可得

$$Q = \sqrt{(2 \times 25\,000 \times 15) \div 1 \times (1+3) \div 3} = 1\,000(件)$$

$$S = 1\,000 \times 1 \div (1+3) = 250(件)$$

$$T = 25\,000 \div 1\,000 \times 15 + 1\,000 \div 2 \times 1 + 250 \times 1 = 375 + 500 + 250 = 1\,125(件)$$

其中　　　　　　　平均短缺成本 = 250×1 = 250(元)

五、存货的日常管理

存货的日常管理是指在日常生产经营过程中，以存货计划为依据，对存货的日常使用及周转情况进行组织、协调及监督。

(一)存货的归口分级控制

1. 实行资金的归口管理

根据使用资金和管理资金相结合，物资管理和资金管理相结合的原则，每项资金由哪个部门使用，就归哪个部门管理。各项资金归口管理的分工一般如下：

(1)原材料、燃料、包装物等资金归供应部门管理。

(2)在产品和自制半成品占用的资金归生产部门管理。

(3)产成品资金归销售部门管理。

(4)工具、用具占用的资金归工具部门管理。

(5)修理用备件占用的资金归设备动力部门管理。

2. 实行资金的分级管理

各归口的管理部门要根据具体情况将资金计划指标进行分解,分配给所属单位或个人层层落实,实行分解管理。具体分解过程可按如下方式进行:

(1)原材料资金计划指标可分配给供应计划、材料采购、仓库保管、整理准备各业务组管理。

(2)在产品资金计划指标可分配给各车间、半成品库管理。

(3)成品资金计划指标可分配给销售、仓库保管、成品发运各业务组管理。

(二)ABC 控制法

ABC 控制法是指按照一定的标准将企业的存货划分为 A,B,C 三类,分别实行分品种重点管理、分类别一般控制和按总额灵活掌握的存货管理方法。

大中型企业存货项目都很多,在这些项目中,有的价格昂贵,有的价值低廉;有的数量庞大,有的种类少。如果对每一种存货都进行周密的规划,严格的控制,就抓不住重点,不能有效地控制主要存货资金。ABC 控制法正是针对这一问题而提出来的重点管理方法。运用 ABC 控制法控制存货资金,一般分如下几个步骤:

(1)计算每一种存货在一定时间内(一般为 1 年)的资金占用额。

(2)计算每一种存货资金占用额占全部资金占用额的百分比,并按大小顺序排列,编成表格。

(3)根据事先测定好的标准,把最重要的存货划为 A 类,把一般存货划为 B 类,把不重要的存货划为 C 类,并画图表示出来。

(4)对 A 类存货进行重点规划和控制,对 B 类存货进行次重点管理,对 C 类存货只进行一般管理。

在划分出来的存货类别中,A 类存货种类虽少,但占用的资金多,应集中主要力量管理,对其收发要进行严格管理和控制;C 类存货虽然种类繁多,但占用的资金不多,这类存货的经济订货量可凭经验进行总量管理;B 类存货介于 A 类和 C 类之间,也应给予相当的重视,但不必像 A 类那样进行非常严格的控制,一般管理即可。

第五节　流动负债的管理

流动负债筹资所筹资金的可使用时间较短,一般不超过 1 年。主要用于满足企业流动资金周转的需要,包括生产周转借款、临时借款、结算借款和票据贴现等。一般具有筹资速度快、容易取得、筹资富有弹性、筹资成本较低、筹资风险高等特性。流动负债筹资最主要的形式是短期借款和商业信用。商业信用的具体形式有应付账款、应付票据、预收账款等。

一、短期借款

短期借款,是指企业向银行和其他金融机构借入的期限在一年以内的借款。

(一)短期借款的种类

短期借款主要有生产周转借款、临时借款、结算借款等。按照国际通行做法,短期借款还可依偿还方式的不同,分为一次性偿还借款和分期偿还借款;依利息支付方法的不同,分为收款法借款、贴现法借款和加息法借款;依有无担保,分为抵押借款和信用借款。

(二)短期借款的信用条件

按照国际惯例银行发放短期贷款时,往往涉及以下信用条件。

1. 信贷额度

信贷额度亦即贷款限额,是借款人与银行在协议中规定的允许借款人借款的最高限额。

2. 周转信贷协定

周转信贷协定是银行从法律上承诺向企业提供不超过某一最高限额的贷款协定。在协定的有效期内,只要企业借款总额未超过最高限额,银行必须满足企业任何时候提出的借款要求。企业享有周转协定,通常要对贷款限额的未使用部分付给银行一笔承诺费。

【例7.13】 某企业与银行商定的周转信贷额为3 000万元,承诺费率为0.5%,借款企业年度内使用了2 400万元,余额为600万元。则借款企业应向银行支付承诺费为

$$600 \times 0.5\% = 3(万元)$$

3. 补偿性余额

补偿性余额是银行要求借款人在银行中保持按贷款限额或实际借款额的一定百分比计算的最低存款余额。补偿性余额的要求提高了借款的实际利率。实际利率的计算公式为

$$补偿性余额贷款实际利率 = \frac{名义利率}{1-补偿性余额比率} \times 100\%$$

【例7.14】 某企业按年利率8%向银行借款100万元,银行要求保留20%的补偿性余额。那么,企业实际可以动用的借款只有80万元,该项借款的实际利率为

$$补偿性余额贷款实际利率 = \frac{名义利率}{1-补偿性余额比率} \times 100\% = \frac{8\%}{1-20\%} \times 100\% = 10\%$$

4. 借款抵押

银行向财务风险较大、信誉不好的企业发放贷款,往往需要有抵押品担保,以减少自己蒙受损失的风险。借款的抵押品通常是借款企业的办公楼、厂房等。

(三)短期借款筹资的优缺点

1. 短期借款筹资的优点

(1)筹集速度快。企业获得短期借款所需时间比长期借款要短,因为银行放贷长期借款

前,要对企业进行较全面的调查分析,花费时间较长。

(2)筹资弹性大。短期借款数额及借款时间弹性较大,企业可在需要资金时借入,在资金充裕时还款,便于企业灵活安排。

2. 短期借款筹资的缺点

(1)筹资风险大。短期资金的偿还期短,在筹资数额较大的情况下,如果企业资金调度出现困难,就有可能出现无力按期偿付本金和利息,甚至被迫破产。

(2)与其他短期筹资方式相比,资金成本较高,尤其是在补偿性余额和附加利率情况下,实际利率通常高于名义利率。

二、短期融资券

(一)短期融资券的含义、特征及种类

1. 短期融资券的含义及特征

短期融资券,又称商业票据或短期债券,是由企业发行的无担保短期本票。在我国,短期融资券是指企业依照《短期融资券管理办法》的条件和程序在银行债券市场发行和交易,并约定在一定期限内还本付息的有价证券,是企业筹措短期(1 年以内)资金的直接融资方式。

2. 短期融资券的种类

(1)按发行方式分类,可将短期融资券分为经纪人代销的融资券和直接销售的融资券。

(2)按发行人的不同分类,可将短期融资券分为金融企业的融资券和非金融企业的融资券。

(3)按融资券的发行和流通范围分类,可将短期融资券分为国内融资券和国际融资券。

(二)短期融资券的发行

在我国,短期融资券的发行必须符合《短期融资券管理办法》中规定的发行条件。

短期融资券的发行程序是:①公司做出发行短期融资券的决策;②办理发行短期融资券的信用评级;③向有关审批机构提出发行申请;④审批机关对企业提出的申请进行审查和批准;⑤正式发行短期融资券,取得资金。

【小资料】

1989 年,中国人民银行下发了《关于发行短期融资券有关问题的通知》;2005 年 5 月 23 日,中国人民银行公布并开始实施《短期融资券管理办法》以及《短期融资券承销规程》、《短期融资券信息披露规程》两个配套文件;2008 年 4 月 9 日,中国人民银行公布《银行间债券市场非金融企业债务融资工具管理办法》。

资料引自:中债百科.

(三)短期融资券筹资的优缺点

短期融资券筹资的优点主要有:

(1)短期融资券的筹资成本较低;
(2)短期融资券筹资数额比较大;
(3)发行短期融资券可以提高企业信誉和知名度。

短期融资券筹资的缺点主要有:
(1)发行短期融资券的风险比较大;
(2)发行短期融资券的弹性比较小;
(3)发行短期融资券的条件比较严格。

三、商业信用

(一)商业信用的概念

商业信用是指商品交易中的延期付款或延期交货而形成的借贷关系,它是企业之间的一种直接信用行为,也是企业筹集短期资金的重要方式。

(二)商业信用的形式及现金折扣计算

利用商业信用融资,主要有以下几种形式。

1. 应付账款

应付账款是由赊购商品形成的一种最典型、最常见的商业信用形式。在此种情况下,买卖双方发生商品交易,买方收到商品后不立即支付现金,可延期到一定时间以后付款。在这种条件下,卖方有时为了争取得到提前付款,可给予买方一定的现金折扣,如"2/10,n/30"即表示货款在10天内付清,可以享受货款金额2%的现金折扣;货款在30天内付清(即信用期为30天),则须付全部货款。如买方不享受现金折扣,则必须在一定时期内付清账款。因为丧失现金折扣的机会成本可按下式计算

$$放弃现金折扣的成本 = \frac{CD}{1-CD} \times \frac{360}{N} \times 100\%$$

其中,CD 为现金折扣的百分比;N 为失去现金折扣延期付款天数之差(等于信用期与折扣期)。

【例7.15】 某企业每年向供应商购入200万元的商品,该供应商提供的信用条件为"2/10,n/30",若该企业放弃上述现金折扣条件,则其资金成本计算如下

$$放弃现金折扣的成本 = \frac{2\%}{1-2\%} \times \frac{360}{30-10} \times 100\% = 36.73\%$$

这说明该企业只要从其他途径取得资金所付出的代价低于36.73%时,就应在10天以内把货款付清以取得2%的现金折扣。

2. 预收货款

在这种形式下,卖方要先向买方收取货款,但要延期到一定时期以后交货,这等于卖方向买方先借一笔资金,是另外一种典型的商业信用形式。通常,购买单位对于紧俏商品乐意采用

这种形式,以便顺利获得所需商品。另外,生产周期长、售价高的商品,如轮船、飞机等,生产企业也经常向订货者分次预收货款,以缓解资金占用过多的矛盾。

3. 应付票据

应付票据是企业进行延期付款商品交易时开具的反映债权债务关系的票据。根据承兑人的不同应付汇票可分为商业承兑汇票和银行承兑汇票。应付票据可以带息也可以不带息。其利率一般比银行借款利率低,且不用保持相应的补偿余额和支付协议费,所以筹资成本低于银行借款成本。但是,应付票据到期必须偿还,如若延期将要交付罚金,因此风险较大。

【小资料】

商业信用的使用具有悠久的历史,在欧洲可以追溯到中世纪,在原始的简单交易场所——集贸市场上,商人允许顾客先行得到商品,然后在规定的期限内支付。在中国,赊销作为一种商业信用始于先秦时期,并在宋代得到广泛发展。

资料引自:刘民权,徐忠,赵英涛.商业信用研究综述[J].世界经济,2004,(1).

(三)商业信用融资的优缺点

1. 商业信用融资的优点

(1)筹资便利。利用商业信用筹集资金非常方便,因为商业信用与商品买卖同时进行,属于一种自然性融资,不用做非常正规的安排,也无需另外办理正式筹资手续。

(2)筹资成本低。假如没有现金折扣,或者企业不放弃现金折扣,以及使用不带息应付票据和采用预收货款,则企业采用商业信用筹资没有实际成本。

(3)限制条件少。与其他筹资方式相比,商业信用筹资限制条件较少,选择余地较大,条件比较优越。

2. 商业信用融资的缺点

(1)期限较短。采用商业信用筹集资金,期限一般都很短,假如企业要取得现金折扣,期限则更短。

(2)筹资数额较小。采用商业信用筹资一般只能筹集小额资金,而不能筹集大量的资金。

(3)有时成本较高。假如企业放弃现金折扣,必须付出非常高的资金成本。

四、流动负债的特点

(一)流动负债的优点

流动负债的优点主要有:第一,流动负债的资金成本比长期负债的资金成本低,可以为企业带来更大的财务杠杆利益;第二,流动负债筹资比长期负债筹资更容易;第三,流动负债筹资方式方法多种多样,企业的可选择性更强。

（二）流动负债的缺点

流动负债的缺点主要有：第一，企业必须经常面临偿债的压力，财务负担重、风险大；第二，资金用途受到的限制多，不能随意利用，灵活性较差；第三，资金调度的难度大，要求有较高的财务技巧。

本章小结

1. 营运资金是指流动资产减去流动负债后的余额。企业持有营运资金数量越大，所受风险越小，但收益率却会越低；反之，持有营运资金数量越小，所受风险越大，但收益率却会越高。因此，这就要求企业必须在风险和收益率之间进行权衡。企业的流动资产通常有流动性、短期性、并存性、继起性和波动性等特点；而流动负债则具有速度快、弹性大、成本低和筹资风险大等特点。

2. 对营运资金的管理主要包括对现金、应收账款、存货和流动负债的管理。现金管理包括最佳现金持有量的确定和现金的日常管理。应收账款的管理主要是制定包括信用标准、信用条件和收账政策三方面内容的信用政策及应收账款的日常管理。存货管理包括确定经济订货量和存货的日常管理。流动负债的管理主要包括短期借款、短期融资券和商业信用等日常管理。

复习思考题

1. 企业现金管理的目标和持有现金的动机是什么？
2. 如何确定最佳现金持有量？
3. 如何进行现金的日常管理？
4. 应收账款的功能和成本有哪些？
5. 如何确定应收账款的信用政策？
6. 什么是存货？存货的作用和成本有哪些？
7. 如何确定经济订货量？
8. 存货的日常管理的内容有哪些？
9. 流动负债的筹资形式有哪些？

【案例分析】

思美时装公司应收账款的管理

思美时装公司近年来采取较宽松的信用政策，因而销售量有所增加，但坏账损失也随之上升。近3年损益状况见下表。公司变动成本率为65%，资金成本率（有价证券利息率）为20%。公司收账政策不变，固定成本总额不变。

信用条件方案表

单位:万元

项　目	第1年($n/30$)	第2年($n/60$)	第3年($n/90$)
年赊销额	2 400	2 640	2 800
坏账损失	48	79.2	140
收账费用	24	40	56

注:公司采用按年赊销额百分比法估计坏账损失。

问题:

(1)公司采用宽松的信用政策是否成功?

(2)如果第3年,为了加速应收账款的收回,决定将赊销条件改为"$2/10,1/20,n/60$",估计约有60%的客户(按赊销额计算)会利用2%的折扣;15%的客户利用1%的折扣。坏账损失降为2%,收账费用降为30万元。信用条件变化后收益情况会如何?

第八章
Chapter 8

收益分配管理

【学习要点及目标】

通过本章的学习,了解收益分配的基本原则和顺序,理解影响股利政策的因素和股利支付的方式,在熟练掌握各种基本的股利政策要点的基础上,灵活制定适宜的股利政策,理解股票的分割与回购的相关概念。

【导入案例】

FPL 为美国佛罗里达州最大、全美第四大信誉良好的电力公司。长期以来,FPL 公司经营利润一直稳定增长,经营现金流稳定,负债比率较低,资信等级长期维持在 A 级以上,公司现金红利支付率一直在 75% 以上,每股现金红利稳中有升,这种情况延续了 47 年。即使在亏损的 1990 年,每股仍然派发现金红利 \$2.34。1993 年,现金红利支付率达到 107.39%(当年电力行业上市公司平均现金红利支付率为 80%),是一个典型的价值型公司。

1994 年,面对电力市场日益加剧的竞争环境,FPL 公司决定继续采用扩张战略,并制定了未来 5 年 39 亿的投资计划。但公司感到需要减少非投资方面的现金流出,增强财务能力和流动性,保持 A 级以上的资信等级,降低财务风险,增加留存收益和内部融资能力。而公司近期的发展并不能立即大幅度提升每股收益,继续维持高的现金红利支付率的经营压力很大。为以积极主动的态度来应对日益变化的竞争环境,保证公司长远发展目标,1994 年 5 月初,FPL 公司考虑在其季报中宣布削减 30% 的现金红利,此举可以使公司减少 1.5 亿美元的现金支出,尽管相对于公司未来五年 39 亿美元的资本支出计划来说,这笔钱似乎杯水车薪,但有助于增强公司减轻今后的经营压力,增加股利政策方面的灵活性,使现金红利在今后几年中有较大的上升空间,但大幅度削减现金红利不可避免导致公司股票价格大幅下跌,动摇投资者的信心,进而影响公司与既有的稳定投资者的关系。那么 FPL 该何去何从呢?

第一节 收益分配概述

一、收益分配的基本原则

收益分配是财务管理的重要内容,有广义和狭义之分。广义的收益分配是指对企业收入和利润进行分配的过程;狭义的收益分配是指对企业净利润的分配。收益分配关系着国家、企业、职工及所有者各方面的利益,是一项政策性较强的工作,必须严格按照国家的法规和制度执行。收益分配的结果形成了国家的所得税收入、投资者的投资报酬和企业的留用利润等不同的项目,其中企业的留用利润是指盈余公积金和未分配利润。由于税法的强制性和严肃性,缴纳税款是企业必须履行的义务。由此可以看出,财务管理中的收益分配,是指狭义的收益分配概念。

收益分配是一项十分重要的工作,它不仅影响企业的筹资和投资决策,而且涉及国家、企业、投资者、职工等多方面的利益关系,涉及企业长远利益与近期利益、整体利益与局部利益等关系的处理与协调。为合理组织企业财务活动和正确处理财务关系,企业在进行收益分配时应遵循以下原则。

(一)依法分配原则

企业的收益分配必须依法进行,这是正确处理各方面利益关系的关键。为规范企业的收益分配行为,国家制定和颁布了若干法规。这些法规规定了企业收益分配的基本要求、一般程序和重大比例,企业应认真执行,不得违反。

(二)兼顾各方利益原则

企业的净利润归投资者所有,是企业的基本制度,也是企业所有者投资于企业的根本动力所在。但企业的利润离不开全体职工的辛勤工作,职工作为利润的直接创造者,除应获得工资及奖金等劳动报酬外,还应当以适当方式参与净利润的分配,提取公益金用于职工集体福利设施的购建。可见,企业进行收益分配时,应统筹兼顾,合理安排,维护投资者、企业与职工三者的合法权益。

(三)分配与积累并重原则

企业进行收益分配,应正确处理好长远利益和近期利益的辩证关系,将两者有机结合起来,坚持分配与积累并重的原则。考虑未来发展需要,企业除按规定提取法定盈余公积金以外,可适当留存一部分利润作为积累。这部分留存收益虽暂时未予以分配,但仍归企业所有者所有。而且,这部分积累不仅为企业扩大再生产筹措了资金,同时也增强了企业抵抗风险的能力,提高了企业经营的安全系数和稳定性,有利于增加所有者的回报。通过正确处理分配和积累的关系,留存一部分利润以供未来分配之需,还可以达到以丰补歉、平抑收益分配数额波动、稳定投资报酬率的效果。

(四) 投资与收益对等原则

企业分配收益应当体现"谁投资、谁受益"的原则，受益大小应与投资比例相适应，即投资与受益对等原则，这是正确处理投资者利益的关键。投资者因其投资行为而享有收益权，并且其投资收益应同其投资比例对等。这就要求企业在向投资者分配利润时，应本着平等一致的原则，按照各方投入资本的多少来进行，绝不允许发生任何一方随意多分多占的现象，从根本上保护投资者的利益，鼓励投资者投资的积极性。

二、收益分配的程序

收益分配程序是指企业根据适用法律、法规或规定，对企业一定期间实现的净利润进行分派必须经过的步骤。根据我国《公司法》的规定，公司收益分配涉及的项目包括盈余公积和股利两部分。公司税后收益分配的程序如下。

(一) 弥补企业以前年度亏损

以前年度亏损是指超过用所得税前的利润弥补亏损后的法定期限后，仍未弥补的亏损。公司的法定公积金不足以弥补以前年度亏损的，在提取法定公积金之前，应当先用当年利润弥补亏损。

(二) 提取法定盈余公积金

根据《公司法》的规定，法定盈余公积金是按税后利润，扣除提取法定盈余公积金之前的各收益分配项目后的余额的10%计提的，若企业累积的法定盈余公积金已达到注册资本的50%时，可不再提取。

(三) 提取任意盈余公积金

根据《公司法》的规定，公司在提取法定盈余公积金之后，按企业章程或股东会议决议，可以从税后利润中提取任意盈余公积金。

法定盈余公积金和任意盈余公积金是从净利润中提取形成，用于弥补公司亏损、扩大公司生产经营或者转增公司资本。

(四) 向股东(投资者)分配股利(利润)

根据《公司法》的规定，企业弥补亏损和提取公积金后所余税后利润，可以向股东（投资者）分配股利（利润）。其中，有限责任公司股东按照实缴的出资比例分取红利，全体股东约定不按照出资比例分取红利的除外；股份有限公司按照股东持有的股份比例分配股利，公司章程规定不按持股比例分配的除外。

根据《公司法》的规定，股东会、股东大会或董事会违反相关规定，在公司弥补亏损和提取法定公积金之前向股东分配利润的，股东必须将违反规定分配的利润退还公司。另外，公司持有的本公司股份不得分配利润。

> 【小资料】
> 违法分配股利必须承担的法律后果:(1)如果股东大会分配利润的决议违法,债权人可向法院申请宣告股东大会决议无效。(2)如果公司无盈利,但董事会支付"虚构股利"时,提出和赞成违法分配利润方案的董事应负法律责任。(3)接受违法分配的股东应当退还不当得利。(4)公司违法分配股利致使第三人遭受损害时,公司应对此承担赔偿责任。我国公司法还规定,股东会、股东大会或董事会违反规定,在公司弥补亏损和提取法定公积金前向股东分配利润的,股东必须将违反规定分配的利润退还公司。公司持有的本公司股份不得分配。
> 资料引自:财政部会计资格评价中心.经济法[M].北京:中国财政经济出版社,2009.

第二节 股利理论和企业价值

股利政策本质的问题是正确处理公司税后利润在股利派发与公司留存之间的关系。公司的税后利润主要有两个用途,或是作为股利发放给股东,或是留存于公司进行再投资。但是无论对税后利润如何分配处理,税后利润均属于普通股股东的财富。处理好两者之间关系的基本准则是:是否符合公司财务管理目标——公司价值最大化。

在股利政策是否影响公司股票价格的认识上,西方财务理论界存在着两大流派——股利无关论和股利相关论。在对股利理论的研究中,财务学家们从不同角度开展研究,各自形成有一定影响的理论,从而为公司股利支付模式的选取提供了理论指导。

一、股利相关论和企业价值

股利相关论认为公司的股利政策与股票价格密切相关。股利相关论认为,当期的股利支付可以解除投资者心中的不确定性,投资者对股利收益和资本利得有不同的偏好。股东更喜欢股利,都或多或少地厌恶风险。由于股利是定期的、确定的报酬,而未来的资本收益则缺乏确定性,未来资本收益的价值低于股利收益。股利支付可以使公司股东按较低的普通股权益报酬率对公司的未来盈利进行折现,从而使公司的价值得到提高。相反,不发放股利或降低股利支付率,用增加留存收益的方法进行再投资,以获得更多未来的资本收益,却会增大投资者的不确定性,使普通股的折现率上升,公司价值下降。所以,为了使资金成本最低、公司价值最大,公司应维持高股利支付率的股利政策。

公司股利政策与股票的价格密切相关,这是股利相关论的基本观点。从这一基本观点出发,按照对股利政策与股票价格相关的不同解释,又形成了以下几种各具特色的理论。

(一)"一鸟在手"理论

该理论认为,留存收益再投资而带来的资本利得的不确定性,高于股利支付的不确定性,所以投资者偏好股利而非资本利得。也就是说,投资者愿意以较高的价格购买能够支付较多股利的股票。这样,股利政策也就会对股票价格产生实质性的影响。由于股利的风险小于资本利得的风险,根据这一理论进行股利决策,公司应该维持高股利支付率,并提供较高的股利收益率给投资者。

(二)信息传播理论

长期以来,在美国,有些人士已经观察到,每当公司提高每股股利的发放时,其股票价格通常会跟着上涨,而每股股利减少,则会导致股票价格的下降。这样得出一个结论,投资人较喜欢股利,而不喜欢资本利得。通过股利的增加,可以传达给投资者这样一个信号:管理当局预期公司未来盈余将会改善;而股利的减少则传达给投资人的信号是,公司未来盈余较目前的盈余差。从而形成了股利相关论的另一个观点——信息传播理论。

信息传播理论认为,公司分配股利时,这种行为实际上是向投资者传达公司收益情况的信息。如果公司改变过去一贯的股利政策,就意味着公司管理者向投资者发出未来收益的信号,股利的提高表明公司创造未来现金的能力增强,公司股票便会受到投资者的欢迎;反之,则表明公司创造未来现金的能力减弱,投资者便会抛售股票。股利的支付以某种方式将这种信息传递给股东,这种方式非常可信。那些前景不利并缺乏足够现金流量的公司,不仅无力模仿那些前景有利的公司以支撑股利的发放,而且也不应当通过股利传递关于未来利润的错误信号。否则,会使投资者出现错误的判断。一旦市场意识到被愚弄,公司的股票价格必然大幅跌落,从而损害公司的市场价值以至于被低估。因此,在外部投资者看来,具有持续的股利支付能力的公司基本上都是拥有良好业绩和未来前景的公司。由于经理人与投资人处于以信息不对称为特征的环境下,即公司管理者比外部投资者更多地了解公司当前利润的真实状况。公司现金股利的支付起到了把信息从公司内部可靠地传递给股东的作用。市场或外部投资者一般会通过公司所披露的,有关当前利润及分配信息的评价,对未来的预期利润进行评估。这样必然会影响股票市场的走向,从而对公司的价值产生直接的影响。如果某公司在过去较长时期内,始终保持一个稳定的股利支付率,而现在突然发生改变,投资者势必对公司的管理政策、付现能力以及未来的获利前景做出判断,并相应引起股票价格以及公司市场价值的波动。因此,信息传播理论得出结论:对于股利的变动,股票市场会做出相应的反应,在以信息不对称为特征的市场中,股利可以传达相关的信息。

(三)所得税差异理论

在股利无关论中,由于假设不存在所得税,那么公司应该保留收益,股东要取得投资收益,应该从股票价值产生的资本利得中获得。因此,在没有税收的情况下,投资者对公司的收益全部作为留存还是全部作为股利支付并不关心。但是,如果对股利收入征收个人所得税,那么留存与支付股利的无关性就消失了。这样,就出现了股利相关论的另一个观点——所得税差异论。

所得税差异论认为,由于各国的税法中,资本利得的所得税率低于股利的所得税率。投资者为了避免缴纳较高税率的股利所得税,往往喜欢公司少支付股利,而将较多的留存收益保留下来,用于再投资,以期提高股票的价值,把股利转化为资本利得。因此,股利政策与公司价值也有相关性,而且税负对股利政策的影响是反向的。

根据这种观点,如果股利的所得税率比资本利得的所得税率高,则投资人可能喜欢公司少付股利,而将较多的盈余保留下来作为再投资。为了获取较高的预期资本利得,投资人将愿意接受较低的普通股必要报酬率。只有采取低股利和推迟股利支付的政策,才能使公司价值达到最大。即便是资本利得与股利的所得税率相同,资本利得也要比现金股利获得更多的实惠。因为资本利得的所得税是在资本利得实现时候才会征税,延期交税事实上降低了这些税负的价值,因此公司留存收益会更有利。当公司将盈余留存下来而不是支付股利时,实际上给予了股东一种有价值的时间选择权。

二、股利无关论和企业价值

股利无关论认为公司股利政策不会对公司股票价格或资金成本产生任何影响。股利无关论的基本观点是:①公司的市场价值取决于公司的获利能力,而公司具体如何分配实现的盈利,与公司的市场价值没有直接的联系。②公司的盈利和公司的市场价值的增加与否,完全由投资收益所决定,在公司投资决策既定的条件下,公司的股利政策不会产生任何影响的结果。即公司盈利是用于派发股利还是留存公司用于再投资,两者并无差别。③在完整资本市场中理性投资者的股息收入与资本增值两者之间并不存在区别。因此,公司的股利决策中不存在最佳股利政策的问题,无论什么样的股利政策对公司的市场价值都不会造成任何影响。

股利无关论是建立在一些基本假设上的。其基本假设为:①存在一个完整的资本市场,在这一完整的资本市场中,市场具有强效率性,所有投资者都是理性投资人。信息可以免费获得,没有交易成本和发行成本存在。各种证券无限分散,任何投资者都无法大得足以影响这些证券的价格。②不存在个人或公司所得税,即资本利得与股利之间没有所得税差异。③公司的投资政策和股利政策彼此独立,公司有一既定不变的投资政策。这意味着新投资项目的外部筹资不会改变公司经营风险,因而也不会改变普通股权益收益率。④每一个投资者对未来投资机会和公司利润都能正确地预测。即各个投资者都有把握预计未来股票价格和股利。⑤股东对股利收入与资本利得之间没有明显的偏好。

股利无关论认为,公司税后利润用于派发股利还是留存公司,两者并无差别。因为实现税后利润已经反映在股票的市场价格之上。当公司做出投资决策后,面临着一个选择,是将税后利润留存下来用于再投资,还是以股利的形式发给股东,并发行新股票筹措所需资金,以满足投资项目的需求。如果公司决定将税后利润留存下来用于再投资,那么现有的股东可以卖掉手中的股票,从而将他们置于与公司支付股利相同的境地。如果公司选择支付股利,那么公司必须发行新股票筹资。这样就存在股利发放和外部筹资之间的套利过程。股利支付使股票市场价格上升，而发行新股票会使股票市场价格下降，这两种效应相互抵消。结果是，每股市价等于股利支付前的每股市价。股东们会处于股利没有被支付的相同情况。因此，无论公司股利政策如何，由于股东对资本利得和股利收益具有无偏好性，股东财富也就不会受公司现在与未来的股利政策所影响。公司价值完全取决于公司未来的盈利能力而并非股利政策，从而公司股利政策不会影响公司股票的市场价值。

第三节　股利分配政策

在我国，无论股权结构还是市场健全程度均与西方国家有很大的差别。我国上市公司的控股股东存在利用现金股利转移公司现金的倾向，而社会公众股则偏好发放股票股利，公司管理者也愿意发放股票股利。另外，我国的股票市场尚处于非有效阶段，股价严重偏离公司业绩，股票市场的优化资源配置功能还不明显，公司管理者缺乏对投资者揭示私有信息的动机，股利政策传递信号的机制还不健全。

因此，股利政策在我国的应用，应该针对我国的实际情况制定，上市公司必须考虑影响股利政策制定的各种因素，以确定符合公司各方面利益的股利政策。

一、制约股利政策的因素

股利政策是指公司在支付股利方面所采取的方针政策。股利政策涉及公司对其收益进行分配或是留存，还是再投资的决策问题，它不仅影响企业未来的发展，同时也影响股票的市场价格。因此，公司在制定股利政策时，既要兼顾公司未来发展对资金的需求，又要兼顾股东对本期收益的要求。

公司股利政策的形成主要受法律、股东、公司等几方面因素的制约。

（一）法律因素

为了保护债权人和股东的利益，国家有关法规如《公司法》对企业收益分配予以一定的硬性限制。这些限制主要体现为以下几个方面。

1. 资本保全约束

资本保全是企业财务管理应遵循的一项重要原则。它要求企业发放的股利或投资分红不得来源于原始投资或股本，而只能来源于企业当期利润或留存收益。其目的是为了防止企业任意减少资本结构中所有者权益或股东权益的比例，以维护债权人的利益。

2. 资本积累约束

它要求企业在分配收益时，必须按一定的比例和基数提取各种公积金。另外，它要求在具体的分配政策上，贯彻"无利不分"原则，即当企业出现年度亏损时，一般不得分配利润。

3. 偿债能力约束

偿债能力是企业按时足额偿付各种到期债务的能力。对股份公司而言，当其支付现金股利后会影响公司偿还债务和正常经营时,公司发放现金股利的数额就要受到限制。

4. 超额累积利润约束

对于股份公司而言,由于投资者接受股利缴纳的所得税要高于股票交易的资本利得所缴纳的税金,因此许多公司通过累计利润使股价上涨的方式来帮助股东避税。西方许多国家都注意到这一点,并在法律上明确规定公司不得超额累积利润,一旦公司留存收益超过法律认可的水平,将被加征额外税款。我国法律目前对此尚未作出规定。

(二)股东因素

股东出于自身利益考虑,可能对公司的收益分配提出限制、稳定或提高股利发放率等不同意见。其内容主要包括以下四方面。

1. 控制权考虑

公司股利支付率高,就会导致留存收益减少,公司未来靠发行新股来筹集资金的可能性加大,而发行新股意味着公司控制权有旁落他人或其他公司的可能。因此,在原股东追加投资较少时,可考虑多留少分的股利政策。

2. 避税考虑

一些高收入的股东出于避税考虑,往往要求限制股利的支付,而较多地保留盈余,以便从股价上涨中获利。

3. 稳定收入考虑

一些股东往往靠定期的股利维持生活,他们要求公司支付稳定的股利,反对公司留存较多的利润。

4. 规避风险考虑

在某些股东看来,通过增加留存收益引起股价上涨而获得的资本利得是有风险的,而目前所得股利是确定的,即便是现在较少的股利,也强于未来较多但是存在较大风险的资本利得,因此他们往往要求较多地支付股利。

(三)公司因素

公司出于长期发展和短期经营的考虑,需要综合考虑以下因素,并最终制定出可行的分配政策。这些因素包括以下几方面。

1. 公司举债能力

具有较强举债能力的企业,由于能够及时地筹措到所需资金,有可能采用较为宽松的股利政策;而举债能力弱的企业则不得不保留盈余,因而采用较紧的股利政策。

2. 未来投资机会

当企业未来有较好的投资机会,企业的经营者会将收益用于再投资,减少用于分配的收益金额;当企业缺乏良好的投资机会,保留大量的盈余,造成资金的闲置,可适当增大分红数额。

3. 盈余稳定状况

盈余相对稳定企业有可能支付较高的股利,而盈余不稳定的企业一般采用低股利政策。

因为盈余不稳定的企业,低股利政策可以减少因盈余下降而造成的股利无法支付、股价急剧下降的风险,还可将更多的盈余用于投资,以提高企业的权益资本比重,减少财务风险。

4. 资产流动状况

由于股利代表现金流出,企业的现金状况和资产流动性越好,支付股利的能力就越强;如果企业的资产流动性较差,即使收益可观,也不宜分配过多的现金股利。

5. 筹资成本

与增发普通股相比,保留盈余不需花费实际筹资费用,其资本成本较低,是一种比较经济的筹资渠道。

6. 企业经营的其他考虑

当企业有较多的债务要偿还时,应减少现金流出,可考虑多留少分;当企业有可转换债券要转换时,可考虑多分少留,用多发股利的方式刺激股价上涨,达到尽快转换的目的;在反收购和反兼并中,为促使股价上涨,导致并购不易成功,也可考虑多分少留。

(四)其他因素

1. 债务合同限制

企业的债务合同,特别是长期债务合同,往往有限制企业现金支付的条款,以保护债权人的利益。

2. 通货膨胀

通货膨胀会使货币的购买力降低,固定资产重置资金来源不足,此时企业不得不留用一定的利润,以弥补其不足。

二、股利政策的选择

股利政策受多种因素的影响,同时因股利政策的不同,也会对公司股票价格产生不同的影响。因此,对于股份公司来说,制定一个正确合理的股利政策是非常重要的,股利政策有以下几种类型。

(一)剩余股利政策

剩余股利政策认为企业的盈余首先用于满足盈利性投资项目的资金需要,在满足其需要后,若还有剩余,公司才能将剩余部分作为股利发给股东。采用剩余股利政策时,一般遵循以下几个步骤:

(1)根据公司的投资计划确定公司最佳资本预算;

(2)根据公司目标资本结构及最佳资本预算,预计公司资金需求中所需要的权益资本数额;

(3)尽可能用留存收益来满足资金需求中所需增加的股东权益数额;

(4)留存收益在满足公司股东权益增加需求后,若有剩余再用来发放股利。

【例8.1】 正鑫公司上年净利润2 000万元,今年年初公司讨论股利分配的数额。预计今年需要增加投资资本2 200万元,公司资本结构为权益资本与债务资本的比例关系为60：40,公司管理层认为当前资本结构为最优结构。公司采用剩余股利政策,计算公司可分配的股利数额。

解

$$利润留存 = 2\,200 \times 60\% = 1\,320(万元)$$
$$股利分配 = 2\,000 - 1\,320 = 680(万元)$$

剩余股利政策的优点是:留存收益优先保证再投资的需要,从而有助于降低再投资的资金成本,保持最佳的资本结构,实现企业价值的长期最大化。其缺点是:如果完全遵照执行剩余股利政策,股利发放额就会每年随投资机会和盈利水平的波动而波动;不利于投资者安排收入和支出,也不利于公司树立良好的形象,该政策一般适用于公司初创阶段。

(二)固定或稳定增长股利政策

固定或稳定增长股利政策是指公司将每年派发的股利额固定在某一特定水平或是在此基础上维持某一固定比率逐年稳定增长。

固定或稳定增长股利政策的优点是:有利于公司在资本市场上树立良好的公司形象、增强投资者信心,进而有利于稳定公司股价;有利于吸引那些打算作长期投资的股东,以便其安排各种经常性的消费和其他支出。

固定或稳定增长股利政策的缺点是:公司股利的支付与公司盈余相脱节,造成投资风险与收益不对称;当公司盈利较低时仍要支付较高的股利,容易引起公司资金短缺和财务状况恶化。

(三)固定股利支付率政策

固定股利支付率政策是指公司将每年净收益的某一固定百分比作为股利分派给股东。这一百分比通常称为股利支付率,股利支付率一经确定,一般不得随意变更。固定股利支付率越高,公司留存的净收益越少。在这一股利政策下,只要公司的税后利润一经计算确定,所派发的股利也就相应确定了。

固定股利支付率政策的优点是:使股利与企业盈利紧密结合,体现多盈多分、少盈少分、不盈不分的股利分配原则;由于公司的盈利能力在年度间是经常变动的,因此每年的股利也应随着公司收益的变动而变动,保持分配与留存收益间的一定比例关系,体现了投资风险与投资收益的对等。

固定股利支付率政策的缺点是:传递信息容易成为公司的不利因素。即由于股利波动容易使外界产生对公司经营不稳定的印象;容易使公司面临较大的财务压力;公司每年按固定比例从净利润中支付股利,缺乏财务弹性;合适的固定股利支付率的确定难度较大。

固定股利支付率股利政策只能适用于那些处于稳定发展且公司财务状况较稳定的公司。

（四）低正常股利加额外股利政策

低正常股利加额外股利政策是公司事先设定的一个较低的正常股利额，每年除了按正常股利额向股东发放现金股利外，还在公司盈利情况较好、资金较为充裕的年度向股东发放高于每年度正常股利的额外股利。

低正常股利加额外股利政策的优点是：低正常股利加额外股利政策赋予公司一定的灵活性，使公司在股利发放上留有余地和具有较大的财务弹性；低正常股利加额外股利政策有助于稳定股价，增强投资者信心。

低正常股利加额外股利政策的缺点是：由于年份之间公司的盈利波动使得额外股利不断变化，容易给投资者以公司收益不稳定的感觉；如果公司较长时期一直发放额外股利，股东就会误认这是正常股利，一旦取消，极易造成公司"财务状况"逆转的负面影响，股价下跌在所难免。

低正常股利加额外股利政策适用于那些盈利水平随经济周期波动较大的公司或行业。

三、股利支付

（一）股利支付方式

常见的股利支付方式有以下四种。

1. 现金股利

现金股利是指以现金支付的股利，是股利支付的最常见的形式，许多现金充足的企业往往采用这一形式发放普通股股利。发放现金股利的多少主要取决于企业的股利政策和经营业绩。发放现金股利时，企业除需要有足够的可供分配的保留盈余外，还需要有足够的现金，尤其是股利支付日的现金状况。当企业的现金吃紧时，企业为了保证应付意外情况，通常不愿意承受大的财务风险而运用现金支付巨额的股利。

2. 股票股利

股票股利是公司以增发的股票方式支付的股利，通常也称为"红股"。股票股利并不直接增加股东的财富，也不会发生现金流出企业，它相当于原有股东对公司的再投资。因此这种股利支付方式不会减少公司股东权益的账面价值，只会引起股东权益各项目的结构发生变化，如股本增加，未分配利润减少。

3. 财产股利

财产股利是以现金以外的其他资产支付的股利，主要是以公司所拥有的其他公司的有价证券，如公司债券、公司股票等，作为股利支付给股东。

4. 负债股利

负债股利是公司以负债支付的股利，通常以公司的应付票据支付给股东，有时也以发行公司债券的方式支付股利的。

财产股利和负债股利实际上是现金股利的替代。这两种股利方式目前在我国公司实务中很少使用,但并非法律所禁止。

(二)股利支付程序

公司向股东支付股利,要经历一定的程序。这一程序主要包括股利宣告日、股权登记日、除息日和股利支付日等重要日期。

1. 股利宣告日

股利宣告日是公司董事会将股利分配方案予以公告的日期。公司的股利分配一般由董事会提出预案,经股东大会讨论通过后,登记正式对外公告。公告中将宣布每股支付的股利、股权登记日、除息日和股利支付日。

2. 股权登记日

股权登记日是有权领取本次股利的股东资格登记截止日期。只有在股权登记日或之前在公司股东名册上有名的股东,才有权分享本次股利。

3. 除息日

除息日是除去股利的日期。在除息日当天或以后购买股票者将无权领取最近一次股利。

4. 股利支付日

股利支付日是将股利正式发放给股东的日期。公司在这一天开始的几天内,签发每一股应得股利数额的支票寄给股东。在我国,上市公司支付给股东的股息、红利,在支付日这天自动转入股东账户。

第四节 股票分割与股票回购

一、股票分割

(一)股票分割的含义

股票分割又称拆股,是将一股股票拆分成多股股票的行为。例如,将原来的每股股份分成3股,则每股的面额缩小为原来的 $\frac{1}{3}$,但股本总额不变。

股票分割后,可以使发行在外的股数增加,而每股面额降低,每股股份代表的账面价值降低,从而使每股收益下降;但企业资本结构不变,总额及其各项目的金额、比例不会发生变化。这与发放股票股利既有相同之处,又有不同之处。

对于公司来讲,实行股票分割的主要目的在于通过增加股票股数来降低每股市价,从而吸引更多的投资者。对于股东来讲,股票分割后各股东持有的股数增加,但持股比例和持有股票的总价值不变。如果股票分割后的每股现金股利的下降幅度小于股票分割幅度,股东仍能多获现金股利,同时股票分割向社会传递了有利信息和降低了的股价,可能招致购买该股票的人的增加,反使其价格上升,进而增加股东财富。

【例8.2】 某公司现有股本1 000万股(每股面值为10元),资本公积20 000万元,留存收益70 000万元,股票市价为每股20元。试比较该公司按100%发放股票股利(10送10)及按1∶2进行股票分割对公司股东权益的影响,如表8.1所示。

表8.1 股票股利和股票分割

普通股股东权益	原来	股票分割 (1∶2)	股票股利 (100%分配)
股本	10 000万元 (1 000万股×每股面值10元)	10 000万元 (2 000万股×每股面值5元)	20 000万元 (2 000万股×每股面值10元)
资本公积	20 000万元	20 000万元	30 000万元
留存收益	70 000万元	70 000万元	50 000万元
股东权益	100 000万元	100 000万元	100 000万元

由表8.1的数据中可以看出,股票分割后公司股东权益各项目的金额以及总额并未发生变化,所不同的只是股数增加和每股面值下降,而发放股票股利,虽然股东权益总额不变,但各项目的金额发生了相应的变动,留存收益减少的金额增加了股本和资本公积。

(二)股票分割的作用

(1)有利于促进股票流通和交易。

采用股票分割可使公司股票每股市价降低,有利于促进股票流通和交易。

(2)有助于公司并购政策的实施,增加对被并购方的吸引力。

【例8.3】 假设有A,B两公司,A公司每股股票市价为60元,B公司每股股票市价为6元,A公司准备通过股票交换的方式对B公司实施并购,如果以A公司1股股票换取B公司10股股票,可能会使B公司的股东在心理上难以承受;相反,如果A公司先进行股票分割,将原来的1股股票拆为5股,然后再以1∶2的比例换取B公司股票,则B公司的股东在心理上会容易接受些。因此,通过股票分割的办法改变被并购公司股东的心理差异,更有利于公司并购方案的实施。

(3)股票分割可以为公司发行新股做准备。

公司股票价格太高,会使许多投资者不敢轻易对公司股票进行投资。在新股发行之前,利用股票分割降低股票价格,可以促进新股发行。

(4)有利于增强投资者对公司的信心。

股票分割可向股票市场和广大投资者传递公司业绩好、利润高、增长潜力大的信息,从而能提高投资者对公司的信心。

(5)股票分割带来的股票流通性的提高和股东数量的增加,会在一定程度上加大对公司股票恶意收购的难度。

二、股票回购

(一) 股票回购的含义及方式

股票回购是指上市公司出资将其发行的流通在外的股票以一定的价格买回来予以注销或作为库存股的一种资本运作方式。股票回购包括公开市场回购、要约回购和协议回购三种方式。

1. 公开市场回购

公开市场回购是指在股票的公开交易市场上,以等同于任何潜在投资者的地位,按照公司股票当前市场价格回购股票。这种方式的缺点是在公开交易市场上回购股票时很容易推高股价,增加回购成本。

2. 要约回购

要约回购是指公司在特定期间向市场发出的以高出股票当前市场价格的某一价格,回购既定数量股票的要约。这种方式对所有股东来说,向公司出售其所持有股票的机会是均等的。

3. 协议回购

协议回购是指公司以协议价格直接向一个或几个主要股东回购股票。在卖方首先提出的前提下,协议价格一般低于当前股票的市场价格。

(二) 股票回购的动机

在证券市场上,股票回购的动机主要有以下几点。

1. 替代现金股利

对公司来讲,派发现金股利会对公司未来产生派现的压力,而股票回购属于非正常股利政策,不会对公司未来产生派现压力。对股东来讲,需要现金的股东可以选择出售股票,不需要现金的股东可以继续持有股票。因此,当公司资金富余,又不希望以派现方式进行分配时,股票回购可以替代现金股利。

2. 改善企业的资本结构

当企业管理当局认为权益资本在整个企业的资本结构中的比重过大,负债对权益比例过小时,就有可能利用留存收益或通过举债去回购企业发行在外的普通股,由此提高资产负债率,使资本结构趋于合理。

3. 满足认股权的行使

在企业发行可转换债券、认股权证或出台高层管理员股票期权计划及员工持股计划,而又不想发行新股稀释每股净收益,降低每股市价时,可采用股票回购的办法。

4. 满足企业兼并和收购的需要

在企业兼并和收购过程中,产权交换的支付方式无非是用非现金购买和以股票换取股票两种形式,如果企业有库藏股票,可以使用企业本身的库藏股交换兼并企业的股票,由此减少或消除因企业兼并而带来的每股盈利的稀释效应。

在企业回购股票之前，信息的披露非常重要，企业必须告诉股东自己的真正意思，不得隐瞒任何信息。没有适当的信息披露，出售股票的股东可能会受到损害，这被认为是不道德的，会对公司的信誉带来消极影响。

(三)股票回购的影响

股票回购对上市公司经营造成的影响有：

(1)股票回购需要大量资金支付回购的成本，易造成资金紧缺，资产流动性差，影响公司发展后劲。上市公司进行股票回购首先必须以资金实力为前提，如果公司负债率较高，再举债进行回购，将使公司资产流动性劣化，巨大的偿债压力，会进一步影响公司正常的生产经营和发展后劲。

(2)股票回购可能使公司的发起人股东更注重创业利润的兑现，而忽视公司长远的发展，损害公司的根本利益。

(3)股票回购容易导致内幕操纵股价。股份公司拥有本公司最准确、最及时的信息，如果允许上市公司回购本公司股票，易导致其利用内幕消息进行炒作，使大批普通投资者蒙受损失，甚至有可能出现借回购之名，进行炒作本公司股票的违法行为。

(4)股票回购对于公司来说，无异于股东退股和减少公司资本，在一定程度上削弱了对债权人的利益的保障。

本章小结

1. 收益分配主要是确定企业实现的净利润如何分给投资者和用于再投资两方面。企业在进行收益分配时应遵循依法分配原则、兼顾各方面利益原则、分配与积累并重原则和投资与收益对等原则。收益分配应按一定的顺序进行。

2. 股利政策应考虑的因素有：法律因素、股东因素、公司因素和其他因素。公司常用的股利政策主要有剩余股利政策、固定股利政策、固定股利支付率政策和低正常股利加额外股利政策。股利支付方式主要有现金股利、股票股利、财产股利和负债股利。

3. 股票分割与股票回购是两个既有区别、又有联系的概念，两者对所有者权益总额各个项目构成的影响不同，但在实践中对股利又有相似的影响。

复习思考题

1. 收益分配应遵循哪些基本原则？
2. 股利支付有哪几种方式？分别是什么？
3. 影响股利政策的因素有哪些？
4. 股利政策的基本类型有哪些？
5. 发放股票股利对公司和股东有何意义？
6. 简述股票分割与股票回购的异同？

【案例分析】

资料1：

北方一家大型的钢铁公司业绩一直很稳定,其盈余的长期成长率为12%,2007年该公司的税后利润为1 000万元,当年发放股利250万元。2008年该公司面临一次投资机会,需投资900万元,预计投资后,公司盈利可达到1 200万元,2009年以后公司仍会恢复12%的增长率。公司目标资本结构为负债:权益=4∶5。现在公司面临股利分配政策的选择,可供选择的股利分配政策有剩余股利政策、固定股利政策、固定股利支付率政策。

要求:若你是该公司的会计师,请你计算2007年公司实行不同股利政策时的股利水平,并比较不同的股利政策,作出你认为正确的选择。

资料2：

大正公司是一家上市公司,其年终收益分配前的股东权益项目中,股本(普通股)总额为400万元(每股面值2元,总计200万股);资本公积为160万元;未分配利润为840万元,所有者权益合计1 400万元,公司的股票每股现行市价32元。现公司拟出两个股利分配方案:(1)发放股票股利,计划按每10股送1股的比例发放,股票股利的金额按现行市价计算;(2)进行股票分割,按1股换2股的比例进行。

问题:通过计算这两个方案对股东权益总额和各项目的影响,比较两个方案的不同点和相同点。

第九章 Chapter 9

财务预算

【学习要点及目标】

通过本章的学习,使学生理解财务预算的含义与作用;掌握财务预算编制的步骤、现金预算的编制基础与方法;熟悉预计财务报表的编制方法;了解全面预算。

【导入案例】

苏州新苏纶纺织有限公司(简称"新苏纶")是一个传统的纺织企业,市场相对稳定,整个企业处于稳步发展阶段。由于市场份额相对稳定,在这一时期,采用扩大销售的方法来提高企业的利润不是非常有效,因此,提高企业利润的重心就放在加强成本费用的管理上,而成本费用管理的第一步就是进行预算管理。那么,新苏纶采用以成本费用为中心的预算管理模式,应对企业的哪些方面进行管理呢?

第一节 财务预算概述

一、财务预算的含义与作用

（一）财务预算的含义

财务预算是一系列专门反映企业未来一定预算期内预计财务状况和经营成果,以及现金收支等价值指标的各种预算的总称,主要内容包括现金预算和预计财务报表。

财务预算是全面预算的一部分,它和其他预算是联系在一起的,整个全面预算是一个数字相互衔接的整体。

(二)财务预算的作用

一般认为,企业预算的作用主要表现在以下四个方面。

1. 综合配置资源

企业管理的重要特征之一就是将各种不同的企业资源,通过内部化来节约交易成本,优化配置资产结构,从而发挥规模经营效益。

2. 协调管理

企业管理的跨度很大,信息的利用与控制功能的加强,需要通过一个机制来强化管理的协调,而预算无疑将成为这样的机制。预算管理是一种制度化的程序,它通过制度的运行来替代管理,是一种制度管理而不是人的管理。

3. 调动全员参与

预算管理不是单一部门或单一个人的管理行为,预算管理过程涉及企业的各个部门及所有员工,能够调动全面的积极性。从管理实践看预算确实能够调动全方位的积极性,将企业管理作为人人自发的一种管理。

4. 提供战略支持

企业管理最为核心的是财务战略管理,具有前瞻性特征。预算管理从本质上是对未来的一种管理,它通过规划未来的发展来指导现在的实践,因而具有战略性。战略支持最充分体现在预算的动态性上,它通过滚动预算和弹性预算形式,将未来置于现实之中。

二、全面预算体系

(一)全面预算的内容

全面预算是由一系列预算构成的体系,各项预算之间相互联系,关系比较复杂,很难用一个简单的办法准确描述。图9.1是一个简化了的例子,反映了各预算之间的主要联系。

企业应根据长期市场预测和生产能力编制长期销售预算,以此为基础,确定本年度的销售预算,并根据企业财力确定资本支出预算。销售预算是年度预算的编制起点,根据"以销定产"的原则确定生产预算,同时确定所需要的销售费用。生产预算的编制,除了考虑计划销售量外,还要考虑现有存货和年末存货。根据生产预算来确定直接材料、直接人工和制造费用预算。产品成本预算和现金预算是有关预算的汇总。利润表预算和资产负债表预算是全部预算的综合。

全面预算按其涉及的预算期分为长期预算和短期预算;按其涉及的内容分为总预算和专门预算;按其涉及的业务活动领域分为销售预算、生产预算和财务预算。

(二)全面预算的作用

企业预算是各级各部门工作的奋斗目标、协调工具、控制标准、考核依据,在经营管理中发挥着重大作用。

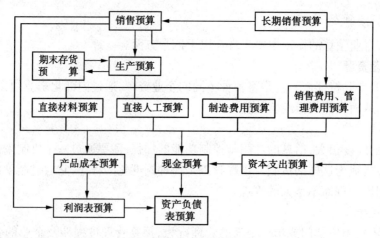

图 9.1　全面预算

　　企业的目标是多重的,不能用唯一的数量指标来表达。企业的主要目标是盈利,但也要考虑社会的其他限制。因此,需要通过预算分门别类、有层次地表达企业的各种目标。企业的总目标,通过预算被分解成各级各部门的具体目标。它们根据预算安排各自的活动,如果各级各部门都完成了自己的具体目标,企业的总目标也就有了保障。预算中规定了企业一定时期的总目标以及各级各部门的子目标,可以动员全体职工为此而奋斗。

　　企业内部各级各部门必须协调一致,才能最大限度地实现企业的总目标。各级各部门因其职责不同,往往会出现互相冲突的现象。例如,企业的销售、生产、财务等各部门可以分别编出对自己来说是最好的计划,而该计划在其他部门不一定能行得通。销售部门根据市场预测,提出一个庞大的销售计划,生产部门可能没有那么大的生产能力;生产部门可以编制一个充分发挥生产能力的计划,但销售部门却可能无力将这些产品推销出去;销售和生产部门都认为应当扩大生产能力,财务部门可能认为无法筹集到必要的资金。企业预算运用货币度量来表达,具有高度的综合性,经过综合平衡以后可以体现解决各级各部门冲突的最佳办法,可以使各级各部门的工作在此基础上协调起来。

　　计划一经确定,就进入了实施阶段,管理工作的重心转入控制过程,即设法使经济活动按计划进行。控制过程包括经济活动的状态的计量、实际状态和标准的比较、两者差异的确定和分析,以及采取措施调整经济活动等。预算是控制经济活动的依据和衡量其合理性的标准,当实际状态和预算有了较大差异时,要查明原因并采取措施。

　　现代化生产是许多共同劳动的过程,不能没有责任制度,而有效的责任制度离不开对工作成绩的考核。通过考核,对每个人的工作进行评价,并据此实行奖惩和人事任免,可以促使人们更好地工作。考核与不考核是大不一样的。当管理人员知道将根据他们的工作实绩来评价其能力并实行奖惩时,他们将会更努力地工作。超过上年或历史最好水平,只能说明有所进步,而不说明这种进步已经达到了应有的程度。由于客观条件的变化,收入减少或成本增加并不一定是管理人员失职造成的,很难依据历史变化趋势说明工作的好坏。当然,考核时也不能只看预算是否被完全执行了,某些偏差可能是有利的,如增加推销费用可能对企业总体有利;反之,年终突击花钱,虽未超过预算,但也不是一种好的现象。

为使预算发挥上述作用,除了要编制一个高质量的预算外,还应制定合理的预算管理制度,包括编制程序、修改预算的办法、预算执行情况的分析方法、调查和奖惩办法等。

(三)全面预算的编制程序

企业预算的编制,涉及经营管理的各个部门,只有执行人参与预算的编制,才能使预算成为其努力完成的目标。企业预算编制程序如下:

(1)企业决策机构根据长期规划,利用本量利分析等工具,提出企业一定时期的总目标,并下达规划指标。

(2)最基层成本控制人员自行草编预算,使预算能较为可靠、较为符合实际。

(3)各部门汇总部门预算,并初步协调本部门预算,编制出销售、生产、财务等预算。

(4)预算委员会审查、平衡各预算,汇总出公司的总预算。

(5)经过总经理批准,审议机构通过或者驳回修改预算。

(6)主要预算指标报告给董事会或上级主管单位,讨论通过或者驳回修改。

(7)批准后的预算下达给各部门执行。

> 【小资料】
> 财务预算的职能部门一般包括:总裁、财务总监、财务部、审计部、人力资源部。

第二节 财务预算的编制方法

一、固定预算和弹性预算

编制预算的方法按其业务量基础的数量特征不同,可分为固定预算的方法和弹性预算的方法两大类。

(一)概念

1. 固定预算

固定预算又称静态预算,是指在编制预算时,只根据预算期内正常的、可实现的某一固定业务量(如生产量、销售量)水平作为唯一基础来编制预算的一种方法。显然,一旦预计业务量与实际业务量水平相差甚远时,必然导致有关成本费用及利润的实际水平与预算水平因基础不同而失去可比性,不利于开展控制和考核。

2. 弹性预算

弹性预算亦称变动预算,是以业务量、成本和利润之间的依存关系为依据,以预算期内可预见的各种业务量水平为基础,编制能够适应多种情况预算的一种方法。弹性预算的基本原理是,将成本费用按照成本习性划分为固定成本和变动成本两大部分,编制弹性预算时,对固定成本不予调整,只对变动成本进行调整。弹性预算能随着业务量的变动而变动,使预算执行情况的评价和考核建立在更加客观可比的基础上,可以充分发挥预算在管理中的控制作用。

(二)弹性预算的编制

编制弹性预算的基本步骤是:选择业务量的计量单位;确定适用的业务量范围;逐项研究并确定各项成本和业务量之间的数量关系;计算各项预算成本,并用一定的方式来表达。

编制弹性预算,要选用一个最能代表本部门生产经营活动水平的业务量计量单位。例如,以手工操作为主的车间,就应选用人工工时;制造单一产品或零件的部门,可以选用实物数量;制造多种产品或零件的部门,可以选用人工工时或机器工时;修理部门可以选用直接修理工时等。

弹性预算的业务量范围,视企业或部门的业务量变化情况而定,务必使实际业务量不至于超出确定的范围。一般来说,可定在正常生产能力的70%～110%之间,或以历史上最高业务量和最低业务量为其上下限。从理论上讲,弹性预算适用于与业务量有关的各种预算,但从实用角度,主要用于编制弹性成本预算和弹性利润预算等。

1. 弹性成本预算的编制

弹性成本预算的编制方法有多种,本书主要介绍列表法和公式法两种。

(1)列表法。采用列表法,首先要在确定的业务量范围内,划分出若干个不同水平,然后分别计算各项预算成本,汇总列入一个预算表格。表9.1就是一个用列表法表达的弹性预算。在这个预算中,业务量的间隔为10%,这个间隔可以更大些,也可以更小些。间隔较大,水平级别就少一些,可简化编制工作,但太大了就会失去弹性预算的优点;间隔较小,用以控制成本较为准确,但会增加编制的工作量。

列表法的优点是:不管实际业务量是多少,不必经过计算即可找到与业务量相近的预算成本,用以控制成本比较方便;混合成本中的阶梯成本和曲线成本,可按其性态计算填列,不必用数学方法修正为近似的直线成本。但是,运用列表法弹性预算评价和考核实际成本时,往往需要使用插补法来计算"实际业务量的预算成本",比较麻烦。

【例9.1】 某公司直接人工工时的有效变动范围及制造费用各项目 a 和 b 值的资料如表9.1所示。根据资料采用列表法推算出按10%为业务量间距时,该公司2004年制造费用预算数额如表9.1所示。

表9.1 某公司2004年制造费用弹性预算

单位:元

直接人工工时	1 400	1 600	1 800	2 000	2 200
生产能力利用	70%	80%	90%	100%	110%
1. 变动成本项目	77 000	88 000	99 000	110 000	121 000
燃油	7 000	8 000	9 000	10 000	11 000
辅助工人工资	70 000	80 000	90 000	100 000	110 000
2. 混合成本项目	476 400	510 800	545 200	579 600	614 000
辅助材料	131 000	134 000	137 000	140 000	143 000
维修费	237 200	266 000	294 800	323 600	352 400
检验员工资	44 200	44 800	45 400	46 000	46 600
水费	6 400	66 000	68 000	700 000	72 000
3. 固定成本项目	858 000	858 000	858 000	858 000	858 000
管理人员工资	310 000	310 000	310 000	310 000	310 000
保险费	280 000	280 000	280 000	280 000	280 000
设备租金	268 000	268 000	268 000	268 000	268 000
制造费用预算数	1 411 400	1 456 800	1 502 200	1 547 600	1 593 000

　　(2)公式法。因为任何成本都可用公式"$y=a+bx$"来近似地表示,所以只要在预算中列示a(固定成本)和b(单位变动成本),便可随时利用公式计算任一业务量(x)的预算成本(y)。表9.2是一个公式法的弹性预算,其数据资料与前述列表法一样,只是表达方式不同。公式法的优点是便于计算任何业务量的预算成本。但是,阶梯成本和曲线成本只能用数学方法修正为直线,以使用"$y=a+bx$"公式来表示。必要时,还需要在"备注"中说明不同的业务量范围内,应该采用的不同的固定成本金额和单位变动成本金额。

　　【例9.2】 某公司生产甲产品,2008年7～12月份发生的制造费用(维修费)如表9.2所示。要求采用高低点法将制造费用(维修费)分解为固定成本和变动成本。

表9.2 某公司甲产品产量和制造费用(维修费)资料(2008年7～12月份)

时间 项目	7月	8月	9月	10月	11月	12月
产量 x/件	100	150	200	250	300	350
维修费 y/元	50 000	57 000	65 000	73 000	80 000	86 000

　　根据上述资料,产销(业务)量的低点为100件,对应的成本为50 000元;高点为350件,对应的成本为86 000元。所以

$$b=\frac{y_{高}-y_{低}}{x_{高}-x_{低}}=\frac{86\ 000-50\ 000}{350-100}=144(元/件)$$

$$a=y_{低}-bx_{低}=50\ 000-144\times100=35\ 600(元)$$

或

$$b=y_{高}-bx_{高}=86\ 000-144\times350=35\ 600(元)$$

2. 弹性利润预算的编制

编制弹性利润预算能够反映不同销售业务量条件下相应的预算利润水平。常见的方法有因素法和百分比法。

(1) 因素法。因素法根据影响利润的有关因素与收入成本的关系,列表反映这些因素分别变动时相应的预算利润水平。

【例9.3】 某企业预计2008年A产品单位变动成本80元,固定成本6 000元。当年生产的产品当年销售,销售业务量的有效变动范围为280～440件。同一销售业务量下其售价分别为120元和130元。要求采用因素法推算出按5%为业务量间隔时,甲企业2008年A产品利润预算数额,如表9.3所示。

表9.3 2008年某企业A产品弹性利润预算

单位:万元

销售量/件	280		400		440	
售价	120	130	120	130	120	130
销售收入	33 600	36 400	48 000	52 000	52 800	57 200
变动成本	22 400	22 400	32 000	32 000	35 200	35 200
固定成本	6 000	6 000	6 000	6 000	6 000	6 000
利润总额	5 200	8 000	10 000	14 000	11 600	16 000

以销售量280件,售价120元为例,有

2008年A产品利润预算数额 = 销售收入 - 预计销售量×单位变动成本预算数 - 固定成本预算数 = 33 600 - 280×80 - 6 000 = 5 200(元)

因素法主要适用于单一品种经营的企业,多种品种经营的企业通常采用百分比法编制弹性利润预算。

(2) 百分比法。百分比法是按不同项目占销售额的百分比,列表反映在销售业务量的有效变动范围内,不同销售收入百分比相应的预算利润水平。百分比法必须假定固定成本不变,变动成本随着销售收入变动百分比而同比例变动。

【例9.4】 乙企业2007年利润表及各项目占销售额的百分比如表9.4所示。根据表9.4的资料采用百分比法编制乙企业2008年销售利润弹性预算如表9.5所示。

表9.4 乙企业2007年实际利润表

项 目	金额/万元	占销售百分比/%
销售收入	500	100
变动成本	390	78
固定成本	70	14
利润总额	40	8

表9.5　乙企业2008年弹性利润预算

收入百分比	70%	80%		100%	110%
销售收入/万元	350	400	…	500	550
变动成本/万元	273	312	…	390	429
固定成本/万元	70	70	…	70	70
利润总额/万元	7	18	…	40	51

以销售收入百分比70%为例,有

2008年利润预算数额=2007年销售收入×70%×(1-78%)-2007年固定成本=
500×70%×(1-78%)-70=7(万元)

二、增量预算和零基预算

编制成本费用预算的方法按其出发点的特征不同,可分为增量预算的方法和零基预算的方法两大类。

(一)概念

1. 增量预算

增量(或减量)预算是在基期成本费用水平的基础上,结合预算期业务量水平及有关降低成本费用的措施,通过调整有关原有成本费用项目而编制的预算。

增量预算方法的缺点是:①受原有费用项目限制,可能导致保护落后;②滋长预算中的"平均主义"和"简单化";③不利于企业未来发展。

2. 零基预算

零基预算亦称零底预算,是增量(或减量)预算的对称,是以零为基础编制的预算。零基预算的基本原理是,编制预算时一切从零开始,从实际需要与可能出发,像对待决策项目一样,逐项审议各项成本费用开支是否必要合理,进行综合平衡后确定各种成本费用项目的预算数额。零基预算方法打破传统的编制预算观念,不再以历史资料为基础进行调整,而是一切以零为基础。编制预算时,首先要确定各个费用项目是否应该存在,然后按项目的轻重缓急,安排企业的费用预算。

零基预算的优点是:不受已有费用项目和开支水平的限制;能够调动各方面降低费用的积极性,有助于企业的发展。其缺点是:工作量大,重点不突出,编制时间较长。

此法特别适用于产出量较难认的服务性部门费用预算的编制。

(二)零基预算的编制

1. 零基预算的编制程序

(1)确定预算单位。预算单位有时称为"基本预算单位",也可以定义为主要的基本建设项目、专项工作任务,或者是主要项目。在实践中,通常由高层管理者来确定哪一级机构部门或项目为预算单位。

（2）提出相应费用预算方案。预算单位针对企业在预算年度的总体目标以及由此确定的各预算单位的具体目标和业务活动水平，提出相应的费用预算方案，并说明每一项费用开支的理由与数额。

（3）进行成本和效益分析。按"成本-效益分析"方法比较每一项费用及相应的效益，评价每项费用开支计划的重要程度，区分不可避免成本与可延缓成本。

（4）决定预算项目资金分配方案。将预算期可动用的资金在预算单位内各项目之间进行分配，对不可避免成本项目优先安排资金，对可延缓成本项目根据可动用资金情况，按轻重缓急、收益大小分配资金。

（5）编制明细费用预算。预算单位经协调后具体规定有关指标，逐项下达费用预算。

2. 零基预算的编制举例

【例9.5】 丙公司采用零基预算编制2008年销售及管理费用预算。第一步，由销售及管理部门的全体职工，根据预算期全公司的总目标和本部门的具体目标，进行反复讨论，提出预算期可能发生的一些费用项目及金额，如表9.6所示。第二步，将广告费和业务招待费根据历史资料进行"成本-效益"分析，作出评价。其结果如下：广告费：投入成本1元，可获收益20元；业务招待费：投入成本1元，可获收益30元。至于差旅费、培训费、房屋租金、办公费，经研究列入不可避免成本费用项目，应全额得到保证。

表9.6 2008年丙公司可能发生的费用项目及金额

单位：元

项　目	金　额	项　目	金　额
广告费	2 600	业务招待费	3 000
差旅费	1 400	房屋租金	3 000
培训费	1 000	办公费	2 000

第三步，假定丙公司在预算期内可用于销售及管理费用的资金为10 000元，则该部门分配资金时首先满足差旅费、培训费、房屋租金、办公费等四项不可避免成本费用支出，共计7 400元（3 000+2 000+1 400+1 000），剩余2 600元（10 000-7 400），按其收益大小在广告费和业务招待费之间进行分配，即

$$费用分配率 = 2\ 600 \div (20+30) = 52$$

$$广告费用项目可分配的资金 = 20 \times 52 = 1\ 040（元）$$

$$招待费用项目可分配的资金 = 30 \times 52 = 1\ 560（元）$$

第四步，编制零基预算表，如表9.7所示。

表9.7 2008年丙公司销售及管理费用零基预算

单位：元

项　目	房屋租金	办公费	差旅费	培训费	招待费	广告费	合　计
预算额	3 000	2 000	1 400	1 000	1 560	1 040	10 000

由此可见,零基预算不受基期费用水平的束缚,不仅能使预算单位负责人重视预算的编制工作,而且能充分发挥预算单位全体职工的工作积极性,挖掘内在潜力,增强预算的应用能力;同时,零基预算有利于有效地分配资源。但是零基预算工作量大,所需时间和所付代价较高。另外,费用项目成本效益的计算也缺乏客观依据。

三、定期预算与滚动预算

编制预算的方法按其预算期的时间特征不同,可分为定期预算的方法和滚动预算的方法两大类。

(一)定期预算

1. 概念

定期预算的方法简称定期预算,是指在编制预算时以不变的会计期间(如日历年度)作为预算期的一种编制预算的方法。

2. 特点

定期预算的优点是能够使预算期间与会计年度相配合,便于考核和评价预算的执行结果。其缺点是:第一,盲目性。由于定期预算往往是在年初甚至提前两三个月编制的,预测的数据与实际发生有时出现较大差距。给预算的执行带来很多困难,不利于对生产经营活动的考核与评价。第二,滞后性。由于定期预算不能随情况的变化及时调整,当预算中所规划的各种经营活动在预算期内发生重大变化时(如预算期临时中途转产),就会造成预算滞后过时,使之成为虚假预算。第三,间断性。由于受预算期间的限制,致使经营管理者们的决策视野局限于本期规划的经营活动,通常不考虑下期。因此,按固定预算方法编制的预算不能适应连续不断的经营过程,从而不利于企业的长远发展。为了克服定期预算的缺点,在实践中可采用滚动预算的方法编制预算。

(二)滚动预算

1. 概念

滚动预算又称连续预算或永续预算,是指在编制预算时,将预算期与会计年度脱离开,随着预算的执行不断延伸补充预算,逐期向后滚动,使预算期永远保持为12个月的一种方法。

2. 特点

(1)透明度高。由于编制预算不再是预算年度开始之前几月的事情,而是实现了与日常管理的紧密衔接,可以使管理人始终能够从动态的角度把握住企业近期的规划目标和远期的战略布局,使预算具有较高的透明度。

(2)及时性强。由于滚动预算能根据前期预算的执行情况结合各种因素的变动影响,及时调整和修订近期预算,从而使预算更加切合实际,能够充分发挥预算的指导和控制作用。

(3)连续性、完整性和稳定性突出。由于滚动预算在时间上不再受日历年度的限制,能够连续不断地规划未来的经营活动,不会造成预算的人为间断,同时可以使企业管理人员了解未来 12 个月内企业的总体规划与近期预算目标,能够确保企业管理工作的完整性与稳定性。

3. 编制方式

滚动预算按其预算编制和滚动的时间单位不同可分为逐月滚动、逐季滚动和混合滚动三种方式。

(1) 逐月滚动方式

逐月滚动方式是指在预算编制过程中,以月份为预算的编制和滚动单位,每个月调整一次预算的方法。

如在 2009 年 1 月至 12 月的预算执行过程中,需要在 1 月份末根据当月预算的执行情况,修订 2 月至 12 月的预算,同时补充 2010 年 1 月份的预算;2 月份末根据当月预算的执行情况,修订 3 月至 2010 年 1 月的预算,同时补充 2010 年 2 月份的预算;……;以此类推。逐月滚动编制的预算比较精确,但工作量太大。

(2) 逐季滚动方式

逐季滚动是指在预算编制过程中,以季度为预算的编制和滚动单位,每个季度调整一次预算的方法。如在 2009 年第 1 季度至第 4 季度的预算执行过程中,需要在第 1 季末根据当季预算的执行情况,修订第 2 季度至第 4 季度的预算,同时补充 2010 年第 1 季度的预算;第 2 季度末根据当季预算的执行情况,修订第 3 季度至 2010 年第 1 季度的预算,同时补充 2010 年第 2 季度的预算;……;以此类推。逐季滚动编制的预算比逐月滚动的工作量小,但预算精度较差。

(3) 混合滚动方式

混合滚动方式是指在预算编制过程中,同时使用月份和季度作为预算的编制和滚动单位的方法。这种方式的理论根据是:人们对近期的预计把握较大,对远期的预计把握较小的特征。如对 2009 年 1 月份至 3 月份的头 3 个月逐月编制详细预算,其余 4 月份至 12 月份分别按季度编制粗略预算;3 月末根据季度预算的执行情况,编制 4 月份至第 6 月份的详细预算,并订第 3 至第 4 季度的预算,同时补充 2010 年第 1 季度的预算;6 月末根据当季预算的执行情况,编制 7 月份至 9 月份的详细预算,并修订第 4 季度至 2010 年第 1 季度的预算,同时补充 2010 年第 2 季度的预算;……;以此类推。

【小资料】

上海大众汽车有限公司(以下简称"上海大众")是中德合资的轿车生产企业。中德双方投资比例各为 50%,合资期限为 45 年。自 1985 年成立起,上海大众就引进了德国大众的全面预算管理系统,经过多年的探索与实践,形成了有上海大众特色的预算管理模式——连续滚动预算,即以一定的时间长度为周期进行不断滚动的预算管理:以中期计划为基础,年度预算、月度预算为实施手段,并以月度预测进行控制,全面系统地反映企业的财务经营状况。所谓中期计划,是指以 5 年为一个周期进行不断滚动的公司预算。

资料引自:上海大众滚动预算的编制——郭永清.

第三节 日常业务预算与特种决策预算

一、日常业务预算

日常业务预算是指与企业日常经营活动直接相关的经营业务的各种预算。具体包括销售预算、生产预算、直接材料消耗及采购预算、直接工资及其他直接支出预算、制造费用预算、产品生产成本预算、经营及管理费用预算等,这些预算前后衔接,相互钩稽,既有实物量指标,又有价值量和时间量指标。下面分别介绍各项预算,以及它们如何为编制现金预算准备数据。

(一)销售预算

销售预算是整个预算的编制起点,其他预算的编制都以销售预算作为基础。表9.8是M公司的销售预算。

表9.8　销售预算

单位:元

项　目	第一季度	第二季度	第三季度	第四季度	全年合计
预计销售量/件	100	150	200	180	630
预计单位售价	200	200	200	200	200
销售收入	20 000	30 000	40 000	36 000	126 000
预计现金收入					
上年应收账款	6 200				6 200
第一季度现销售入	12 000	8 000			20 000
第二季度现销售入		18 000	12 000		30 000
第三季度现销售入			24 000	16 000	40 000
第四季度现销售入				21 600	21 600
现金收入合计	18 200	26 000	36 000	37 600	117 800

(二)生产预算

生产预算是为规划预算期生产规模而编制的一种业务预算。它是在销售预算的基础上编制的,并可以为下一步编制成本费用预算提供依据。编制生产预算的主要依据是预算期各种产品的预计销售量及存货量资料。具体计算公式为

预计生产量=预计销售量+预计期末存货量−预计期初存货量

由于预计销售量可以直接从销售预算中查到,预计期初量等于上季期末存货量,因此,编制生产预算的关键是正确确定各季预计期末存货量。在实践中,可按事先估计的期末占一定时期销售量的比例进行估算,当然还要考虑季节性影响。表9.9是M公司的生产预算。

215

表9.9　生产预算

单位:件

项目	第一季度	第二季度	第三季度	第四季度	全年合计
预计销售量	100	150	200	180	630
预计期末存货量	15	20	18	20	20
预计期初存货量	10	15	20	18	10
预计生产量	105	155	198	182	640

(三) 直接材料预算

直接材料预算,是以生产预算为基础编制的,涉及的有关公式如下:

(1) 某期某种产品所消耗某材料的数量 = 该产品当期生产量 × 该产品耗用该材料消耗定额。

(2) 某期某直接材料总耗用量 = Σ 当期某产品所耗该材料的数量。

(3) 某期某种材料采购量 = 该材料当期总耗用量 + 该材料期末存货量 − 该材料期初存货量。

(4) 某期某种材料采购成本 = 该材料单价 × 该材料当期采购量。

(5) 预算期直接材料采购总成本 = Σ 当期各种材料采购成本。

表9.10是M公司直接材料预算。

表9.10　直接材料预算

单位:kg

项目	第一季度	第二季度	第三季度	第四季度	全年合计
预计生产量/件	105	155	198	182	640
单位产品材料用量	10	10	10	10	10
生产需用量	1 050	1 550	1 980	1 820	6 400
加:预计期末存量	310	396	364	400	400
减:预计期初存量	300	310	396	364	300
预计采购量	1 060	1 636	1 948	1 856	6 500
单价/元	5	5	5	5	5
预计采购金额/元	5 300	8 180	9 740	9 280	32 500
预计现金支出					
上年应付账款	2 350				2 350
第一季度采购支出	2 650	2 650			5 300
第二季度采购支出		4 090	4 090		8 180
第三季度采购支出			4 870	4 870	9 740
第四季度采购支出				4 640	4 640
现金支出合计	5 000	6 740	8 960	9 510	30 210

(四) 直接人工预算

直接人工预算也是以生产预算为基础编制的。由于人工费是以现金支付的,所以不需要另行预计现金支出,可直接参加现金预算的汇总。表 9.11 是 M 公司直接人工预算。

表 9.11 直接人工预算

项　目	第一季度	第二季度	第三季度	第四季度	全年合计
预计产量/件	105	155	198	182	640
单位产品工时/h	10	10	10	10	10
总工时/h	1 050	1 550	1 980	1 820	6 400
每小时人工成本/元	2	2	2	2	2
总人工成本/元	2 100	3 100	3 960	3 640	12 800

(五) 制造费用预算

制造费用预算是指用于规划出直接材料和直接人工预算以外的其他一切生产费用的一种业务预算。通常分为变动制造费用和固定制造费用两部分。变动制造费用以生产预算为依据来编制;固定制造费用通常与本期产量无关,按实际需要预计。表 9.12 是 M 公司制造费用预算。

表 9.12 制造费用预算

单位:元

项　目	第一季度	第二季度	第三季度	第四季度	全年合计
变动制造费用:					
间接人工	105	155	198	182	640
间接材料	105	155	198	182	640
修理费	210	310	396	364	1 280
水电费	105	155	198	182	640
小计	525	775	990	910	3 200
固定制造费用:					
修理费	500	640	400	400	1 940
折旧	1 000	1 000	1 000	1 000	4 000
管理人员工资	200	200	200	200	800
设备租金	500	500	500	500	2 000
其他税费	175	185	210	290	860
小计	2 375	2 525	2 310	2 390	9 600
合计	2 900	3 300	3 300	3 300	12 800
现金支出	1 900	2 300	2 300	2 300	8 800

根据上表计算出

$$变动制造费用分配率 = \frac{3\ 200}{6\ 400} = 0.5(元/h)$$

$$固定制造费用分配率 = \frac{9\ 600}{6\ 400} = 1.5(元/h)$$

(六)产品成本预算

产品成本预算是生产预算、直接材料预算、直接人工预算、制造费用预算的汇总。其主要内容是产品的单位成本和总成本。单位产品成本的有关数据,来自前述直接材料预算、直接人工预算、制造费用预算。生产量、期末存货量来自生产预算,销售量来自销售预算。生产成本、存货成本和销货成本等数据,根据单位成本和有关数据计算得出。表9.13 是 M 公司产品成本预算。

表9.13　产品成本预算

单位:万元

项目	单位成本			生产成本 (640 件)	期末存货 (20 件)	销货成本 (630 件)
	单位/元	单　耗	成本/元			
直接材料	5	10 kg	50	32 000	1 000	31 500
直接人工	2	10 h	20	12 800	400	12 600
变动制造费用	0.5	10 h	5	3 200	100	3 150
固定制造费用	1.5	10 h	15	9 600	300	9 450
合计			90	57 600	1 800	56 700

(七)销售及管理费用预算

销售费用预算,是指为了实现销售预算所需支付的费用预算。它以销售预算为基础,分析销售收入、销售利润和销售费用的关系,力求实现销售费用的最有效使用。

编制管理费用预算主要分析企业的业务成绩和一般经济状况,务必做到费用合理化。管理费用多属于固定成本,一般是以过去的实际开支为基础,按预算期的可预见变化来调整。重点考察每种费用是否必要,以便提高费用效率。表9.14 是 M 公司销售及管理费用预算。

表9.14　销售及管理费用预算

单位:元

费用项目	全年预算	费用项目	全年预算
1.销售人员工资	2 000	5.管理人员薪金	4 000
2.广告费	5 500	6.福利费	800
3.包装、运输费	3 000	7.保险费	600
4.保管费	2 700	8.办公费	1 400
		全年费用合计	20 000
		每季度现金支出	5 000

二、特种决策预算

特种决策预算是对实际中选的方案的进一步规划,是最能直接体现决策的结果。包括短期决策预算和长期决策预算两类。前者往往被纳入业务预算体系,如零部件取得方式决策方案一旦确定,就要相应调整材料采购或生产成本预算;后者又称资本支出预算,往往涉及长期建设项目的资金投放与筹措等,并经常跨年度,因此除个别项目外一般不纳入业务预算,但应计入与此有关的现金收支预算与预计资产负债表。其编制依据可追溯到决策之前搜集到的有关资料,只不过预算比决策估算更细致、更精确。表 9.12 中有一项设备租金费用2 000元/每年属于长期决策,该项决策预算被纳入制造费用预算。

【小资料】
20 世纪80 年代以来,在新公共管理(NPM)运动的推动下,包括美国、澳大利亚、新西兰、德国、英国等在内的经济合作与发展组织(OECD)国家先后推动了大规模的预算改革。改革的主线是将投入基础的年度预算转向绩效基础的多年期预算。这一改革过程中出现了3 个趋势:许多国家已经引进绩效预算技术;将中央政府主导型的预算转向各部门主导型的预算;在预算资源分配上引进了中期预算框架(MTBF)。

资料引自:http://www.sina.com.cn.

第四节 现金预算与预计的财务报表

一、现金预算

现金预算包括现金收入、现金支出、现金多余或不足的计算,以及不足部分的筹措方案和多余部分的利用方案等。它可以分开编成短期现金收支预算和短期信贷预算两个预算,也可以合在一起编成一个预算。现金预算实际上是其他预算有关现金收支部分的汇总。以及收支差额平衡措施的具体计划。它的编制,要以其他各项预算为基础,或者说其他预算在编制时要为现金预算做好数据准备。

"现金收入"部分包括期初现金余额和预算期现金收入。"期初现金余额"是在编制预算时预计的,"销货现金收入"的数据来自销售预算,"可供使用现金"是期初余额与本期现金收入之和。

"现金支出"部分包括预算期的各项现金支出。"直接材料"、"直接人工"、"制造费用"、"销售及管理费用"的数据分别来自前述有关预算。此外,还包括所得税、购置设备、股利分配等现金支出,有关的数据分别来自另行编制的专门预算。

"现金多余或不足"部分列示现金收入合计与现金支出合计的差额。差额为正,说明收大于支,现金有多余,可用于偿还过去向银行取得的借款,或者用于短期投资。差额为负,说明支大于收,现金不足,要向银行取得新的借款。

【例9.6】 假定某公司期初现金余额为8 000 元,需要保留的现金余额为6 000元,不足此数时需要向银行借款。银行借款的金额要求是1 000元的倍数,一般按"每期期初借入,每期期末归还"来预计利息,年利率为10%。现根据本节提供的各种预算表编制现金预算(表9.15)。

表9.15 现金预算

单位:元

项 目	第一季度	第二季度	第三季度	第四季度	全年合计
期初现金余额	8 000	8 200	6 060	6 290	8 000
加:销货现金收入	18 200	26 000	36 000	37 600	117 800
可供使用资金	26 200	34 200	42 060	43 890	146 350
减:直接材料	5 000	6 740	8 960	9 510	30 210
直接人工	2 100	3 100	3 960	3 640	12 800
制造费用	1 900	2 300	2 300	2 300	8 800
销售及管理费用	5 000	5 000	5 000	5 000	20 000
所得税	4 000	4 000	4 000	4 000	16 000
购买设备		10 000			10 000
股利		8 000		8 000	16 000
支出合计	18 000	39 140	24 220	32 450	113 810
现金多余或不足	8 200	(4 940)	17 840	11 440	11 990
向银行借款		11 000			11 000
向银行还款			11 000		11 000
短期借款利息			550		550
期末现金余额	8 200	6 060	6 290	11 440	11 440

二、预计财务报表的编制

预计财务报表亦称为企业总预算,是企业财务管理的重要工具,是控制企业预算期内资金、成本和利润总量的重要手段,主要包括预计利润表和预计资产负债表等。

(一)预计利润表

预计利润表是根据上述有关预算编制的,以货币为计量单位,全面综合地反映企业预算期内生产经营的财务情况和规定利润计划数额的一种预算,是控制企业生产经营活动和财务收支的主要依据。其中"销售收入"项目的数据,来自销售收入预算;"销售成本"项目的数据,来自产品成本预算;"毛利"项目的数据是前两项的差额;"销售及管理费用"项目的数据,来自销售费用及管理费用预算;"利息"项目的数据,来自现金预算。"所得税"项目是在利润规划时估计的,并已列入现金预算。它通常不是根据"利润"和所得税税率计算出来的(表9.16)。

表9.16 预计利润表

单位:万元

销售收入	126 000
销货成本	56 700
毛利	69 300
销售及管理费用	20 000
利息	550
利润总额	48 750
所得税费用	16 000
净利润	32 750

(二)预计资产负债表

编制预计资产负债表的目的,在于判断预算反映的财务状况的稳定性和流动性。如果通过资产负债表预算的分析,发现某些财务比率不佳,必要时可修订有关预算,以改善财务状况。预计资产负债表与实际的资产负债表内容、格式相同,只不过数据是反映预算期末的财务状况。该表是利用本期期初资产负债表,根据销售、生产、资本等预算的有关数据加以调整编制的(表9.17)。

表9.17 预计资产负债表

单位:元

资 产			权 益		
项目	年初数	年末数	项目	年初数	年末数
现金	8 000	11 440	应付账款	2 350	4 640
应收账款	6 200	14 400	普通股股本	20 000	20 000
直接材料	1 500	2 000	未分配利润	25 250	42 000
产成品	900	1 800			
固定资产	31 000	37 000			
资产总额	47 600	66 640	权益总额	47 600	66 640

其中

期末应收账款=本期销售额×(1-本期收现率)=3 6000×(1-60%)=14 400(元)

期末应付账款=本期采购金额×(1-本期付现率)=9 280×(1-50%)=4 640(元)

期末未分配利润=期初未分配利润+本期利润-本期股利=
25 250+32 750-16 000=42 000(元)

因为已经编制了现金预算,通常没有必要再编制现金流量表的预算。

本章小结

1. 财务预算是由一系列专门反映企业未来一定预算期内预计财务状况和经营成果,以及现金收支等价值指标的各种预算的总称,主要内容包括现金预算和预计财务报表。

2. 企业编制预算的方法按其业务量基础的数量特征不同,可分为固定预算的方法和弹性预算的方法两大类;编制成本费用预算的方法按其出发点的特征不同,可分为增量预算的方法和零基预算的方法两大类;按其预算期的时间特征不同,可分为定期预算的方法和滚动预算的方法两大类。

3. 日常业务预算是指与企业日常经营活动直接相关的经营业务的各种预算。具体包括销售预算、生产预算、直接材料消耗及采购预算、直接工资及其他直接支出预算、制造费用预算、产品生产成本预算、经营及管理费用预算。特种决策预算是对实际中选的方案的进一步规划,是最能直接体现决策的结果。包括短期决策预算和长期决策预算两类。

4. 现金预算亦称现金收支预算,它是以日常业务预算和专门决策预算为基础编制的反映企业预算期间现金收支情况的预算。它反映现金收入、现金支出、现金收支差额、现金筹措使用情况以及期初期末现金余额,主要包括现金收入、现金支出、现金余缺和现金融通四个部分。

5. 预计财务报表亦称为企业总预算,是企业财务管理的重要工具,是控制企业预算期内资金、成本和利润总量的重要手段。主要包括预计利润表和预计资产负债表。预计利润表是以货币为计量单位,全面综合地反映企业预算期内生产经营的财务情况和规定利润计划数额的一种预算,是控制企业生产经营活动和财务收支的主要依据。编制预计资产负债表的目的,在于判断预算反映的财务状况的稳定性和流动性。如果通过资产负债表预算的分析,发现某些财务比率不佳,必要时可修改有关预算,以改善财务状况。

复习思考题

1. 什么是财务预算?什么是全面预算?
2. 现金预算如何编制?
3. 预计财务报表有哪几种?

【案例分析】

山东新华集团全面预算管理

一、公司基本情况介绍

1. 政策背景。国家经贸委颁布《国有大中型企业建立现代企业制度和加强管理的基本规范(试行)》,要求建立全面预算管理制度。该规范要求以现金流量为重点,对生产经营各个环节实施预算编制、执行、分析、考核,严格限制无预算资金支出,最大限度减少资金占用,保证偿还到期银行贷款。预算内资金支出实行责任人限额审批制,限额以上资金支出实行集体审议联签制。严格现金收支管理,现金出纳与会计记账人员必须分设。

2. 公司介绍。山东新华集团拥有固定资产1.5亿元,员工2 200人,主要生产精梳40S、32S、10S纯棉纱、篷盖布、工业用橡胶帆布、缝纫线、针织内衣、服装等产品。1999年实现销售收入2.3亿元,利润1 836万元。

集团总部设有公司总部、总务部、供应部、财务部、人力资源部和预算部六个职能部门,以及棉纺厂、帆布厂、热电厂、针织厂、印染厂和制线厂六个分厂。此外,为保障利润全面预算管理模式的良好运行,集团还设立了全面预算管理委员会、改善提案委员会及物价管理委员会,委员会主任均由总经理兼任。预算部具体负责日常的全面预算管理工作,是实施利润全面预算管理的具体职能部门。改善提案委员会主要是研究、实施员工对管理方面的改善性建议。物价管理委员会主要是制定采购物资和产品销售价格政策等。集团总部作为集团的投资管理中心,下属分厂为二级法人企业,是集团公司的利润中心。部门以上经理人员的任用及重大投资、融资决策权均在集团总部,各部门只作为职能部门对总经理负责。

二、全面预算管理

山东新华集团自1988年开始探索、施行预算管理模式,当年实现利税240万元,比1987年增长了60%。1989年,企业开始全面推行利润预算管理模式,当年实现利税550万元,比1988年翻了一番。在以后的管理实践中,新华集团一面优化措施,加大力度,推行和完善利润预算管理制度;一面不断总结利润预算管理模式的运行经验,并从管理学角度进行深入探讨,将其上升到理论的高度。经过十多年的不断探索,归纳、总结出了一套适合我国国情的企业利润预算管理模式。随着利润预算管理模式的推行,集团的经济效益一直保持稳定的增长,销售收入、利税连年平均以34%,40%的幅度稳步递增。

新华集团的全面预算管理以目标利润为导向,同传统的企业预算管理不同的是,它首先分析企业所处的市场环境,结合企业的销售、成本、费用及资本状况、管理水平等战略能力来确定目标利润,然后以此为基础详细编制企业的销售预算,并根据企业的财力状况编制资本预算等分预算。目标利润是预算编制的起点,编制销售预算是根据目标利润编制预算的首要步骤,然后再根据以销定产原则编制生产预算,同时编制所需要的销售费用和管理费用预算;在编制生产预算时,除了考虑计划销售量外,还应当考虑现有存货和年末存货;生产预算编制以后,还要根据生产预算来编制直接材料预算、直接人工预算、制造费用预算;产品成本预算和现金预算是有关预算的汇总,预计利润表、资产负债表是全部预算的综合。同时,预算指标的细化分解又形成了不同层面的分预算,构成了企业完整的预算体系。

问题:

1. 山东新华集团的全面预算的特点是什么?
2. 山东新华集团的全面预算的实施效果如何?

第十章
Chapter 10

财务控制

【学习要点及目标】

通过本章的学习,使学生了解财务控制的特征和种类,理解财务控制的含义,了解责任中心、内部价格转移和标准成本的内容,熟悉成本中心、利润中心、投资中心、作业成本法和作业成本管理的概念,掌握利润中心和投资中心的业绩评价指标。

【导入案例】

钢铁行业是多流程、大批量生产的行业,生产工艺环节实行高度集中的管理模式。企业所采用的内部管理制度、成本核算和责任会计模式具有明显的行业特色。我国钢铁行业中的邯郸钢铁厂、攀枝花钢铁厂在过去就运用得很成功。目前国内钢铁企业应用广泛的是邯钢模式,即采用"模拟市场价格、实行成本否决"作为半成品的转移价格。攀钢从投产开始就制定了内部转移价格。由于市场变化很快,攀钢对内部转移价格进行了多次调整,主要由四部分组成:产品(半成品)转移价格,原材料、辅助材料转移价格,备品备件转移价格,劳务(收费)价格。其中,备品备件转移价格按照采购成本进行结算,其余由财务部门制定明确的价格。但是,通过对攀钢的分析发现该公司的内部转移价格也阻碍了企业进一步的发展。可见我国企业在制定内部转移价格时仍有很长的路需要走。

第一节 财务控制概述

一、财务控制的含义与特征

控制是指对一个组织的活动进行约束指导,使之按既定目标发展。财务控制是指对企业财务活动的控制,是按照一定的程序和方式确保企业及其内部机构和人员全面落实和实现财务预算的过程的控制。财务控制具有以下特征。

(一)财务控制是一种价值控制

财务控制以实现财务预算为目标。财务预算所包含的现金预算、预计利润表和预计资产负债表,都是以价值形式予以反映的;财务控制所借助的手段,如责任预算、责任报告、业绩考核、内部转移价格等都是通过价值指标实现的。

(二)财务控制是一种综合、全面控制

由于财务控制用价值手段来实施其控制过程,因此,它不仅可以将各种不同性质的业务综合起来进行控制,而且可以将不同层次、不同部门的业务综合起来进行控制,体现财务控制的全面性。

(三)财务控制以现金流量为控制目的

企业的财务活动归根结底反映的是企业的资金运动。企业日常的财务活动表现为组织现金流量的过程,为此,财务控制法重点应放在现金流量状况的控制上,通过现金预算、现金流量表等保证企业资金活动的顺利进行。

二、财务控制的基本原则

财务控制的基本原则包括以下六种。

(一)目的性原则

财务控制作为一种财务管理职能,必须具有明确的目的性,为企业理财目标服务。

(二)充分性原则

财务控制的手段对于目标而言,应当是充分的,应当足以保证目标的实现。

(三)及时性原则

财务控制的及时性要求及时发现偏差,并能及时采取措施加以纠正。

(四)认同性原则

财务控制的目标、标准和措施必须为相关人士所认同。

(五)例外管理原则

财务控制的主体应将精力集中于例外事项上,找出差异,分析原因,控制风险。

(六)责权利相结合原则

在财务控制实施过程中,对责任主体,必须赋予其相应的权利,保证责权利的对等。同时,应建立完善的考核机制,做到奖惩分明。

控制目标应当明确,控制措施与规章制度应当简明易懂,易为执行者所理解和接受。

三、财务控制的种类

（一）按控制的主体分类

财务控制按控制主体分为出资者财务控制、经营者财务控制和财务部门的财务控制。

出资者财务控制是资本所有者为了实现其资本保全和增值目的而对经营者的财务收支活动进行的控制，如对成本开支范围和标准的规定等。经营者财务控制是管理者为了实现财务预算目标而对企业的财务收支活动所进行的控制，这种控制是通过管理者制定财务决策目标，并促使这些目标被贯彻执行而实现的，如企业的筹资、投资、资产运用、成本支出决策及其执行等。财务部门的财务控制是财务部门为了有效地保证现金供给，通过编制现金预算，对企业日常财务活动所进行的控制。一般来说，出资者财务控制是一种外部控制，而经营者和财务部门的财务控制是内部控制，更能反映出财务控制的作用和效果。

（二）按控制的时序分类

财务控制按控制的时序分为事前财务控制、事中财务控制和事后财务控制。

事前控制，是指企业为防止财务资源在质和量上发生偏差，而在行为发生之前所实施的控制，如财务收支活动发生之前的申报审批制度等。事中控制，是指财务活动发生过程中所进行的控制，如按财务预算要求监督预算的执行过程，对各项收入的去向和支出的用途进行监督等。事后控制，是指对财务活动的结果所进行的分析、评价。如按财务预算的要求对各责任中心的财务收支结果进行评价，并以此实施奖罚。

（三）按控制的依据分类

财务控制按控制的依据分为预算控制和制度控制。

预算控制是指以财务预算为依据，对预算执行主体的财务收支活动进行监督、调整的一种控制形式。预算表明了执行主体的责任和奋斗目标，规定了预算执行主体的行为。制度控制是指通过制定企业内部规章制度，并以此为依据约束企业和各责任中心财务收支活动的一种控制形式。制度控制通常规定能做什么、不能做什么，与预算控制相比较，制度控制具有防护性的特征，而预算控制制度具有激励性的特征。

（四）按控制的对象分类

财务控制按控制的对象分为收支控制和现金控制。

收支控制是指对企业和各责任中心的财务收入活动和财务支出活动所进行的控制。通过收支控制，使企业收入达到既定目标，而成本开支尽量减少，以实现企业利润最大化。现金控制是对企业和各责任中心的现金流入和现金流出活动所进行的控制。目的是通过现金控制实现现金流入、流出的基本平衡，既要防止因短缺而可能出现的支付危机，也要防止因现金沉淀而可能出现的机会成本增加。

四、财务控制的方法

财务控制是内部控制的一个重要环节,财务控制要以消除隐患、防范风险、规范经营、提高效率为宗旨,建立全方位的财务控制体系和多元的财务监控措施。

多元的财务监控措施,是指既有事后的监控措施,更有事前、事中的监控手段、策略;既有约束手段,也有激励的安排;既有财务上资金流量、存量预算指标的设定、会计报告反馈信息的跟踪,也有人事委派、生产经营一体化、转移价格、资金融通的策略。

第二节 责任中心控制

一、责任中心的含义与特征

(一)责任中心的含义

责任中心是指承担一定经济责任,并享有一定权利的企业内部(责任)单位。责任中心就是将企业经营体分割成拥有独自产品或市场的几个绩效责任单位,然后将总合的管理责任授权给予这些单位之后,使单位处于市场竞争环境之下,透过客观性的利润计算,实施必要的业绩衡量与奖惩,以期达成企业设定的经营成果的一种管理制度。责任中心通常具有以下特征。

1. 责任中心具有相对独立的地位,能独立承担一定的经济责任

每一个责任中心都要对一定的财务指标的完成情况负责任;同时,责任中心被赋予与其所承担责任的范围与大小相适应的权力。

2. 责任中心拥有一定的管理和控制责任范围内有关经营活动的权利

一是责任中心具有履行经济责任中心条款的行为能力;二是责任中心一旦不能履行经济责任,能对其后果承担责任。

3. 责任中心能制定明确的目标,并具有达到目标的能力

责任中心对其职责范围内的成本、收入、利润和投资负责。一般而言,责任层次越高,其可控制范围越大,但不论什么层次的责任中心,它一定都具备考核其责任实施的条件。

4. 责任中心能独立的执行和完成目标规定的任务

责任中心的独立核算是实施责权利统一的基本条件。只有独立核算,工作业绩才可能得到正确评价。因此,只有既分清责任又能进行独立核算的企业内部单位,才是真正意义上的责任中心。

根据企业内部责任单位的权限范围及业务活动的特点不同,责任中心一般分为成本中心、利润中心和投资中心三大类。

> **【小资料】**
> 1920年,通用汽车公司进行了管理控制系统的革新,并将企业目标定位于获取满意的整个商业周期的投资净利率,而不强求盈余逐年增长。同时,通用汽车公司为公司的高层经理设计了程序化的激励和利润分享计划,后者还采用了市场基础的内部转移价格制度。这些控制技术方法的应用,标志着责任中心制度的诞生。
> 资料引自:李起琼.试论管理会计的发展和实行全面预算管理的重要性[J].中国高新技术企业,2009,(14).

二、成本中心控制

(一)成本中心的概念

成本中心是其责任者只对成本或费用负责的责任中心。成本中心的范围最广,只要有成本费用发生的地方,都可以建立成本中心,从而在企业形成逐级控制、层层负责的成本中心体系。大多是只负责产品生产的生产部门、劳务提供部门或给以一定费用指标的企业管理部门。通常情况下,成本中心是没有收入的。

成本中心有两种类型:标准成本中心和费用中心。

标准成本中心,必须是所生产的产品稳定而明确,并且已经知道单位产品所需要的投入量的责任中心。通常,标准成本中心的典型代表是制造业工厂、车间、工段、班组等。

费用中心,适用于那些产出物不用财务指标来衡量,或者投入和产出之间没有密切关系的单位。这些单位一般包括行政管理部门、研究开发部门。

(二)成本中心的考核指标

一般说来,标准成本中心的考核指标,是既定产品质量和数量条件下的标准成本。标准成本中心不需要作出价格决策、产量决策或产品结构决策,这些决策由上级管理部门作出,或授权给销货单位作出。标准成本中心的设备和技术决策,通常由职能管理部门作出,而不是由成本中心的管理人员自己决定。因此,标准成本中心不对生产能力的利用程度负责,而只对既定产量的投入量承担责任。如果采用全额成本法,成本中心不对闲置能量的差异负责,他们对于固定成本的其他差异要承担责任。成本中心具有只考虑成本费用、只对可控成本承担责任、只对责任成本进行考核和控制的特点。成本中心的考核指标包括成本变动额和成本变动率两项指标,即

$$成本变动额 = 实际责任成本 - 预算责任成本$$

$$成本变动率 = \frac{成本变动额}{预算责任成本} \times 100\%$$

【小资料】
19世纪80年代起,卡耐基钢铁公司将成本报表用于业绩评价、质量检查、副产品决策、销售定价等方面,使成本会计逐步成熟,成为最重要的决策工具之一;然而这时的成本控制还只集中于直接人工和材料,很少注意到间接制造费和资本成本的管理。

资料引自:温州MBA网.

三、利润中心控制

(一)利润中心的概念

利润中心是指拥有产品或劳务的生产经营决策权,是既对成本负责又对收入和利润负责的责任中心。由于利润等于收入减成本和费用,所以利润中心实际上是对利润负责的责任中心。利润中心的权利和责任都大于成本中心。在利润中心,管理者具有几乎全部的经营决策权,并可根据利润指标对其作出评价,但在利润中心,管理者没有责任和权力决定该中心资产的投资水平,因而利润就是其唯一的最佳业绩计量标准。

利润中心有两种类型:一种是自然的利润中心,它直接向企业外部出售产品,在市场上进行购销业务。另一种是人为的利润中心,它主要在企业内部按照内部转移价格出售产品。例如,大型钢铁公司分成采矿、炼铁、炼钢、轧钢等几个部门,这些生产部门的产品主要在公司内部转移,它们只有少量对外销售,或者全部对外销售(由专门的销售机构完成),这些生产部门可视为利润中心并称为人为的利润中心。

(二)利润中心的考核指标

对于利润中心进行考核的指标主要是利润。但是,也应当看到,任何一个单位的业绩衡量指标都不能够反映出某个组织单位的所有经济效果,利润指标也是如此。因此,尽管利润指标具有综合性,利润计算具有强制性和较好的规范化程度。但仍然需要一些非货币的衡量方法作为补充,包括生产率、市场地位、产品质量、职工态度、社会责任、短期目标和长期目标的平衡等。

(三)部门利润的计算

利润并不是一个十分具体的概念,在这个名词前边加上不同的定语,可以得出不同的概念。在评价利润中心业绩时,我们至少有四种选择:边际贡献、可控边际贡献、部门边际贡献和税前部门利润。

其中

$$边际贡献 = 销售收入 - 变动成本$$
$$可控边际贡献 = 边际贡献 - 可控固定成本$$
$$部门边际贡献 = 可控边际贡献 - 不可控固定成本$$

税前部门利润＝部门边际贡献－公司分摊的各种费用

【例 10.1】 某公司的某一部门是一个人为利润中心。本期实现部门销售收入 50 000 元；已销商品变动成本和变动销售费 25 000 元；部门可控固定间接费用 15 000 元；部门不可控固定间接费用 5 000 元；分配的公司管理费用 2 000 元。

则该中心实际考核指标分别为

$$边际贡献 = 50\,000 - 25\,000 = 25\,000(元)$$

$$可控边际贡献 = 25\,000 - 15\,000 = 10\,000(元)$$

$$部门边际贡献 = 10\,000 - 5\,000 = 5\,000(元)$$

$$税前部门利润 = 5\,000 - 2\,000 = 3\,000(元)$$

以边际贡献 25 000 元作为业绩评价依据不够全面。部门经理至少可以控制某些固定成本，但可能导致部门经理尽可能多支出固定成本以减少变动成本支出，增大边际贡献，维持良好的考核指标。

以可控边际贡献 10 000 元作为业绩评价依据可能是最好的，它反映了部门经理在其权限和控制范围内有效使用资源的能力。能够比较全面地反映部门经理的经营绩效。这一衡量标准的主要问题是可控固定成本和不可控固定成本的区分比较困难。

以部门边际贡献 5 000 元作为业绩评价依据，可能更适合评价该部门对企业利润和管理费用的贡献，而不适合于部门经理的评价。企业最终是以整体的利益为衡量点，而部门经理有时为了局部利益可能会放弃对本部分不利而对企业有利的行为。因此，如果要决定该部门的取舍，部门边际贡献是有重要意义的信息。

以税前部门利润 3 000 元作为业绩评价的依据通常是不合适的。第一，税前利润中包含扣除的公司总部的管理费用，是部门经理无法控制的成本，不属于业绩考核范畴；第二，分配给各部门的管理费用的计算方法常与各部门的经营活动和结果无直接关系，亦不属于业绩考核范畴。

四、投资中心控制

（一）投资中心的概念

投资中心是既对成本、收入和利润负责，又对投资效果负责的责任中心。投资中心是利润中心的一般形式，其获利能力与其所使用的创造利润的资产相联系。投资中心是最高层次的责任中心，它拥有最大的决策权，也承担最大的责任。投资中心必然是利润中心，但利润中心并不都是投资中心。利润中心没有投资决策权，而且在考核利润时也不考虑所占用的资产。

（二）投资中心的考核指标

评价投资中心业绩的指标通常有以下两种选择。

1. 投资报酬率

这是最常见的考核投资中心业绩的指标。这里所说的投资报酬率是部门边际贡献除以该

部门所拥有的资产额。计算公式为

$$投资报酬率 = \frac{部门边际贡献}{部门资产总额} \times 100\%$$

【例10.2】 假设某个部门的资产额为25 000元,部门边际贡献为5 000元,那么投资报酬率为

$$投资报酬率 = \frac{5\ 000}{25\ 000} = 20\%$$

用投资报酬率来评价投资中心业绩有许多优点:

(1)投资报酬率能反映投资中心的综合盈利能力。投资报酬率与收入、成本、投资额和周转能力有关,通过调整上述指标就能发挥资产的最大优势、创造最高利润。

(2)投资报酬率具有横向可比性。投资报酬率将各投资中心的投入与产出进行比较,剔除了因投资额不同而导致的利润差异的不可比因素,有利于进行各投资中心经营业绩比较。

(3)投资报酬率可以作为选择投资机会的依据,有利于调整资产的存量,优化资源配置。

(4)以投资报酬率作为评价投资中心经营业绩的尺度,可以正确引导投资中心的经营管理行为,使其行为长期化。由于该指标反映了投资中心运用资产并使资产增值的能力,如果投资中心资产运用不当,会增加资产或投资占用规模,也会降低利润。因此,以投资报酬率作为评价与考核的尺度,将促使各投资中心盘活闲置资产,减少不合理资产占用,及时处理过时、变质、毁损资产等。

但是该指标也有缺点:

(1)世界性的通货膨胀,使企业资产账面价值失真、失实,以致相应的折旧少计,利润多计,使计算的投资报酬率无法揭示投资中心的实际经营能力。

(2)使用投资报酬率往往会使投资中心只顾本身利益而放弃对整个企业有利的投资项目,造成投资中心的近期目标与整个企业的长远目标的背离。各投资中心为达到较高的投资报酬率,可能会采取减少投资的行为。

(3)投资报酬率的计算与资本支出预算所用的现金流量分析方法不一致,不便于投资项目建成投产后与原定目标的比较。

(4)从控制角度看,由于一些共同费用无法为投资中心所控制,投资报酬率的计量不全是投资中心所能控制的。为了克服投资报酬率的某些缺陷,应采用剩余收益作为评价指标。

2. 剩余收益

剩余收益是指投资中心获得的利润,扣减其投资额按规定(或预期)的收益率计算的投资收益后的余额,即

剩余收益=部门边际贡献-部门资产应计报酬=部门边际贡献-部门资产×资金成本

剩余收益指标能够反映投入产出的关系,使个别投资中心的利益与整个企业的利益统一起来。引导部门经理采纳高于企业资金成本的决策。另外,采用剩余收益指标可以允许使用

不同的风险调整资金成本,更接近实际应用。

【例10.3】 根据例10.2的资料,企业的资金成本为15%,如果部门经理面临只能选择一个投资方案:①投资额25 000元,投资回报率为17%;②投资额为10 000元,投资回报率为20%。

(1)利用剩余收益指标选择:

目前部门剩余收益为

$$剩余收益 = 5\ 000 - 25\ 000 \times 15\% = 1\ 250(元)$$

采纳方案①后

$$剩余收益 = (5\ 000 + 25\ 000 \times 17\%) - (25\ 000 + 25\ 000) \times 15\% = 1\ 750(元)$$

采纳方案②后

$$剩余收益 = (5\ 000 + 10\ 000 \times 20\%) - (25\ 000 + 10\ 000) \times 15\% = 1\ 750(元)$$

(2)利用投资报酬率指标选择:

采纳方案①后

$$投资回报率 = (5\ 000 + 25\ 000 \times 17\%) \div (25\ 000 + 25\ 000) = 18.5\%$$

采纳方案②后

$$投资回报率 = (5\ 000 + 10\ 000 \times 20\%) \div (25\ 000 + 10\ 000) = 20\%$$

如果利用剩余收益指标选择,选则方案①和②皆可;如果利用投资报酬率指标选择,应首选采纳方案②,这将使部门为片面追求资产报酬率而放弃最大利润。

第三节　标准成本控制

一、标准成本控制及相关概念

标准成本,是指通过调查分析、运用技术测定等方法制定的,在有效经营条件下所能达到的目标成本。标准成本主要用来控制成本开支,衡量实际工作效率。

标准成本控制,是以标准成本为基础,将实际成本与标准成本进行对比,揭示成本差异的原因和责任,进而采取措施,对成本进行有效控制的管理办法。标准成本控制以标准成本的确定为起点,通过差异计算、分析等得出结论性报告,然后据以采取有效措施,巩固成绩或克服不足。

二、正常标准成本的确定

正常标准成本是指在正常情况下,企业经过努力可以达到的成本标准,这一标准考虑了生产过程中不可避免的损失、故障和偏差等,在实践中比理想标准成本更实用。一般情况下,产品成本由直接材料、直接人工和制造费用组成,其计算公式为

单位产品的标准成本＝直接材料标准成本+直接人工标准成本+制造费用标准成本＝
$\sum$（价格×用量标准）

三、成本差异的计算及分析

在标准成本管理模式下，成本差异是指一定时期生产一定数量的产品所发生的实际成本与相关的标准成本之间的差额。凡实际成本大于标准成本的称为超支差异；凡实际成本小于标准成本的则称为节约差异。

任何一项费用的标准成本都是由用量标准和价格标准两个因素决定的，因此差异分析就应该从这两个方面进行。实际产量下的总差异的计算公式为

总差异＝实际价格×实际用量－标准价格×标准用量＝

$\left(\text{实际价格}\times\text{实际用量}-\text{标准价格}\times\text{实际用量}\right)+\left(\text{标准价格}\times\text{实际用量}-\text{标准价格}\times\text{标准用量}\right)=$

$\left(\text{实际价格}-\text{标准价格}\right)\times\text{实际用量}+\text{标准价格}\times\left(\text{实际用量}-\text{标准用量}\right)=$

价格差异+用量差异

其中

价格差异＝（实际价格－标准价格）×实际用量

用量差异＝标准价格×（实际用量－标准用量）

标准成本差异分析是企业规划与控制的重要手段。通过差异分析，企业管理人员可以进一步揭示实际执行结果与标准不同的深层次原因。差异分析的结果，可以更好地凸显实际生产经营活动中存在的不足或在必要时修改成本标准，这对企业成本的持续降低、责任的明确划分以及经营效率的提高具有十分重要的意义。

【例10.4】 A产品固定制造费用标准分配率为14元/h，工时标准为2h/件。假定企业A产品预算产量为10 000件，实际生产A产品9 000件，用工10 000 h，实际发生固定制造费用200 000元。其固定制造费用的成本差异计算如下：

固定制造费用成本差异＝200 000－14×2×9 000 ＝－52 000（元）（节约）

其中

耗费差异＝200 000－14×2×10 000＝－80 000（元）（节约）

能量差异＝14×（2×10 000－2×9 000）＝28 000（元）（超支）

通过以上计算可以看出该企业A产品固定制造费用节约52 000元，主要是由于耗费减少所致。

第四节 作业成本管理

一、作业成本管理及相关概念

(一)作业

作业是指在一个组织内为了某一目的而进行的耗费资源的工作,是企业在经营活动中的各项具体活动。一项作业可能是一项非常具体的活动,如车工作业;也可能泛指一类活动。

(二)成本动因

成本动因也称成本驱动因素,是指引起相关成本对象的总成本发生变动的因素。

(三)作业成本法

作业成本法简称 ABC 法,即以作业为基础的成本计算方法。作业成本法的基本理论认为,产品的成本实际上就是企业全部作业所消耗资源的总和。在计算成本时,首先按经营活动中发生的各项作业来归集成本,计算作业成本;然后再按各项作业成本与成本对象(产品或服务)之间的因果关系,将作业成本追溯到成本对象,最终完成成本计算过程。作业成本法的产生,标志着成本管理告别了传统的成本管理模式,向现代成本管理模式迈出了关键性的一步。

(四)作业成本管理

作业成本管理是以提高客户价值、增加企业利润为目的,基于作业成本法的新型集中化管理方法。它通过对作业及作业成本的确认、计量,最终计算产品成本,同时将成本计算深入到作业层次,对企业所有作业活动追踪并动态反映,进行成本链分析,包括动因分析、作业分析等,为企业决策提供准确信息;指导企业有效地执行必要的作业,消除和精简不能创造价值的作业,从而达到降低成本,提高效率的目的。

作业成本管理是以作业为成本管理的起点与核心,比之传统的以商品或劳务为中心的成本管理是一次深层次的变革和质的飞跃。

二、实施作业成本管理的意义

1. 适应高新经济技术环境对成本管理的客观要求

作业成本管理与传统成本管理的显著区别,在于将企业视作为满足顾客需要而设计的一系列作业的集合体,从而将成本管理的着眼点与重点从传统的"商品"转移到了"作业",以作业为成本分配对象,这样不仅能够科学合理地分配各种制造费用,提供较为客观的成本信息,而且能够通过作业分析,追根溯源,不断改进作业方式,合理地进行资源配置,实现持续降低成本的目标。

2. 有利于加强成本控制

作业成本管理以作业成本为对象,以每一作业的完成及其所耗资源为重点,以成本动因为基础,及时、有效地提供成本控制所需的相关信息。从而可极大地增强管理人员的成本意识,并以作业中心为基础设置成本控制责任中心,将作业员工的奖惩与其作业责任成本控制直接挂钩,充分发挥企业员工的积极性、创造性与合作精神,进而达到有效地控制成本的目的。

3. 有利于提高商品的市场竞争能力

作业成本管理从一开始就特别重视商品设计、研究开发和质量成本管理,力求按照技术与经济相统一的原则,科学合理地配置相对有限的企业资源,不断改进商品设计、工艺设计以及企业价值链的构成,从而提高企业商品的市场竞争能力。

三、流程价值分析

流程价值分析关心的是作业的责任,包括成本动因分析、作业分析和业绩考核三个部分。其基本思想是以作业来识别资源,将作业分为增值作业和非增值作业,并把作业和流程联系起来,确认流程的成本动因,计量流程的业绩,从而促进流程的持续改进。

(一)成本动因分析

要进行作业成本管理,必须找出导致作业成本的原因。每项作业都有投入和产出。作业投入是为取得产出而由作业消耗的资源,而作业产出则是一项作业的结果或产品。动因分析就是找出形成作业成本的根本原因,一旦得知了根本原因,就可以采取相应的措施改善作业,降低成本。

(二)作业分析

1. 增值作业

增值作业是指被顾客认为可以增加其购买的产品或服务的有用性,有必要保留在企业中的作业。一项作业必须同时满足下列三个条件才可断定:

(1)该作业导致了状态的改变;

(2)该状态的变化不能由其他作业来完成;

(3)该作业使其他作业得以进行。

2. 非增值作业

非增值作业是指即便消除也不会影响产品对顾客服务的潜能,不必要的或可消除的作业。一项作业如果不能同时满足增值作业的三个条件,就可断定其为非增值作业。

在区分了增值成本与非增值成本之后,企业要尽量消除或减少非增值成本,最大化利用增值作业,以减少不必要的耗费,提升经营效率。

3. 作业分析

作业分析的主要目标是认识企业的作业过程,以便从中发现持续改善的机会和途径。分析和评价作业、改进作业和消除非增值作业构成了流程价值分析与管理的基本内容。改进流程首先需要将每一项作业分为增值作业或非增值作业,明确增值成本和非增值成本,然后再进一步确定如何将非增值成本减至最小。

作业分析是流程价值分析的核心。通过对作业的分析研究,进而采取措施,消除非增值作业,改善低效作业,优化作业链,对于削减成本、提高效益具有非常重要的意义。

(三)作业业绩考核

实施作业成本管理,其目的在于找出并消除所有非增值作业,提高增值作业的效率,削减非增值成本。当利用作业成本计算系统识别出流程中的非增值作业及其成本动因后,就为业绩改善指明了方向。若要评价作业和流程的执行情况,必须建立业绩指标,可以是财务指标,也可以是非财务指标,以此来评价是否改善了流程。财务指标主要集中在增值成本和非增值成本上,非财务指标主要体现在效率、质量和时间三个方面。

第五节 内部转移价格

内部转移价格是指企业内部各责任中心之间进行内部结算和责任结转时所采用的价格标准。制定内部转移价格的目的有两个:防止成本转移带来的部门间责任转嫁,使每个利润中心都能作为单独组织单位进行业绩评价;作为一种价格引导下级部门采取明智的决策,生产部门据此确定提供产品的数量,购买部门据此确定所需要的产品数量,保证局部利益和整体利益的一致。

内部转移价格的制定可以考虑的转移价格有以下几种。

一、市场价格

市场价格是根据产品或劳务的市场现行价格作为计价基础。市场价格具有客观真实的特点,能够同时满足分部和公司的整体利益,但是它要求产品或劳务有完全竞争的外部市场,以取得市价依据。

市场价格是根据产品在中间产品存在完全竞争市场的情况下,市场价格减去对外的销售费用,是理想的转移价格。在完全竞争市场这一假设条件,意味着企业外部存在中间产品的公平市场,生产部门被允许向外界顾客销售任意数量的产品,购买部门也可以从外界供应商那里获得任意数量的产品。由于以市场价格为基础的转移价格,通常会低于市场价格,这个折扣反映与外销有关的销售费,以及交货、保修等成本,因此可以鼓励中间产品的内部转移。如果不考虑其他更复杂的因素,购买部门的经理应当选择从内部取得产品,而不是从外部采购。

二、协商价格

协商价格是内部责任中心之间以正常的市场价格为基础,并建立定期协商机制,共同确定双方都能接受的价格作为计价标准。采用该价格的前提是中间有非竞争性的市场可以交易,协商价格的上限是市场价格,下限则是单位变动成本。当双方协商僵持时,会导致公司高层的行政干预。如果中间产品存在非完全竞争的外部市场,可以采用协商的办法确定转移价格,即双方部门经理就转移中间产品的数量、质量、时间和价格进行协商并设法取得一致意见。

协商价格往往浪费时间和精力,可能会导致部门之间的矛盾,部门获利能力大小与谈判人员的谈判技巧有很大关系,是这种转移价格的缺陷。尽管有上述不足之处,协商转移价格仍被广泛采用,它的好处是有一定弹性,可以照顾双方利益并得到双方认可。少量的外购或外卖是有益的,它可以保证得到合理的外部价格信息,为协商双方提供一个可供参考的基准。

三、双重价格

双重价格是由内部责任中心的交易双方采用不同的内部转移价格作为计价基础。采用双重价格,买卖双方可以选择不同的市场价格或协商价格,能够较好地满足企业内部交易双方在不同方面的管理需要。这种方法要求中间产品的转移用单位变动成本来定价,与此同时,还应向购买部门收取固定费用,作为长期以低价获得中间产品的一种补偿。

四、以成本为基础的转移定价

以成本为基础的转移定价,是指所有的内部交易均以某种形式的成本价格进行结算,它适用于内部转移的产品或劳务没有市价的情况,包括完全成本、完全成本加成、变动成本以及变动成本加固定制造费用四种形式。以成本为基础的转移定价方法具有简便、客观的特点,但存在信息和激励方面的问题。

本章小结

1. 财务控制是指对企业财务活动的控制,是按照一定的程序和方式确保企业及其内部机构和人员全面落实和实现财务预算的过程的控制。财务控制是一种价值控制;是一种综合、全面控制;以现金流量为控制目的。

2. 财务控制的实现手段之一是实行责任控制,即将财务控制落实到责任中心。责任中心就是承担一定经济责任,并享有一定权力和利益的企业内部单位。一般可分为成本中心、利润中心和投资中心。不同的责任中心将承担不同的财务控制责任,基本原则是责、权、利的统一。

3. 成本中心的考核指标主要有:标准成本和费用预算;利润中心的考核指标主要有:边际贡献、可控边际贡献、部门边际贡献和税前部门利润;投资中心的考核指标主要有:投资报酬率和剩余收益。

4. 标准成本控制,是以标准成本为基础,将实际成本与标准成本进行对比,揭示成本差异的原因和责任,进而采取措施,对成本进行有效控制的管理办法。标准成本差异分析是企业规划与控制的重要手段。通过差异分析,企业管理人员可以进一步揭示实际执行结果与标准不同的深层次原因。

5. 作业成本法简称 ABC 法，即以作业为基础的成本计算方法。作业成本法的基本理论认为，产品的成本实际上就是企业全部作业所消耗资源的总和。作业成本管理是以提高客户价值、增加企业利润为目的，基于作业成本法的新型集中化管理方法。作业成本管理是以作业为成本管理的起点与核心，比之传统的以商品或劳务为中心的成本管理是一次深层次的变革和质的飞跃。

6. 流程价值分析关心的是作业的责任，包括成本动因分析、作业分析和业绩考核三个部分。

7. 内部转移价格主要包括市场价格、协商价格、双重价格和以成本为基础的转移定价。

复习思考题

1. 财务控制的概念、特征是什么？
2. 财务控制的种类？
3. 责任中心的种类及考核指标是什么？
4. 什么是作业成本法？
5. 为什么要实施成本作业管理？
6. 内部转移价格分别包括哪几种？

【案例分析】

作业成本系统在许继电气的应用

许继电气股份有限公司系国家电力系统自动化和电力系统继电保护及控制行业大型骨干企业，是一家成长性极强的上市公司，属于国家 520 家重点企业和国家重大技术装备国产化基地之一。其主营业务为生产经营电网调度自动化、配电网自动化、变电站自动化、电站自动化、铁路供电自动化、电网安全稳定控制、电力管理信息系统、电力市场技术支持系统、继电保护及自动化控制装置、继电器、电子式电度表、中压开关及开关柜、变压器和箱式变电站等。

许继电气最初采用传统的成本核算模式，即将直接材料归集到各产品上，采用单一的分配标准，将直接人工、制造费用按各产品所用的人工工时比例进行分配。更严重的是，许继电气使用的是定额人工，而没有使用实际人工工时，并且定额工时已经严重脱离实际。随着市场竞争的加剧和公司内部市场化改革的深入，公司原有的成本计算系统已经越来越难适应企业管理、考核和控制等决策的需要。具体体现在：

1. 无法提供准确的产品或合同成本数据。由于传统成本法下产品的成本并不包含产品产出过程中的所有耗费（包括管理等费用），公司拿不出准确的定价依据；同时，其他竞争者在大批量地销售同种同类产品时，售价出乎意料地低于本公司该种产品的水平。公司内部拿不出强有力的定价依据，而外部信息又向企业显示：既然是同类产品，尽管由不同厂家生产，但根据产品成本制定的销售价格应该相当。其他厂家的售价明显低于本公司，可能说明本公司的成本信息存在问题。

2. 产品或合同决策困难。对决策而言,现有的成本系统在很大程度上已经名存实亡。因为现有成本系统不能提供准确的成本数据,公司的报价仅是在原有市场价格的基础上根据公司实际情况进行修正后确定的。该售价可能与公司的成本没有直接或太大的联系,部分产品是在现有的成本基础上定价或确定是否接受某一合同。

3. 三费居高不下。以管理费用和营销费用为主的三费一直居高不下成了许继高层管理人员的"心病"。在生产环节,严格的材料和成本控制,已使成本下降空间很小,但生产环节有限的材料和人工成本往往被无法控制的管理费用所抵消。一方面,营销费用由三年保修和维护的可预计费用向无形中的终生保修发展,使售后服务费用不可估量;另一方面,管理费用中的研发费用部分也呈快速上升趋势。公司在成本归属和管理方面尚无有效举措。

基于以上原因,许继电气决定采用作业成本核算、构建作业管理体系。该项变革大致可以分为两个阶段。第一阶段始于 2001 年 6 月,至 2002 年 12 月成功地为许继电气设计出一套科学合理的作业成本核算系统(ABC),许继电气实施的作业成本法共分两步走。第一是先在许继电气的保护及自动化事业部(以下简称事业部)实施作业成本法;第二是经过几个月的实施后,通过总结经验,完善作业成本核算系统,在许继电气全面推广作业成本系统。最终为我国国有企业管理人员获取准确的成本信息提供了一个成功的范例和实施参考。第二阶段是从 2003 年初到 2005 年 3 月,成功地在许继实施了作业管理(ABM)。通过标准作业成本、作业预算以及作业基础业绩评价这三个系统设计,对在作业成本信息基础上如何进行成本控制、业绩评价进行了深入的研究,确定了作业成本核算环境下标准成本的制定方式和程序,作业预算的编制方法以及作业基础业绩评价的程序。在此基础上,对作业管理实施的影响因素进行了分析,对许继电气实施作业管理的效果进行了研究,找出了影响实施效率的一些关键因素。

ABC 与 ABM 项目的开展给许继电气的自动化产品线带来以下具体成本费用控制效果:获得了更加准确,也更加详细的成本信息;消除不合理费用,从源头上增强了员工成本节约和费用控制的意识;深化了成本意识,建立了有效的成本控制机制;可以依据 ABC 提供的成本信息,做出生产与否及产品结构调整的决策。

许继电气的案例足以说明以下几个问题:①在制造费用占全部成本比重较低的条件下也适合使用作业成本法;②作业成本系统是中国企业内部组织结构不稳定情况下的合适选择;③应以企业信息需求为指导,结合企业特点灵活运用作业成本法;④企业高层领导的全力支持是项目得以开展的最为有力的保证。

问题:
1. 许继电气实施作业成本法的背景?
2. 许继电气实施作业成本法的效果?
3. 许继电气实施作业成本法和作业管理的启示是什么?

第十一章
Chapter 11

财务分析

【学习要点及目标】

通过本章的学习,要求了解财务分析的主体、目的、内容和基本依据,掌握财务分析的基本方法,在此基础上熟练掌握偿债能力、营运能力、盈利能力、发展能力的指标分析及其应用,理解财务综合评价的思路和方法。

【导入案例】

丰田的股东该如何抉择?

丰田汽车公司是日本第一大汽车公司,成立于1937年8月。该公司在第二次世界大战后首先推出了"丰田生产方式"的概念,并于1962年在丰田汽车公司范围内推广"看板"作业方式。丰田汽车公司早期的产品丰田、皇冠、光冠、花冠等汽车名噪一时。20世纪70年代,丰田汽车公司掌握了日本日野和大发两家汽车公司的部分股份,并与其他企业一起组建了丰田集团。丰田汽车公司在日本内设有12家工厂,在34个国家和地区设有子公司,在26个国家和地区生产汽车。丰田汽车公司的汽车占有国内市场40%以上的份额,年产汽车约550万辆,占全日本汽车产量的一半以上;员工7万人。其代表产品有凌志、皇冠、佳美、花冠等汽车。丰田汽车公司在汽车的销售量、销售额、知名度方面均是世界一流。

但是,从2007年开始,丰田汽车的质量问题逐渐浮出水面,丰田于当年9月份召回5.5万辆问题汽车,截至2010年1月份已召回9百多万辆汽车。近日,由于油门踏板和脚垫的原因,丰田在美国召回109万辆汽车,国内将召回大约7.5万辆RAV4,在欧洲约200万辆汽车也在召回的考虑过程中。两周内,丰田召回已超346万辆。为此,丰田汽车公司的社长丰田章男于2010年2月24号出席美国国会听证会,用最谦恭的状态来接受各位国会议员的质询,来表达丰田一个虔诚的态度,并于3月初专程到北京召开新闻发布会,向中国的消费者道歉。日本丰田汽车公司一系列召回行动给公司经营和品牌造成重大损失,仅2010年2月22日至26日,在纽约证券市场上市的丰田汽车公司股价狂跌15%,收报于79美元。据预测,丰田因召回事件将至少支付100亿美元置换费用,同时还将面临36亿美元的赔款、1 600万美元的罚款等,其产品的销量将受到严重影响,其产品的价格将面临一定幅度的下降,其产品的声誉将经受严重的考验。这一切都使丰田汽车公司的财务状况面临许多未知,未来的盈利能力如何?公司能否具有足够的现金流抵挡召回的费用和损失?2010年其股价的合理定位是多少?这些将是丰田股东所推测和担忧的,其庐山真面目有待于丰田汽车的财务报告的出炉,只有对其财务数据的具体分析才可能看出端倪。

第一节 财务分析概述

一、财务分析的含义及意义

财务分析是指以财务报告和其他相关的资料为依据,采用专门的方法,对企业的财务状况、经营成果、现金流量及其变动趋势进行系统分析和评价的一种方法。

财务分析能够反映企业在运营过程中的利弊得失和发展趋势,从而为改进企业财务管理工作和优化经济决策提供重要的财务信息。

财务分析是评价财务状况、衡量经营业绩的重要依据;是挖掘潜力、改进工作、实现理财目标的重要手段;是合理实施投资决策的重要步骤。

【小资料】

刘姝威——中央财经大学研究所的学者,一直从事银行信贷研究工作。刘姝威运用国际通用的分析方法,分析了上市公司——蓝田股份的招股说明书及包括2001年中期报告的全部财务报告以及其他公开资料。经过分析发现:从蓝田的资产结构看,1997开始,其资产拼命上涨,与之相对应的是,流动资产却逐年下降。这说明,其整个资产规模是由固定资产来带动的,公司的产品占存货百分比和固定资产占资产百分比异常高于同业平均水平。蓝田股份的偿债能力越来越恶化;扣除各项成本和费用后,蓝田股份没有净收入来源;蓝田股份不能创造足够的现金流量以维持正常经营活动,也不能保证按时偿还贷款本息。于是,她撰写了600字的短文"应立即停止对蓝田股份发放贷款",传真给《金融内参》编辑部。此后不久,国家有关银行相继停止对蓝田股份发放新的贷款。2003年初,刘姝威被评为中央电视台"2002年经济年度人物"和"感动中国——2002年度人物"。

资料引自:www.glzy8.com.

二、财务分析目的及内容

（一）财务分析的依据

财务分析的起点是财务报告,构成财务报告的主要内容是会计报表,会计报表包括资产负债表、利润表、现金流量表和所有者权益变动表。资产负债表是反映企业某一时点的财务状况的报表;利润表是反映企业一定会计期间的经营成果的报表;现金流量表是反映企业一定期间由于经营、投资、筹资等活动引起的现金流量变动的报表;所有者权益变动表是反映构成所有者权益各组成部分当期增减变动情况的报表。这四张报表存在着密切的联系。在利润的形成过程中一定会引起资产、负债、所有者权益及其内部结构的变动;现金流量表揭示了企业现金从哪里来,到何处去,进一步说明资产负债表的结果;所有者权益变动表能够让报表使用者准确理解所有者权益增减变动的根源。

（二）财务分析目的

财务分析的最终目标是为财务报表使用者做出相关决策提供可靠的依据。财务分析的目的受财务分析主体的制约,不同的财务分析主体进行财务分析的目的是不同的。财务分析的一般目的可以概括为:评价过去的经营业绩、衡量现在的财务状况、预测未来的发展趋势。根据分析的具体目的,财务分析可以分为流动性分析、盈利性分析、财务风险分析、专题分析(如破产分析、审计人员的分析性检查程序)。

（三）财务分析的主体

财务分析的主体主要包括企业所有者、企业债权人、企业经营决策者、政府有关职能部门和注册会计师等。不同主体出于不同的利益考虑,对财务分析信息有着各自不同的要求。

企业所有者作为股权投资人,关心其资本的保值和增值状况,因此较为重视企业获利能力指标。企业债权人因不能参与企业剩余收益分享,首先关注的是其投资的安全性,因此更重视企业偿债能力指标。企业经营决策者必须对企业经营理财的各个方面,包括运营能力、偿债能力、获利能力及发展能力的全部信息予以详尽的了解和掌握。政府职能部门兼具多重身份,既是宏观经济管理者,又是国有企业的所有者和重要的市场参与者,因此政府对企业财务分析的关注点因所具身份不同而异。注册会计师为减少风险,需要评估公司的盈利性和破产风险;为确定审计的重点,需要分析财务数据的异常变动。

（四）财务分析内容

财务分析的内容一般是以财务指标的形式表现,不同的信息使用者,进行财务分析的目的不同,但一般来说,财务分析内容主要包括以下内容。

1. 偿债能力分析

偿债能力是指企业偿还所欠债务本息的能力。偿债能力的大小关系到企业的信誉和正常经营发展,是判断企业财务状况是否良好的重要标志。企业偿债能力强,则可以借入所需资金,按计划生产经营,获取利润;企业偿债能力弱,债权人为了保护资金的安全,就会缩减借贷金额或提高利息,造成企业资金紧张或借款成本过高,使企业无法完成预定的经营目标。因此通过偿债能力分析有利于企业进行正常的经营决策,提高对债务资金的利用程度;有利于债权人进行投资决策,降低投资风险。

2. 营运能力分析

营运能力是指企业利用营运资产的效率与效益。营运能力是通过分析企业资产的分布情况和周转使用情况,考核企业资产运营的效率,通过发现存在的问题进一步整改,通过营运能力的提高促进盈利能力和偿债能力的提高。一般情况下,营运能力强,则资金周转速度快,资金使用效率高;反之,则资金周转速度慢,资金使用效率低。

3. 盈利能力分析

盈利能力也称获利能力,是企业从经营活动中获取利润的能力,是企业相关联的诸多主体所共同关注的指标,是衡量企业经营好坏的重要标志。一般情况下,获利能力强,则在市场竞争及扩大规模、提高效益方面具有优势,同时还能够增强企业的信誉,吸引更多的投资者,扩大企业的经营实力。反之,则降低企业的竞争力、偿债能力。

4. 发展能力分析

发展能力是指企业根据自身条件结合外部环境因素所具有的发展潜能。在现实中,企业的过快发展同过慢发展同样会导致企业的衰退,因为企业的发展必须与其经济资源相匹配。因此,企业只有根据财务分析,对其发展趋势做出合理判断,及时调整财务策略,才能处于可持续发展状态,保持企业的长久发展。

三、财务分析的局限性

财务分析对于了解企业的财务状况和经营成果,评价企业的偿债能力、营运能力、盈利能力和发展能力有着显著的作用。但财务分析也存在着一定的局限性,其局限性主要表现为资料来源的局限性、分析方法的局限性和分析指标的局限性。

(一)资料来源的局限性

1. 财务数据的时效性和真实性问题

财务报表中的数据,均是企业过去经济活动的结果和总结,如果用于预测未来发展趋势,只有参考价值,并非绝对合理。不同的财务分析主体,所关注的信息偏好是不同的,因此一份财务报表要满足所有方面的要求也是不现实的。其结果极有可能使信息使用者所看到的报表信息与企业实际状况相距甚远,从而误导信息使用者的决策。

2. 财务数据的可靠性和完整性问题

财务报表是按照会计准则编制的,其中包含很多人为制定的会计政策,包含了许多假设,在这种前提下编制的财务报表不一定能准确地反映企业的客观实际,也不能将所有的财务信息全部披露。同时,由于财务人员的职业水平及企业自身利益的需求,有时会导致提供的财务信息与实际大相径庭,完全误导信息使用者。

3. 财务数据的可比性问题

根据会计准则的规定,不同的企业或同一个企业的不同时期都可以根据情况采用不同的会计政策。这种规定导致相同业务由于所处企业和时期的不同而采用的会计处理方法不同,由此产生的财务结果相差甚远,使得报表上的财务数据在企业不同时期和不同企业之间的对比在很多时候失去意义。

(二)财务分析方法的局限性

财务分析的方法主要包括比较分析法、比率分析法、因素分析法和趋势分析法。这些分析方法的采用都有相关的一些前提,比如,比率分析法要求其对比的项目要相关,对比口径要一致,否则,将失去分析的意义。另外,每一种分析方法都有其不同的侧重面,因此,分析者在使用上述方法时,应谨慎对待其局限性。

(三)财务分析指标的局限性

1. 财务指标体系不严密

每一个财务指标只能反映企业的财务状况或经营状况的某一方面,每一类指标都过分强调本身所反映的方面,导致整个指标体系不严密。

2. 财务指标所反映的情况具有相对性

在判断某个具体财务指标是好还是坏,或根据一系列指标形成对企业的综合判断时,必须注意财务指标本身所反映情况的相对性。因此,在利用财务指标进行分析时,必须掌握好对财务指标的"信任度"。

3. 财务指标的评价标准不统一

不同的行业、不同的业务范围导致人们对同一财务指标的评价标准不同。比如,商品流通企业的资产周转率与制造业企业的资产周转率评价标准相差很多。因此,在不同企业之间用财务指标进行评价时没有一个统一标准,不便于不同行业间的对比。

4. 财务指标的计算口径不一致

财务指标一般采用的是比率形式,对分子、分母采用的数据不同,其结果各不相同,对于采用的是时期数还是时点数,代表的经济意义也各不相同,这些都会导致计算结果不一样,不利于评价比较。

【小资料】

香港特区政府财经事务及库务局原局长马时亨说,香港目前有超过26 000名会计师、50 000名保险中介人,特许财务分析师的数目也由1995年的约200名增至目前超过3 600名,在亚洲居于首位,全球排名第四,仅次于美国、加拿大及英国。

资料引自:http://www.sina.com.cn。

第二节 财务分析方法

财务分析的方法一般分为定量分析方法和定性分析方法两类。定量分析方法是指分析者根据经济活动的内在联系,采用一定的数学方法,对所收集的数据资料进行加工、计算,对企业的财务状况和经营成果进行的定量分析。定性分析方法是指分析者运用所掌握的情况和资料,凭借其经验,对企业的财务状况和经营成果进行的定性分析。财务分析的过程实际上是定量分析和定性分析相结合的过程。财务分析的方法主要包括比较分析法、比率分析法和因素分析法和趋势分析法。

一、比较分析法

比较分析法,是通过指通过两个或者两个以上指标对比,确定其增减变动的方向、数额和幅度,来说明企业财务状况或经营成果的变动趋势的一种方法。采用这种方法,可以分析引起变化的主要原因、变动的性质,并预测企业未来的发展前景。实际工作中通常有以下三种形式。

(一)重要财务指标的比较

这种方法是指将不同时期财务报告中的相同指标或比率进行纵向比较,直接观察其增减变动情况及变动幅度。不同时期财务指标的比较主要有以下两种方法:

(1)定基动态比率,是以某一时期的数额为固定的基期数额而计算出来的动态比率。其计算公式为

$$定基动态比率 = \frac{分析期数额}{固定基期数额} \times 100\%$$

(2)环比动态比率,是以每一分析期的数据与上期数据相比较计算出来的动态比率。其计算公式为

$$环比动态比率 = \frac{分析期数额}{前期数额} \times 100\%$$

(二)会计报表的比较

这是指将连续数期的会计报表的金额并列起来,比较各指标不同期间的增减变动金额和幅度,据以判断企业财务状况和经营成果发展变化的一种方法。

(三)会计报表项目构成的比较

这种方法是以会计报表中的某个总体指标作为100%,再计算出各组成项目占该总体指标的百分比,从而比较各个项目百分比的增减变动。

比较分析法一般只适用于同质指标的对比。因此,运用比较分析法时要特别注意以下问

题:①用于对比的指标必须具有可比性,计算口径应保持一致;②应剔除偶发性项目的影响;③应运用例外原则对某项有显著变动的指标作重点分析。

二、比率分析法

比率分析法是通过计算各种比率指标来确定经济活动变动程度的分析方法。比率是相对数,采用这种方法,能够把某些条件下的不可比指标变为可以比较的指标,以利于进行分析。

比率指标可以有不同的类型,主要有三类:一是构成比率;二是效率比率;三是相关比率。构成比率又称结构比率,它是某项财务指标的各组成部分数值占总体数值的百分比,反映部分与总体的关系。比如,企业资产中流动资产、固定资产和无形资产占资产总额的百分比(资产构成比率),可以考察总体中某个部分的形成和安排是否合理,以便协调各项财务活动。效率比率是某项财务活动中所费与所得的比例,反映投入与产出的关系。比如,将利润项目与销售成本、销售收入、资本金等项目加以对比,可计算出成本利润率、销售利润率以及资本金利润率等利润率指标,可以从不同角度观察比较企业获利能力的高低及其增减变化情况。利用效率比率指标,可以进行得失比较,考察经营成果,评价经济效益。相关比率是以某个项目和与其有关但又不同的项目加以对比所得的比率,反映有关经济活动的相互关系。比如,将流动资产与流动负债相比,据以判断短期偿债能力。

比率分析法的局限性。虽然比率分析被认为是财务分析的最基本或最重要方法,但应用比率分析法时必须了解它的局限性:第一,比率的变动可能仅仅被解释为两个相关因素之间的变动,涉及面比较窄;第二,很难综合反映比率与计算它的报表的联系;第三,比率是一个相对数,给人想象的空间范围较大,给人们不保险的最终印象;第四,比率不能给人们会计报表关系的综合观点。

三、因素分析法

因素分析法是依据分析指标与其驱动因素之间的关系,从数量上确定各因素对分析指标影响方向和影响程度的一种方法。采用这种方法的出发点在于,当有若干因素对分析指标发生影响作用时,假定其他各个因素都无变化,顺序确定每一个因素单独变化所产生的影响。

因素分析法具体有两种:一是连环替代法;二是差额分析法。

(一)连环替代法

连环替代法是将分析指标分解为各个可以计量的因素,并根据各个因素之间的依存关系,顺次用各因素的比较值(通常即实际值)替代基准值(通常即标准值或计划值),据以测定各因素对分析指标的影响。

【例11.1】 A产品材料标准单位成本为1 000元/m^3。A产品标准消耗量为0.1 m^3/件。本年度此材料实际单位成本为1 100元/m^3,单位消耗为0.09 m^3/件。产量资料:预算产量

2 000 件,实际产量 2 200 件。请用连环替代法对 A 产品材料成本降低进行因素分析,相关数据如表 11.1 所示。

表 11.1　A 产品相关数据表

项目	计划数	实际数
产量	2 000 件	2 200 件
单位产品消耗量	0.1 m^3/件	0.09 m^3/件
标准单位成本	1 000 元/m^3	1 100 元/m^3
A 产品总成本	200 000 元	217 800 元

分析对象

$$217\ 800 - 200\ 000 = 17\ 800(元)$$

产品标准成本 = 2 000×0.1×1 000 = 200 000(元)　　　　①

第一次替代

$$2\ 200 \times 0.1 \times 1\ 000 = 220\ 000(元) \qquad ②$$

第二次替代

$$2\ 200 \times 0.09 \times 1\ 000 = 198\ 000(元) \qquad ③$$

第三次替代

$$2\ 200 \times 0.09 \times 1\ 100 = 217\ 800(元) \qquad ④$$

式②-①得

　　220 000 - 200 000 = 20 000(元)　(产量变动的影响)

式③-②得

　　198 000 - 220 000 = -22 000(元)　(单位产品消耗量变动的影响)

式④-③得

　　217 800 - 198 000 = 19 800(元)　(单位价格变动的影响)

得　　20 000 - 22 000 + 19 800 = 17 800(元)　(全部因素变动的影响)

(二) 差额分析法

差额分析法是连环替代法的一种简化形式,其因素分析的原理与连环替代法是相同的。区别只在于分析顺序上,差额计算法比连环替代法简化,即它可直接利用各影响因素的实际数与基期数的差额,在其他因素不变的假定条件下,计算各因素对分析指标的影响程度。

【例 11.2】　根据例 11.1 的资料,采用差额分析法对 A 产品材料成本降低进行因素分析。

分析对象

$$217\ 800 - 200\ 000 = 17\ 800(元)$$

(2 200 - 2 000) × 0.1 × 1 000 = 20 000(元)　(产量变动的影响)

2 200 × (0.09 - 0.1) × 1 000 = -22 000(元)　(单位产品消耗量变动的影响)

2 200×0.09×(1 100−1 000)=19 800(元)　（单位价格变动的影响）
20 000−22 000+19 800=17 800(元)　（全部因素变动的影响）

(三) 应用因素分析法应注意的问题

1. 因素分解的关联性

确定构成经济指标的因素，必须是客观存在着的因果关系，要能够反映形成该指标差异的内在构成因素，即有实际经济意义。

2. 因素分析的顺序性

替代因素时，必须按照各因素的依存关系，排成一定的顺序并依次替代，不能随意交换，即不存在乘法交换率的问题。

3. 顺序替代的连环性

因素分析法在计算每一个因素变动的影响时，都是在前一次计算的基础上进行，并采用连环比较的方法确定因素变化影响结果。因为只有保持计算程序上的连环性，才能使各个因素影响之和等于分析指标变动的差异，以全面说明分析指标变动的原因。

4. 计算结果的假定性

由于因素分析法计算的各因素变动的影响数，会因替代计算顺序的不同而有差别，因而计算结果不免带有假定性，即它不可能使每个因素计算的结果都达到绝对的准确。它只是在某种假定前提下的影响结果，离开了这种假定前提条件，也就不会是这种影响结果。

第三节　财务指标分析

财务基本指标包括偿债能力指标、运营能力指标、盈利能力指标和发展能力指标。为了便于说明财务指标的计算和分析，本节将使用 ABC 股份公司简化格式的财务报表数据作为举例。该公司的资产负债表、利润表，如表 11.2，11.3 所示。

表 11.2　资产负债表(编制单位：ABC 公司　2009 年 12 月 31 日)

单位：万元

资产	期末余额	年初余额	负债和所有者权益	期末余额	年初余额
流动资产：			流动负债：		
货币资金	600	400	短期借款	2 600	1 700
交易性金融资产	400	800	应付账款	1 500	1 000
应收账款	1 100	1 000	预收账款	400	500
预付账款	100	100	其他应付款	100	200
存货	5 200	5 000	流动负债合计	4 600	3 400
其他流动资产	100	200	非流动负债：		

续表 11.2

资产	期末余额	年初余额	负债和所有者权益	期末余额	年初余额
流动资产合计	7 500	7 500	长期借款	4 100	4 000
非流动资产:			非流动负债合计	4 100	4 000
持有至到期投资	500	400	负债合计	8 700	7 400
固定资产	22 000	20 000	所有者权益:		
无形资产	500	100	实收资本(或股本)	15 000	15 000
非流动资产合计	23 000	20 500	盈余公积	3 600	3 600
			未分配利润	3 200	2 000
			所有者权益合计	21 800	20 600
资产总计	30 500	28 000	负债及所有者权益合计	30 500	28 000

表 11.3 利润表(编制单位:ABC 公司　2009 年 12 月)

单位:万元

项　目	本期金额	上期金额
一、营业收入	20 000	18 000
减:营业成本	13 000	10 900
营业税金及附加	1 200	1 000
销售费用	1 000	1 600
管理费用	1 000	1 000
财务费用	500	600
加:投资收益	300	100
二、营业利润	3 600	30 000
加:营业外收入	200	100
减:营业外支出	800	600
三、利润总额	3 000	25 000
减:所得税费用	1 800	15 000
四、净利润	1 200	1 000

一、偿债能力指标

由于债务按到期时间分为短期债务和长期债务,所以偿债能力分析分为短期偿债能力分析和长期偿债能力分析两部分。偿债能力的衡量方法有两种:一种是比较债务与可供偿债资产的存量,资产存量超过债务存量较多,则认为偿债能力强;另一种是比较偿债所需现金和经营活动产生的现金流量,如果产生的现金超过需要的现金较多,则认为偿债能力强。

(一)短期偿债能力指标

1. 短期债务与可偿债资产的存量比较

企业短期债务的存量是资产负债表中列示的各项流动负债年末余额,可以用来偿还这些债务的资产是资产负债表中列示的流动资产年末余额。流动负债需要在一年内用现金偿还,流动资产将在一年内变成现金。因此,两者的比较可以反映短期偿债能力。流动资产与流动负债的存量比较有两种方法:一种是差额比较,两者相减的差额称为营运资本;另一种是比率比较,两者相除的比率称为短期债务存量比率。

(1)营运资本

营运资本是指流动资产超过流动负债的部分,其计算公式为

$$营运资本 = 流动资产 - 流动负债$$

如果流动资产与流动负债相等,并不足以保证偿债,因为债务的到期与流动资产的现金生成不可能同步同量。营运资本越多,流动负债的偿还越有保障,短期偿债能力越强。

【例11.3】 根据表11.3提供的资料,该公司2009年末的营运资本为

$$营运资本 = 7\,500 - 4\,600 = 2\,900(万元)$$

(2)短期债务的存量比率

短期债务的存量比率包括流动比率、速动比率和现金比率。

①流动比率

流动比率是全部流动资产与流动负债的比值,流动比率假设全部流动资产都可以用于偿还短期债务,表明每1元流动负债有多少流动资产作为偿债的保障。其计算公式为

$$流动比率 = \frac{流动资产}{流动负债}$$

流动比率是相对数,排除了企业规模不同的影响,更适合同业比较以及本企业不同历史时期的比较。一般情况下,人们认为生产型企业合理的最低流动比率是2。这是因为流动资产中变现能力最差的存货金额约占流动资产总额的一半,剩下的流动性较好的流动资产至少要等于流动负债,才能保证企业最低的短期偿债能力。这种认识一直未能从理论上证明。

流动比率有某些局限性,在使用时应注意:流动比率假设全部流动资产都可以变为现金并用于偿债,全部流动负债都需要还清。实际上,有些流动资产的账面金额与变现金额有较大差异,如半成品等;经营性流动资产是企业持续经营所必需的,不能全部用于偿债;经营性应付项目可以滚动存续,无需动用现金全部结清。因此,流动比率是对短期偿债能力的粗略估计。

【例11.4】 根据表11.2提供的资料,该公司2009年末的流动比率计算如下

$$流动比率 = \frac{7\,500}{4\,600} = 1.63$$

②速动比率

所谓速动资产,是指流动资产减去变现能力较差且不稳定的存货、预付账款、一年内到期

的非流动资产和其他流动资产等之后的余额。由于剔除了存货等变现能力较弱且不稳定的资产。因此,速动比率较之流动比率能够更加准确、可靠地评价企业资产的流动性及其偿还短期负债的能力。其计算公式为

$$速动比率 = \frac{速动资产}{流动负债}$$

速动比率假设速动资产是可以用于偿债的资产,表明每 1 元流动负债有多少速动资产作为偿还保障。

影响速动比率可信性的重要因素是应收账款的变现能力。账面上的应收账款不一定都能变成现金,实际坏账可能比计提的准备要多;季节性的变化,可能使报表上的应收账款数额不能反映平均水平。

【例 11.5】 根据表 11.2 提供的资料,该公司 2009 年末的速动比率为

$$速动比率 = \frac{600+400+1\ 100}{4\ 600} = 0.46$$

③现金比率

速动资产中,流动性最强、可直接用于偿债的资产称为现金资产。现金资产包括货币资金、交易性金融资产等。它们与其他速动资产有区别,其本身就是可以直接偿债的资产,而非速动资产需要等待不确定的时间才能转换为不确定数额的现金。

现金资产与流动负债的比值称为现金比率,其计算公式为

$$现金比率 = \frac{货币资金+交易性金融资产}{流动负债}$$

现金比率假设现金资产是可偿债资产,表明 1 元流动负债有多少现金资产作为偿还保障。

【例 11.6】 根据表 11.2 提供的资料,该公司 2009 年末的现金比率为

$$现金比率 = \frac{600+400}{4\ 600} = 0.22$$

2. 短期债务与现金流量的比较

短期债务的数额是偿债需要的现金流量,经营活动产生的现金流量是可以偿债的现金流量,两者相除称为现金流量比率。其计算公式为

$$现金流量比率 = \frac{经营现金流量}{流动负债}$$

现金流量比率表明每 1 元流动负债的经营现金流量保障程度。该比率越高,偿债越有保障。公式中的"经营现金流量",通常使用现金流量表中的"经营活动产生的现金流量净额"。它代表了企业产生现金的能力,已经扣除了经营活动自身所需的现金流出,是可以用来偿债的现金流量。"流动负债",通常使用资产负债表中的"流动负债"的年初与年末的平均数。为了方便,也可以使用期末数。

【例 11.7】 根据表 11.2 提供的资料,并获知该公司 2009 年末的经营现金流量为

4 500万元,则现金流量比率为

$$现金流量比率 = \frac{4\,500}{4\,600} = 0.98$$

3. 影响短期偿债能力的其他因素

上述短期偿债能力比率,都是根据财务报表中资料计算的。还有一些表外因素也会影响企业的短期偿债能力,甚至影响相当大。

(1)增强短期偿债能力的因素

增强短期偿债能力的表外因素主要有:

①可动用的银行贷款指标;

②准备很快变现的非流动资产;

③偿债能力的声誉。

(2)降低短期偿债能力的因素

①与担保有关的或有负债;

②经营租赁合同中承诺的付款;

③建造合同、长期资产购置合同中的分阶段付款。

(二)长期偿债能力指标

衡量长期偿债能力的财务指标分为存量比率和流量比率两类。

1. 总债务存量比率

从长期来看,所有的债务都要偿还。因此,反映长期偿债能力的存量比率是总债务、总资产和股东权益之间的比例关系。常用比率包括:资产负债率、产权比率、权益乘数和长期资本负债率。

(1)资产负债率

资产负债率是负债总额占资产总额的百分比,其计算公式为

$$资产负债率 = \frac{负债总额}{总资产} \times 100\%$$

资产负债率反映总资产中有多大比例是通过负债取得的。它可以衡量企业在清算时保护债权人利益的程度。资产负债率越低,企业偿债越有保证,贷款越安全。资产负债率还代表企业的举债能力。一个企业的资产负债率越低,举债越容易。通常,资产在破产拍卖时的售价不到账面价值的50%。因此,如果资产负债率高于50%,则债权人的利益就缺乏保障。

【例11.8】 根据表11.2提供的资料,该公司2009年末的资产负债率为

$$资产负债率 = \frac{8\,700}{30\,500} \times 100\% = 28.52\%$$

(2)产权比率

产权比率是资产负债率的另外一种表现形式,它和资产负债率的性质一样,其计算公式为

$$产权比率 = \frac{负债总额}{股东权益} \times 100\%$$

一般情况下,产权比率越低,表明企业的长期偿债能力越强,债权人权益的保障程度越高,承担的风险越小,但企业不能充分地发挥负债的财务杠杆效应。所以,企业在评价产权比率适度与否时,应从提高获利能力与增强偿债能力两个方面综合进行,即在保障债务偿还安全的前提下,应尽可能提高产权比率。产权比率与资产负债率对评价偿债能力的作用基本相同,两者的主要区别是:资产负债率侧重于分析债务偿付安全性的物质保障程度,产权比率则侧重于揭示财务结构的稳健程度以及自有资金对偿债风险的承受能力。

【例11.9】 根据表11.2提供的资料,该公司2009年末的产权比率为

$$产权比率 = \frac{8\,700}{21\,800} \times 100\% = 39.91\%$$

2. 总债务流量比率

(1)利息保障倍数

利息保障倍数是指息税前利润与利息支出的比率。反映了获利能力对债务偿付的保证程度,其计算公式为

$$利息保障倍数 = \frac{息税前利润}{利息费用} = \frac{净利润+利息费用+所得税费用}{利息费用}$$

利息保障倍数表明1元债务利息有多少倍的息税前利润作保障,它可以反映债务政策的风险大小。如果企业一直保持按时付息的信誉,则长期负债可以延续,举借新债也比较容易。利息保障倍数越大,利息支付越有保障。如果利息支付尚且缺乏保障,归还本金就很难指望。因此,利息保障倍数可以反映长期偿债能力。

【例11.10】 根据表11.3提供的资料,该公司2009年末的利息保障倍数为

$$利息保障倍数 = \frac{1\,200+500+1\,800}{500} = 7$$

(2)现金流量利息保障倍数

现金流量基础的利息保障倍数是指经营现金流量为利息费用的倍数。其计算公式为

$$现金流量利息保障倍数 = \frac{经营现金净流量}{利息费用}$$

现金流量利息保障倍数表明,1元的利息费用有多少倍的经营现金流量作保障。它比以收益为基础的利息保障倍数更可靠,因为实际用以支付利息的是现金,而不是收益。

【例11.11】 根据表11.3提供的资料,并获知该公司2009年末的经营现金流量为4 500万元,则现金流量利息保障倍数为

$$现金流量利息保障倍数 = \frac{4\,500}{500} = 9$$

(3) 现金流量债务比

现金流量债务比是指经营活动所产生的现金净流量与债务总额的比率。其计算公式为

$$\text{现金流量债务比} = \frac{\text{经营现金净流量}}{\text{债务总额}} \times 100\%$$

【例 11.12】 根据表 11.2 提供的资料,并获知该公司 2009 年末的经营现金流量为 4 500 万元,则现金流量债务比为

$$\text{现金流量债务比} = \frac{4\ 500}{8\ 700} \times 100\% = 51.72\%$$

3. 影响长期偿债能力的其他因素

上述衡量长期偿债能力的财务比率是根据财务报表数据计算的,还有一些表外因素影响企业的长期偿债能力:长期租赁、债务担保、未决诉讼等。

二、运营能力指标

运营能力是指企业基于外部市场环境的约束,通过内部人力资源和生产资料的配置组合而对财务目标实现所产生作用的大小。运营能力指标包括人力资源运营能力指标和生产资料运营能力指标。

(一)人力资源运营能力指标

人力资源运营能力通常采用劳动效率指标来分析。其计算公式为

$$\text{劳动效率} = \frac{\text{营业收入或净资产}}{\text{平均职工人数}}$$

(二)生产资料运营能力指标

生产资料的运营能力就是企业的总资产及其各个组成要素的运营能力。资产运营能力的强弱取决于资产的周转速度、资产运行状况、资产管理水平等多种因素。比如说资产的周转速度一般说来,周转速度越快,资产的使用效率越高,则资产运营能力越强;反之,营运能力就越差。资产周转速度通常用周转率和周转期表示。所谓周转率,即企业在一定时期内资产的周转额与平均余额的比率,它反映企业资产在一定时期的周转次数。周转次数越多,表明周转速度越快,资产运营能力越强。这一指标的反指标是周转天数,它是周转次数的倒数与计算期天数的乘积,反映资产周转一次所需要的天数。周转天数越少,表明周转速度越快,资产运营能力越强。

1. 应收账款周转率

应收账款周转率是应收账款与销售收入的比率。它主要有两种表示形式:应收账款周转次数、应收账款周转天数。其计算公式为

$$\text{应收账款周转次数} = \frac{\text{赊销收入净额}}{\text{平均应收账款余额}}$$

$$应收账款周转天数 = \frac{平均应收账款余额 \times 360}{营业收入}$$

$$平均应收账款余额 = \frac{应收账款余额年初数 + 应收账款余额年末数}{2}$$

应收账款周转次数表明应收账款1年中周转的次数,或者说明1元应收账款投资支持的销售收入。应收账款周转天数,也称为应收账款的收现期,表明从销售开始到回收现金平均需要的天数。

【例11.13】 根据表11.2,11.3提供的资料,该公司2009年末的应收账款周转率计算如下

$$平均应收账款余额 = \frac{1\,100 + 1\,000}{2} = 1\,050(元)$$

$$应收账款周转次数 = \frac{20\,000}{1\,050} = 19.05(次)$$

$$应收账款周转天数 = \frac{1\,050 \times 360}{20\,000} = 18.9(天)$$

在计算和使用应收账款周转率时应注意以下问题:

(1)销售收入的赊销比例问题。从理论上说应收账款是赊销引起的,其对应的流量是赊销额,而非全部销售收入。

(2)应收账款年末余额的可靠性问题。应收账款是特定时点的存量,容易受季节性、偶然性和人为因素影响。在应收账款周转率用于业绩评价时,最好使用多个时点的平均数,以减少这些因素的影响。

(3)应收账款的减值准备问题。财务报表上列示的应收账款是已经提取减值准备后的净额,而销售收入并没有相应减少。提取的减值准备越多,应收账款周转天数越少。这种周转天数的减少不是好的业绩,反而说明应收账款管理欠佳,如果减值准备的数额较大,就应进行调整。

(4)应收票据是否计入应收账款周转率。大部分应收票据是销售形成的,只不过是应收账款的另一种形式,应将其纳入应收账款周转天数的计算。

2. 存货周转率

存货周转率是企业一定时期营业成本与平均存货余额的比率,是反映企业流动资产流动性的一个指标,也是衡量企业生产经营各环节中存货运营效率的一个综合性指标。其计算公式为

$$存货周转率 = \frac{营业成本(营业收入)}{平均存货余额}$$

$$平均存货余额 = \frac{存货余额年初数 + 存货余额年末数}{2}$$

$$存货周转期 = \frac{平均存货余额 \times 360}{营业成本(营业收入)}$$

【例 11.14】 根据表 11.2, 11.3 提供的资料,该公司 2009 年末的存货周转率计算如下

$$平均存货余额 = \frac{5\ 200 + 5\ 000}{2} = 5\ 100(元)$$

$$存货周转率 = \frac{13\ 000}{5\ 100} = 2.55(次)$$

$$存货周转期 = \frac{5\ 100 \times 360}{13\ 000} = 141.23(天)$$

一般来讲,存货周转率越高越好,存货周转率越高,表明其变现的速度越快,周转额越大,资产占用水平越低。因此,通过存货周转分析,有利于找出存货管理存在的问题,尽可能降低资金占用水平。存货既不能储存过少,否则可能造成生产中断或销售紧张;又不能储存过多,而形成呆滞、积压。一定要保持结构合理、质量可靠。其次,存货是流动资产的重要组成部分,其质量和流动性对企业流动比率具有举足轻重的影响,并进而影响企业的短期偿债能力。因此,一定要加强存货的管理,来提高其投资的变现能力和获利能力。

在计算存货周转率时应注意以下几个问题:

(1) 存货计价方法对存货周转率具有较大的影响,因此,在分析企业不同时期或不同企业的存货周转率时,应注意存货计价方法的口径是否一致。

(2) 分子、分母的数据应注意时间上的对应性。

(3) 计算过程中,使用"营业收入"还是"营业成本"应根据分析的目的而定。为了评估资产变现能力需要计量存货转换为现金的数量和时间以及在分解总资产周转率时,为系统分析各项资产的周转情况并识别主要影响因素时,应使用"营业收入";如果是为了评估存货管理的业绩,应使用"营业成本"。

3. 流动资产周转率

流动资产周转率是营业收入与平均流动资产总额的比值,是反映企业流动资产周转速度的指标。其计算公式为

$$流动资产周转率 = \frac{营业收入}{平均流动资产总额}$$

$$平均流动资产总额 = \frac{流动资产总额年初数 + 流动资产总额年末数}{2}$$

$$流动资产周转期 = \frac{平均流动资产总额 \times 360}{营业收入}$$

流动资产周转次数,表明流动资产 1 年中周转的次数,或者说是 1 元流动资产所支持的销售收入。流动资产周转天数表明流动资产周转一次所需要的时间,也就是期末流动资产转换成现金平均所需要的时间。流动资产与收入比表明 1 元收入所需要的流动资产投资。

【例11.15】 根据表11.2,11.3提供的资料,该公司2009年末的流动资产周转率计算如下

$$平均流动资产总额 = \frac{7\,500 + 7\,500}{2} = 7\,500(元)$$

$$流动资产周转率 = \frac{20\,000}{7\,500} = 2.67(次)$$

$$流动资产周转期 = \frac{7\,500 \times 360}{20\,000} = 135(天)$$

4. 非流动资产周转率

非流动资产周转率是营业收入与非流动资产的比值。其计算公式为

$$非流动资产周转率 = \frac{营业收入}{平均非流动资产总额}$$

$$平均非流动资产总额 = \frac{非流动资产总额年初数 + 非流动资产总额年末数}{2}$$

$$非流动资产周转期 = \frac{平均非流动资产总额 \times 360}{营业收入}$$

5. 总资产周转率

总资产周转率是营业收入与总资产之间的比值,用来反映企业全部资产的利用效率。其计算公式为

$$总资产周转率 = \frac{营业收入}{平均资产总额}$$

$$平均资产总额 = \frac{资产总额年初数 + 资产总额年末数}{2}$$

$$总资产周转期 = \frac{平均资产总额 \times 360}{营业收入}$$

在销售利润率不变的条件下,周转的次数越多,形成的利润越多,所以它可以反映盈利能力。它也可以理解为1元资产投资所产生的销售额,产生的销售额越多,说明资产的使用和管理效率越高。习惯上,总资产周转次数又称为总资产周转率。

总资产是由各项资产组成的,在销售收入既定的条件下,总资产周转率的驱动因素是各项资产。通过驱动因素的分析,可以了解总资产周转率变动是由哪些资产项目引起的,以及影响较大的因素,为进一步分析指出方向。

【例11.16】 根据表11.2,11.3提供的资料,该公司2009年末的总资产周转率计算如下

$$平均资产总额 = \frac{30\,500 + 28\,000}{2} = 29\,250(元)$$

$$总资产周转率 = \frac{20\,000}{29\,250} = 0.68(次)$$

$$总资产周转期 = \frac{29\,250 \times 360}{20\,000} = 526.5(天)$$

三、盈利能力指标

盈利能力就是企业资金增值的能力，它通常体现为企业收益数额的大小与水平的高低。按照会计基本要素设置营业利润率、成本费用利润率、盈余现金保障倍数、总资产报酬率、净资产收益率等指标，借以评价企业各要素的获利能力及资本保值增值情况。此外，上市公司经常使用的盈利能力指标还有每股收益、每股股利、市盈率和每股净资产等。

(一) 营业利润率

营业利润率是企业一定时期营业利润与营业收入的比率。其计算公式分别为

$$营业毛利率 = \frac{营业收入 - 营业成本}{营业收入} \times 100\%$$

$$营业利润率 = \frac{营业利润}{营业收入} \times 100\%$$

$$营业净利率 = \frac{净利润}{营业收入} \times 100\%$$

营业利润率越高，表明企业市场竞争力越强，发展潜力越大，从而盈利能力越强。

【例11.17】 根据表11.3提供的资料，该公司2009年末的营业利润率计算如下

$$营业毛利率 = \frac{20\,000 - 13\,000}{20\,000} \times 100\% = 35\%$$

$$营业利润率 = \frac{3\,600}{20\,000} \times 100\% = 18\%$$

$$营业净利率 = \frac{1\,200}{20\,000} \times 100\% = 6\%$$

(二) 成本费用利润率

成本费用利润率是指企业一定时期利润总额与成本费用总额的比率。其计算公式为

$$成本费用利润率 = \frac{利润总额}{成本费用总额} \times 100\%$$

其中　　成本费用总额 = 营业成本 + 营业税金及附加 + 销售费用 + 管理费用 + 财务费用

该指标越高，表明企业为取得利润而付出的代价越小，成本费用控制的越好，盈利能力越强。

【例11.18】 根据表11.3提供的资料，该公司2009年末的成本费用利润率为

$$成本费用利润率 = \frac{3\,000}{13\,000 + 1\,200 + 1\,000 + 1\,000 + 500} \times 100\% = 17.96\%$$

(三) 盈余现金保障倍数

盈余现金保障倍数是企业一定时期经营现金净流量与净利润的比值,反映了企业当期净利润中现金收益的保障程度,真实反映了企业盈余的质量,是评价企业盈利状况的辅助指标。其计算公式为

$$盈余现金保障倍数 = \frac{经营现金净流量}{净利润}$$

盈余现金保障倍数是从现金流入和流出的动态角度,对企业收益的质量进行评价,在收付实现制的基础上,充分反映出企业当期净利润中有多少是有现金保障的。一般来说,当企业当期净利润大于 0 时,盈余现金保障倍数应当大于 10,该指标越大,表明企业经营活动产生的净利润对现金的贡献越大。

【例 11.19】 根据表 11.3 提供的资料,并获知该公司 2009 年末的经营现金净流量为 4 500 万元,该公司 2009 年末的盈余现金保障倍数为

$$盈余现金保障倍数 = \frac{4\ 500}{1\ 200} = 3.75$$

(四) 总资产报酬率

总资产报酬率是企业一定时期内获得的报酬总额与平均资产总额的比率。它是反映企业资产综合利用效果的指标,也是衡量企业利用债权人和所有者权益总额所取得盈利的重要指标。其计算公式为

$$总资产报酬率 = \frac{息税前利润总额}{平均资产总额} \times 100\%$$

$$息税前利润总额 = 利润总额 + 利息支出 = 净利润 + 所得税 + 利息支出$$

总资产报酬率全面反映了企业全部资产的盈利水平。一般情况下,该指标越高,表明企业的资产利用效益越好,整个企业盈利能力越强,经营管理水平越高。

【例 11.20】 根据表 11.3,11.4 提供的资料,该公司 2009 年末的总资产报酬率计算如下

$$总资产报酬率 = \frac{3\ 000 + 500}{29\ 250} \times 100\% = 11.97\%$$

(五) 净资产收益率

净资产收益率是企业一定时期净利润与平均净资产的比率。它是反映自有资金投资收益水平的指标,是企业获利能力指标的核心。其计算公式为

$$净资产收益率 = \frac{净利润}{平均净资产} \times 100\%$$

$$平均净资产 = \frac{所有者权益年初数 + 所有者权益年末数}{2}$$

净资产收益率是评价企业自有资本及其积累获取报酬水平的最具综合性与代表性的指标,反映企业资本运营的综合效益。一般认为,净资产收益率越高,企业自有资本获取收益的能力越强,运营效益越好,对企业投资人和债权人权益的保证程度越高。

【例11.21】 根据表11.2,11.3提供的资料,该公司2009年末的净资产收益率为

$$净资产收益率 = \frac{1\ 200}{21\ 200} \times 100\% = 5.66\%$$

(六)每股收益

每股收益是反映企业普通股股东持有每一股份所能享有的企业利润和承担的企业亏损,是衡量上市公司盈利能力时最常用的财务分析指标。每股收益越高,说明公司的获利越强。

每股收益的计算包括基本每股收益和稀释收益。其计算公式为

$$基本每股收益 = \frac{归属于普通股股东的当期净利润}{当期发行在外普通股的加权平均数}$$

$$当期行发行\\在外普通股 = 期初发行\\在外普通 + 当期新发\\行普通股 \times \frac{已发行时间}{报告期时间} - 当期回\\购普通 \times \frac{已回购时间}{报告期时间}$$

企业存在稀释性潜在普通股的,应当分别调整归属于普通股股东的当期净利润和发行在外普通股的加权平均数(即基本每股收益计算公式中的分子、分母),据以计算稀释每股收益。其中,稀释性潜在普通股,是指假设当期转换为普通股会减少每股收益的潜在普通股,主要包括可转换公司债券、认股权证和股票期权等。

【例11.22】 根据表11.2,11.3提供的资料,同时获知该公司2009年末的发行在外的普通股股数为10 000万股,则基本每股收益为

$$基本每股收益 = \frac{1\ 200}{10\ 000} = 0.12(元)$$

(七)每股股利

每股股利指上市公司本年发放的普通股现金股利总额与年末普通股总数的比值。其计算公式为

$$每股股利 = \frac{普通股股利总额}{年末普通股股数}$$

【例11.23】 根据表11.2,11.3的资料,同时获知该公司2009年末的发行在外的普通股股数为10 000万股,决定发放的股利为500万元,则每股股利为

$$每股股利 = \frac{500}{10\ 000} = 0.05(元)$$

（八）市盈率

市盈率是上市公司普通股每股市价相当于每股收益的倍数，反映投资者对上市公司每元净利润愿意支付的价格，可以用来估计股票的投资报酬和风险。其计算公式为

$$市盈率 = \frac{普通股每股市价}{普通股每股收益}$$

市盈率是反映上市公司盈利能力的一个重要财务比率，投资者对这个比率十分重视。这一比率是投资者作出投资决策的重要参考因素之一。一般来说，市盈率高，说明投资者对该公司的发展前景看好，愿意出较高的价格购买该公司股票，所以一些成长性较好的高科技公司股票的市盈率通常要高一些。但是，也应注意，如果某一种股票的市盈率过高，则也意味着这种股票具有较高的投资风险。

【例11.24】 根据例11.22的资料，同时获知该公司股票的期末市价为4元，则市盈率为

$$市盈率 = \frac{4}{0.12} = 33.33$$

（九）每股净资产

每股净资产是上市公司年末净资产与年末普通股总数的比值。其计算公式为

$$每股净资产 = \frac{年末股东权益}{年末普通股总数}$$

【例11.25】 根据表11.2提供的资料，同时获知该公司2009年末的发行在外的普通股股数为10 000万股，则每股净资产为

$$每股净资产 = \frac{21\ 800}{10\ 000} = 2.18(元)$$

四、发展能力指标

发展能力通常是指企业未来生产经营的发展趋势和发展潜力。它包括资产、销售、收入、收益等方面的增长趋势和增长速度。发展能力指标主要包括营业收入增长率、资本积累率、总资产增长率、净利润增长率、固定资产增长率。

（一）营业收入增长率

营业收入增长率是指企业本期营业收入增长额同上期营业收入额的比率。该指标反映了企业本期相对于上期营业收入的增减变动情况及市场竞争能力，该指标越高说明企业的市场竞争力越强，其计算公式为

$$营业收入增长率 = \frac{本期营业收入增长额}{上期营业收入} \times 100\%$$

【例11.26】 根据表11.3提供的资料,该公司2009年营业收入增长率为

$$营业收入增长率=\frac{20\,000-18\,000}{18\,000}\times100\%=11.11\%$$

(二)资本积累率

资本积累率是指企业本期所有者权益增长额同期初所有者权益的比率。该指标反映了企业当期资本积累能力。该指标越高说明企业的发展潜力越大,其计算公式为

$$资本积累率=\frac{本期所有者权益增长额}{期初所有者权益}\times100\%$$

【例11.27】 根据表11.2提供的资料,该公司2009年资本积累率为

$$资本积累率=\frac{21\,800-20\,600}{20\,600}\times100\%=5.83\%$$

(三)总资产增长率

总资产增长率是指企业本期总增长额与期初资产总额的比率。该指标反映了企业当期资产规模的变动情况。该指标越高说明企业的规模扩张速度越快。其计算公式为

$$总资产增长率=\frac{期末资产总额-期初资产总额}{期初资产总额}\times100\%$$

【例11.28】 根据表11.2提供的资料,该公司2009年总资产增长率为

$$总资产增长率=\frac{30\,500-28\,000}{28\,000}\times100\%=8.93\%$$

(四)净利润增长率

净利润增长率是指企业本期净利润增长额与上期净利润的比率。该指标反映了企业当期净利润的增长速度情况。该指标越高说明企业收益增长的越多,市场竞争能力越强。其计算公式为

$$净利润增长率=\frac{本期净利润-上期净利润}{上期净利润}\times100\%$$

【例11.29】 根据表11.3提供的资料,该公司2009年净利润增长率为

$$净利润增长率=\frac{1\,200-1\,000}{1\,000}\times100\%=20\%$$

(五)固定资产增长率

固定资产增长率是指企业本期固定资产净增加额与上期固定资产总额的比率。该指标反映了企业固定资产的新旧程度以及革新速度。该指标越高说明企业固定资产更新的越快,生产技术性能提高的能力较强。其计算公式为

$$固定资产增长率=\frac{本期固定资产净值-上期固定资产净值}{上期固定资产净值}\times 100\%$$

【例 11.30】 根据表 11.2 提供的资料,该公司 2009 年固定资产增长率为

$$固定资产增长率=\frac{22\,000-20\,000}{20\,000}\times 100\% = 10\%$$

第四节 财务综合分析

财务综合分析就是将运营能力、偿债能力、获利能力和发展能力指标等诸方面纳入一个有机的整体之中,全面地对企业经营状况、财务状况进行揭示与披露,并借以对企业经济效益的优劣作出系统的、合理的评价。财务综合指标分析的特点,体现在其财务指标体系的要求上,一个健全有效的财务综合指标体系必须具有指标要素齐全适当、主辅指标功能要匹配、满足多方面经济需求等特点。

一、财务指标体系的特点

1. 指标要素齐全适当

这是指所设置的评价指标必须能够涵盖着企业运营能力、偿债能力和盈利能力等诸方面总体考核的要求。

2. 主辅指标功能匹配

这里要强调两个方面:第一,在确立运营能力、支付能力和获利能力诸方面评价的主要指标与辅助指标的同时,进一步明晰总体结构中各项指标的主辅地位;第二,不同范畴的主要考核指标所反映的企业经营状况、财务状况的不同侧面与不同层次的信息有机统一,应当能够全面而详实地揭示出企业经营理财的实际业绩。

3. 满足多方信息需要

这要求评价指标体系必须能够提供多层次、多角度的信息资料,既能满足企业内部管理实施决策对充分而具体的财务信息的需要,同时又能满足外部投资者和政府凭以决策和实施宏观调控的要求。

二、财务综合分析的主要方法

综合指标分析的方法很多,其中应用比较广泛的有杜邦财务分析体系和沃尔比重评分法。

1. 杜邦财务分析体系

杜邦财务分析体系(简称杜邦体系)是利用各财务指标间的内在关系,对企业综合经营理财及经济效益进行系统分析评价的方法。因其最初由美国杜邦公司创立并成功运用而得

名。该体系以净资产收益率为核心,将其分解为若干财务指标,通过分析各分解指标的变动对权益净利率的影响来揭示企业获利能力及其变动原因。其计算公式为

$$权益净利率 = \frac{税后经营利润}{股东权益} - \frac{税后利息}{股东权益} =$$

$$\frac{税后经营利润}{净经营资产} \times \frac{净经营资产}{股东权益} - \frac{税后利息}{净负债} \times \frac{净负债}{股东权益} =$$

$$\frac{税后经营利润}{净经营资产} \times (1 + \frac{净负债}{股东权益}) - \frac{税后利息}{净负债} \times \frac{净负债}{股东权益} =$$

净经营资产利润率 + (净经营资产利润率 - 税后利息率) × 净财务杠杆

【小资料】

杜邦公司以生产火药起家,至今其业务主体仍然涉及化工、纺织、电子以及汽车工业等领域。这家有着200余年历史的美国老牌企业经历数次转型,终于成功转变成今天以科学成果影响世界的新型科学公司。至2009年底,杜邦公司在我国成立的独资、合资企业共计39家,其业务涉及人们生活的各个方面。

资料引自:http://baike.baidu.com.

---

2. 沃尔比重评分法

在进行财务分析时,人们遇到的一个主要困难就是计算出财务比率之后,无法判断它是偏高还是偏低。与本企业的历史比较,也只能看出自身的变化,却难以评价其在市场竞争中的优劣地位。为了弥补这些缺陷,亚历山大·沃尔提出了信用能力指数概念,将流动比率、产权比率、固定资产比率、存货周转率、应收账款周转率、固定资产周转率、自有资金周转率等七项财务比率用线性关系结合起来,并分别给定各自的分数比重,然后通过与标准比率进行比较,确定各项指标的得分及总体指标的累计分数,从而对企业的信用水平作出评价。

原始意义上的沃尔分析法存在两个缺陷:一是所选定的七项指标缺乏证明力;二是当某项指标严重异常时,会对总评分产生不合逻辑的重大影响。现在通常认为,在选择指标时,偿债能力、运营能力、盈利能力和发展能力指标均应当选到,除此之外还应当适当选取一些非财务指标作为参考。

沃尔比重评分法的基本步骤:
①选择评价指标并分配指标的权重;
②确定各项评价指标的标准值;
③对各项评价指标记分并计算综合分数;
④形成评价成果。

第五节 综合绩效评价

一、综合绩效评价的意义和内容

综合绩效评价,是指运用数理统计和运筹学的方法,通过建立综合评价指标体系,对照相应的评价标准,定量分析与定性分析相结合,对企业一定经营期间的盈利能力、资产质量、债务风险以及经营增长等经营业绩和努力程度等各方面进行的综合评判。综合绩效评价是综合分析的一种,一般是站在企业所有者(投资人)的角度进行的。企业综合绩效评价由财务绩效定量评价和管理绩效定性评价两部分组成。

（一）财务绩效定量评价

财务绩效定量评价是指对企业一定期间的盈利能力、资产质量、债务风险和经营增长四个方面进行定量对比分析和评判。

（二）管理绩效定性评价

管理绩效定性评价是指在企业财务绩效定量评价的基础上,通过采取专家评议的方式,对企业一定期间的经营管理水平进行定性分析与综合评判。

二、综合绩效评价指标和标准

（一）综合绩效评价指标

企业综合绩效评价指标由 22 个财务绩效定量评价指标和 8 个管理绩效定性评价指标组成。各指标评价内容与权重如表 11.4 所示。

（二）企业综合绩效评价标准

综合绩效评价标准分为财务绩效定量评价标准和管理绩效定性评价标准。

1. 财务绩效定量评价标准

财务绩效定量评价标准包括国内行业标准和国际行业标准。国内行业标准根据国内企业年度财务和经营管理统计数据,运用数理统计方法,分年度、分行业、分规模统一测算。国际行业标准根据居于行业国际领先地位的大型企业相关财务指标实际值,或者根据同类型企业相关财务指标的先进值,在剔除会计核算差异后统一测算。其中,财务绩效定量评价标准的行业分类,按照国家统一颁布的国民经济行业分类标准结合企业实际情况进行划分。

财务绩效定量评价标准按照不同行业、不同规模及指标类别,划分为优秀(A)、良好(B)、平均(C)、较低(D)、较差(E)五个档次,对应五档评价标准的标准系数分别为 1.0、0.8、0.6、0.4、0.2,较差(E)以下为 0。

表 11.4　企业综合绩效评价指标及权重表

评价内容与权重		财务绩效(70%)				管理绩效(30%)	
		基本指标	权重	修正指标	权重	评议指标	权重
盈利能力状况	34	净资产收益率 总资产报酬率	20 14	销售(营业)利润率 利润现金保障倍数 成本费用利润率 资本收益率	10 9 8 7	战略管理 发展创新 经营决策 风险控制 基础管理 人力资源 行业影响 社会贡献	18 15 16 13 14 8 8 8
资产质量状况	22	总资产周转率 应收账款周转率	10 12	不良资产比率 流动资产周转率 资产现金回收率	9 7 6		
债务风险状况	22	资产负债率 已获利息倍数	12 10	速动比率 现金流动负债比率 带息负债比率 或有负债比率	6 6 5 5		
经营增长状况	22	销售(营业)增长率 资本保值增值率	12 10	销售(营业)利润增长率 总资产增长率 技术投入比率	10 7 5		

2. 管理绩效定性评价标准

管理绩效定性评价标准分为优(A)、良(B)、中(C)、低(D)、差(E)五个档次。对应五档评价标准的标准系数分别为:1.0,0.8,0.6,0.4,0.2,差(E)以下为0。

管理绩效定性评价标准具有行业普遍性和一般性,在进行评价时,应当根据不同行业的经营特点,灵活把握个别指标的标准尺度。对于定性评价标准没有列示,但对被评价企业经营绩效产生重要影响的因素,在评价时也应予以考虑。

> 【小资料】
> 2006年10月29日国务院国资委公布《中央企业综合绩效评价实施细则》。企业绩效分数将直接影响到央企负责人的年度业绩考核结果。《细则》规定:评价得分达到85分以上的评价类型为优(A);70分以上的为良(B);50分以上的为中(C);40分以上的为低(D);得分在40分以下的为差(E)。
> 资料引自:中央企业综合绩效评价实施细则——国务院国有资产监督委员会.

三、综合绩效评价的方法

综合绩效评价的方法包括财务绩效评价计分法、管理绩效评价计分法和综合绩效评级计分法。

(一) 财务绩效评价计分法

财务绩效评价计分包括基本指标计分法和修正指标的计分法。

1. 基本指标计分法

财务绩效定量评价基本指标计分法是按照功效系数法计分原理,将评价指标实际值对照行业评价标准值,按照规定的计分公式计算各项基本指标得分。计算公式为

$$基本指标总得分 = \sum 单项基本指标得分$$

$$单项基本指标得分 = 本档基础分 + 调整分$$

$$本档基础分 = 指标权数 \times 本档标准系数$$

$$调整分 = 功效系数 \times (上档基础分 - 本档基础分)$$

$$上档基础分 = 指标权数 \times 上档标准系数$$

$$功效系数 = \frac{实际值 - 本档标准值}{上档标准值 - 本档标准值}$$

本档标准值是指上下两档标准值居于较低等级一档。

2. 修正指标的计分法

财务绩效定量评价修正指标的计分法是在基本指标计分结果的基础上,运用功效系数法原理,分别计算盈利能力、资产质量、债务风险和经营增长四个部分的综合修正系数,再据此计算出修正后的分数。计算公式为

$$修正后总得分 = \sum 各部分修正后得分$$

$$各部分修正后得分 = 各部分基本指标分数 \times 该部分综合修正系数$$

$$某部分综合修正系数 = \sum 该部分各修正指标加权修正系数$$

$$某指标加权修正系数 = \frac{修正指标系数}{该部分权数} \times 该指标单项修正系数$$

$$某指标单项修正系数 = 1.0 + \left(\frac{本档标准系数} + \frac{功效系数} \times 0.2 - \frac{该部分基本指标分析系数}\right)$$

$$某部分基本指标分析系数 = \frac{该部分基本指标得分}{该部分权数}$$

注:单项修正系数控制修正幅度为 0.7~1.3。

在计算修正指标单项修正系数过程中,对于一些特殊情况应进行调整:

(1) 如果修正指标实际值达到优秀值以上,其单项修正系数的计算公式为

$$单项修正系数 = 1.2 + 本档标准系数 - 该部分基本指标分析系数$$

(2) 如果修正指标实际值处于较差值以下,其单项修正系数的计算公式为

$$单项修正系数 = 1.0 - 该部分基本指标分析系数$$

(3) 如果资产负债率 ≥ 100%,指标得 0 分;其他情况按照规定的公式计分。

(4) 如果盈余现金保障利润分子为正数,分母为负数,单项修正系数确定为 1.1。如果分

子为负数,分母为正数,单项修正系数确定为 0.9;如果分子分母同为负数,单项修正系数确定为 0.8。

(5)如果不良资产比率≥100%或分母为负数,单项修正系数确定为 0.8。

(6)对于销售(营业)利润增长率指标,如果上年主营业务利润为负数,本年为正数,单项修正系数为 1.1;如果上年主营业务利润为零,本年为正数,或者上年为负数,本年为零,单项修正系数确定为 1.0。

(7)如果个别指标难以确定行业标准,该指标单项修正系数确定为 1.0。

(二)管理绩效评价计分法

管理绩效定性评价指标的计分一般通过专家评议打分形式完成,聘请的专家应不少于 7 名;评议专家应当在充分了解企业管理绩效状况的基础上,对照评价参考标准,采取综合分析判断法,对企业管理绩效指标做出分析评议,评判各项指标所处的水平档次,并直接给出评价分数。计分公式为

$$管理绩效定性评价指标分数 = \sum 单项指标分数$$

$$单项指标分数 = \frac{\sum 每位专家给定的单项指标分数}{专家人数}$$

(三)综合绩效评价计分法

综合绩效评价计分法是在得出财务绩效定量评价分数和管理绩效定性评价分数后,应当按规定的权重,耦合形成综合绩效评价分数。其计算公式为

$$企业综合绩效评价分数 = \frac{财务绩效定}{量评价分数} \times 70\% + \frac{管理绩效定}{性评价分数} \times 30\%$$

$$绩效改进度 = \frac{本期绩效评价分数}{基期绩效评价分数}$$

绩效改进度大于 1,说明经营绩效上升;绩效改进度小于 1,说明经营绩效下滑。

本章小结

1.财务分析是指以财务报告和其他相关的资料为依据,采用专门的方法,对企业的财务状况和经营成果及其变动趋势进行系统分析和评价的一种方法。

2.财务分析方法包括比较分析法、比率分析法和因素分析。比较分析法是指通过两个或者两个以上指标对比,确定其增减变动的方向、数额和幅度,来说明企业财务状况或经营成果的变动趋势的一种方法。比率分析法是通过计算各种比率指标来确定经济活动变动程度的分析方法。因素分析法是依据分析指标与其影响因素的关系,从数量上确定各因素对分析指标影响方向和影响程度的一种方法。

3.财务分析指标包括偿债能力指标、运营能力指标、盈利能力指标和发展能力指标。偿债能力指标包括短期偿债能力指标和长期能力指标;运营能力指标包括人力资源运营能力指标

和生产资料运营能力指标;盈利能力指标主要包括营业利润率、成本费用利润率、盈余现金保障倍数、总资产报酬率、净资产收益率等指标。此外,上市公司经常使用的盈利能力指标还有每股收益、每股股利、市盈率和每股净资产等。发展能力指标主要包括营业收入增长率、资本保值增长率、资本积累率、总资产增长率、营业收入增长率、营业收入三年平均增长率等。

4. 将上述各种指标等诸方面纳入一个有机的整体之中,全面地对企业经营状况、财务状况进行解剖和分析,称之为综合指标分析。综合指标分析方法主要有杜邦财务分析体系和沃尔比重评分法。

5. 综合绩效评价,是指运用数理统计和运筹学的方法,通过建立综合评价指标体系,对照相应的评价标准,定量分析与定性分析相结合,对企业一定经营期间的盈利能力、资产质量、债务风险以及经营增长等经营业绩和努力程度等各方面进行的综合评判。企业综合绩效评价的内容由财务绩效定量评价和管理绩效定性评价两部分组成。企业综合绩效评价指标由22 个财务绩效定量评价指标和 8 个管理绩效定性评价指标组成,评价标准划分为优秀(A)、良好(B)、平均(C)、较低(D)、较差(E)五个档次。综合绩效评价的方法包括财务绩效评价计分法、管理绩效评价计分法和综合绩效评级计分法。

复习思考题

1. 财务分析的概念?
2. 财务分析指标包括哪几类?具体指标分别有哪些?
3. 财务综合分析与财务分析指标有何关系?
4. 综合绩效评价的内容和标准是什么?
5. 杜邦分析体系的核心指标是什么?

【案例分析】

东方航空财务分析

一、公司简介

中国东方航空股份有限公司(以下简称"东航")是东航集团的核心企业,是中国第一家在香港、上海和纽约上市的航空公司,注册资本为人民币 48.669 5 亿元。

二、航空公司财务的主要特点

航空业的一大特点就是负债币种多为外币。由于购买飞机的成本很高,再加上高额的其他费用,租赁飞机则以较低的成本、较高的灵活性及多种融资渠道而成为国内外许多航空公司的现实选择。目前,全球航空公司的飞机有40%都是通过租赁方式引进的,这就导致航空公司资产负债率水平较高,负债的大部分为外币负责,其中又主要以美元为主。美元负债中大约有50%为固定利率贷款,因此汇率的变化以及国内利率的调整都会对航空公司造成较大的影响。

三、财务比率分析

该公司 2001~2004 年的主要财务比率如下表。

主要财务指标明细表

年份	偿债能力分析		财务结构分析	经营效率分析			盈利能力分析 /%		每股财务数据 /元	
	流动比率	速动比率	资产负债率/%	存货周转率	应收账款周转率	总资产周转率	经营净利率	净资产收益率	每股净资产	每股收益
1998	1.30	0.94	75.49	3.59	7.46	0.33	-7.32	-5.27	1.34	-0.130
1999	1.327	0.94	74.25	4.04	6.70	0.40	1.95	3.11	1.37	0.043
2000	1.19	0.84	74.25	4.28	5.94	0.47	0.17	0.30	1.36	0.004
2001	0.77	0.52	75.96	4.69	9.17	0.47	1.04	2.13	1.28	0.027
2002	0.56	0.42	78.65	5.07	12.52	0.46	0.93	1.98	1.291	0.026
2003	0.43	0.34	84.22	7.12	10.35	0.41	-5.90	-15.8	1.07	0.170
2004	0.43	0.37	84.27	12.77	12.23	0.51	2.70	9.25	1.19	0.110

从主要财务指标的纵向比较可以看出,东航流动比率和速动比率逐年下降,即偿债能力逐年下降,但相对行业水平还是可以接受的。其比率的降低,一方面,由于公司从2001年开始调整了长短期借款的结构,增加了短期借款,减少了长期借款;另一方面,由于公司经营规模的扩大,公司借入短期借款满足营运资金要求的同时,其他的流动负债也有相应的增加。资产负债率也有逐年上升的趋势,尤其是在2003年资产负债率有较大的提高,主要是公司由于投资的需要,长短期借款都有相当比率的增加。从经营效率来看,存货周转率、应收账款周转率和总资产周转率都有所提高,说明公司在近年的改革方面是有成效的,但从行业横比来看,东航的应收账款的管理仍然是不够的,还有提高效率的空间。从盈利能力来看,东航的盈利情况波动比较大,特别是2003年波动最大,这符合行业受外界因素影响大的特征。

问题:

1. 东方航空股份有限公司的每股收益为何如此之低?
2. 东方航空股份有限公司的发展趋势如何?
3. 东方航空股份有限公司应如何调整?

第十二章
Chapter 12

公司并购管理

【学习要点及目标】

通过本章学习,要求掌握公司并购的含义、并购的动因及并购的类型;在此基础上要掌握围绕并购展开的筹资活动和并购后的整合;了解并购过程中的风险。

【导入案例】

2009年世界汽车业格局变迁使中国汽车业的发展迎来了良机,各大国际汽车企业纷纷通过裁员、破产重组、并购等方式来应对危机,而中国汽车业成为危机中的一匹黑马,积极地走出去参与海外并购,提升企业核心技术水平与自身品牌形象。吉利控股并购沃尔沃轿车,北汽集团购买了萨博的三个整车平台和两个系列的涡轮增压发动机、变速箱的技术所有权以及部分生产制造模具……几乎所有的厂家都已经意识到我们正站在历史的十字路口,平庸还是超越,腾飞还是原地踏步,决定着中国汽车业的未来。民族产业的复兴一直是我们的追求,中国汽车产业振兴规划指出,通过兼并重组,形成2~3家产销规模超过200万辆的大型汽车企业集团,4~5家产销规模超过100万辆的汽车企业集团的目标,在2009年已有所突破。

第一节 公司并购概述

一、并购的内涵

公司并购是指公司的兼并和收购(Megrer&Acquisitino,简称为 M&A)。主要特征是获得目标公司的控制权,本书所涉及的并购主要指在市场机制作用下,公司为了获得其他公司的控制权而进行的产权重组活动。

兼并就是一个公司购买其他公司的产权，并使其他公司失去法人资格的一种经济行为。公司兼并的实质，就是优势公司通过获得产权，重组劣势公司无效的存量资产，以实现社会资本的集中。

收购是公司用现金、有价证券等方式购买另一家公司的资产或股权，以获得该公司控制权的一种经济行为。

兼并和收购有时相伴而生，合称并购。狭义的整体兼并与公司收购的区别在于：前者是公司全部资本的转移，后者则是可以收购部分股权，实现控股；前者是被兼并公司的法人地位消失，后者是被兼并公司的法人地位依然存在。

【小资料】

兼并、合并与收购在资本市场上统称为"并购"或"购并"。泛指在市场机制作用下企业为了获得其他企业控制权而进行的产权交易投资活动。兼并与并购的区别在于：(1)在兼并中，被合并企业作为法人不复存在；收购中，被收购企业可以仍以法人实体存在。(2)兼并后，兼并企业成为被兼并企业的所有者，是资产、债权、债务、股权的一同转换；在收购中，收购企业是被收购企业的新股东，以收购出资的股本为限承担被收购企业的风险。(3)兼并多发生在被兼并企业财务状况不好、生产经营停滞或半停滞之时，兼并后一般需要重新整合其资产；而收购一般发生在企业正常生产经营状态，产权流动比较平和。

资料引自：王化成.高级财务管理学[M].2版.北京：中国人民大学出版社，2007.

二、并购的动因

效率理论认为并购的动因主要是追求各种协同效应。所谓协同效应，是指两个公司组成一个公司之后，其产出比原来两个公司的产出之和还要大的情形，通常称为2+2>4效应。主要内容如下。

1. 经营协同

经营协同效应主要指的是，并购双方在资源上存在互补性、规模经济或广度经济，所以两个或两个以上公司合并成一个公司时引起收益增加或成本减少。其前提是：在行业中存在着规模经济，且合并之前，公司的经营活动水平达不到实现规模经济的要求。

2. 管理协同

管理协同理论指的是管理能力相对较强、效率相对较高的公司管理层获得低效公司的控制权，再通过资产重组、业务整合，改善低效公司营运效率，创造价值。其假设是通过并购确实能够提高目标公司的经营效率。

3. 财务协同

财务协同效应，主要是指并购给公司在财务方面带来的种种效益，这种效益的取得不是由于效率的提高而引起的，而是由于税法、会计处理惯例以及证券交易等内在规定的作用而产生的一种纯金钱上的效益。主要表现在两个方面：

(1)通过并购实现合理避税的目的。不同资产、股息、利息、营业收益、资本收益税率不同,通过并购可以带来不同的节税效应,并提高资产利用率。

(2)预期效应对并购的巨大刺激作用。预期效应指的是由于并购使股票市场对公司股票评价发生改变而对股票价格的影响。

4. 多样化经营

多样化经营理论是指多样化经营能够满足管理者和其他雇员分散风险的需要、能够实现组织资本和声誉资本的保护等原因,具有一定价值,进行公司并购就能获得这种价值。

5. 市场份额效应

市场份额指的是公司的产品在市场上所占份额,也就是公司对市场的控制能力。公司市场份额的不断扩大,可以使公司获得某种形式的垄断,这种垄断既能带来垄断利润又能保持一定的竞争优势。因此这方面的原因对并购活动有很强的吸引力。

6. 公司发展战略动机

根据公司生命周期理论,每一个公司的产品都有一个开发、试制、成型、衰退的过程。对于生产某一主导产品的公司,它一方面可以不断地开发新品种适应公司的产品生命周期,另一方面则可以制定较长远的发展战略,有意识地通过公司并购的方式进行产品的转移。

近年来公司出于战略目的而进行的并购活动越来越多,且明显地表现在以下三个方面:

(1)公司通过并购有效地占领市场。

(2)公司通过并购实现经验共享和互补。

(3)通过并购能够获得科学技术上的优势。

三、并购的类型

(一)按并购双方的业务性质分类

1. 横向并购

横向并购,又称水平并购,是公司扩张的一种基本形式。它是指在同一市场上产品或服务互相竞争的公司之间的并购。

横向并购有两个明显的效果:实现规模经济和提高行业集中程度。公司间通过横向并购,能够充分利用并购后公司的规模经济原则来扩大市场竞争力,达到在市场竞争中取胜的目的。

2. 纵向并购

纵向并购,又称垂直并购,是指为了业务的前向或后向的扩展而在生产或经营的各个相互衔接和密切联系的公司之间发生的并购行为。最全面的纵向并购是把加工原料到制造、销售产品的各个阶段都包括在内。

3. 混合并购

混合并购是指一个公司对那些与自己生产的产品不同性质和种类的公司进行的并购行为,其中目标公司与并购公司即不是同一行业,又没有纵向关系。通过并购,一个公司可以不仅在某一单个产品或服务的生产或提供上实行专业化,而且可以生产或提供一系列不同的产品和服务,从而实现多元化经营战略。

混合并购战略是公司并购的最好形式,能够降低公司的经营风险,使公司获得稳定的利润。

(三)按并购的支付方式分类

1. 现金并购

现金并购是一种单纯的并购行为,它是由并购公司支付给目标公司股东一定数额的现金,借此取得目标公司的所有权。采用这种方式,将会加大并购公司在并购中的现金支出,但一般不会影响并购公司的资本结构。主要形式为:

(1)现金购买资产。并购方公司使用现金购买目标公司部分或全部资产,将其并入并购方公司或对目标公司实施经营管理控制权。

(2)现金购买股份。并购方公司用现金购买目标公司部分或全部股票或股权,对目标公司实施经营管理控制权。

2. 股票并购

股票并购指的是并购公司用其股权换取被并购公司的股权或资产。采用股票交易虽然可以减少被并购公司的现金支出,但要稀释并购公司的资产结构,主要形式为:

(1)股票购买资产。并购公司向被并购公司股东发行股票,以换取被并购公司的资产,并在有选择的情况下承担被并购公司的全部或部分债务。

(2)股票交换股票。并购公司向被并购公司的股东发行其股票,以换取被并购公司的大部分或者全部股票,以达到控制被并购公司的目的。

3. 综合证券并购

综合证券并购指的是并购公司对目标公司提出并购要约时,出价可以是现金、股票、认股权证、可转换债券等多种形式的混合。用综合证券并购方式可将多种支付工具组合在一起,可使并购方避免支出更多的现金,以造成公司财务结构恶化,亦可防止并购公司原有股东的股权稀释,从而控制股权转移。

4. 承担债务式

承担债务式并购是指被并购公司资不抵债或者资产与债务相等的情况下,并购公司以承担被并购公司全部或者部分债务为条件,取得被并购公司的资产所有权和经营权。采用这种方式,可以减少公司在并购中的现金支出,但是有可能影响并购公司的资本结构。

(三)按照是否利用资产来支付并购资金分类

1. 杠杆并购

杠杆并购指的是并购公司利用被并购公司资产的经营收入,来支付并购价款或者作为此种支付的保证。在这种并购中,并购公司不必拥有巨额资金,只需要准备少量的现金(用以支付并购过程中发生的律师费、会计师费),加之被并购公司的资产及其营运所得作为融资担保和还贷资金,便可并购任何规模的公司。

2. 非杠杆并购

非杠杆并购指的是并购公司不用被并购公司自有资金及营运所得来支付并购价格的支付方式。

第二节 公司并购的运作

一、公司并购筹资

(一)并购资金需要量

预测并购资金需要量时主要考虑以下四项因素。

1. 并购支付对价

并购支付对价是指并购方公司为完成收购目标公司所付出的代价,即支付的现金或现金等价物的金额或者并购方公司为取得对其他公司净资产的控制权而放弃的其他有关资产项目或有价证券的公允价值。

支付的对价与目标公司权益价值大小、控股比率和支付溢价率相关。可以通过下面的公式计算,即

$$并购支付的对价 = 目标公司权益价值 \times 控股比率 \times (1+支付溢价率)$$

并购公司的权益价值是并购成本的核心构成。支付溢价率是指支付的对价高于被并购公司权益价值的比率,一般来说,公开收购、竞标收购或敌意收购往往要支付较高的溢价率。

2. 承担目标公司表外负债和或有负债的支出

表外负债是指目标公司的资产负债表上没有体现但实际上要明确承担的义务,包括职工的退休金、离职费、安置费等。

或有负债是指由过去的交易或事项形成的潜在义务,其存在需要通过未来不确定事项的发生或不发生予以证实。或有负债是并购公司潜在的并购支付成本。所以,并购方应详尽了解并购目标公司的未决诉讼和争议、债务担保、纳税责任以及产品责任等项目,对或有负债做出判断。

3. 并购交易费用

并购交易费用包括并购直接费用和并购管理费用。并购直接费用主要指为并购融资注册和发行权益证券的费用,支付给会计师、律师的咨询费用,以及其他各项评估费用等。并购管理费用主要包括并购管理部门的费用,以及不能直接计入并购事项的费用。

4. 整合与运营成本

为了保证并购后公司的健康持续发展必须要支付长期的运营成本。一般来说上述成本包

括两项。一是整合改制成本,是指在对人事机构、经营方式、经营战略、产业结构等进行调整时发生的管理、培训等费用。二是注入资金的成本,并购时必须深入分析并购双方公司管理资源的互补性,合理估计并购方在现有基础上对目标公司的管理投入、资金投入成本。

(二)并购筹资方式

1. 现金支付时的筹资方式

现金收购往往会给主并购公司造成一项沉重的现金负担。如果主并购公司有充分的甚至比例过高的流动资产,那么它首先可以考虑用自己的流动资产(变现后)支付给目标公司。但通常情况下,并购一家公司需要的资金数量相当庞大,在采用现金支付方式时,主并购公司通常都要到本公司外部去寻找必要的资金。常见的筹资方式有增资扩股、向金融机构贷款、发行公司债券、发行认股权证或上述几项的综合运用。

(1)增资扩股。主并购公司在选择通过增资扩股来取得现金时,最为重要的是考虑增资扩股对主并购公司股权结构的影响。但大多数情况下,股东更愿意增加借款而不愿扩股筹资。

(2)金融机构贷款。金融机构贷款无论是在国外还是在国内,都是普遍采用的筹资方式。在向银行提出贷款申请时,首先要考虑的是贷款的安全性,即要考虑贷款将来用什么资金来偿还。一般情况下,至少有一部分贷款的偿还需要目标公司未来的现金流入。这种现金流入有两种来源,即目标公司以后的生产经营所产生的收益和变卖目标公司一部分资产所获得的现金。

(3)发行公司债券。筹集现金的另一种方式是向其他机构或第三方发行债券。我国《公司法》规定,公司如果为股份有限公司、国有独资公司和两个以上的国有公司或者其他两个以上的国有投资主体设立的有限责任公司,为筹集生产经营资金,可以发行公司债券;同时,还规定上市公司经股东大会决议可以发行可转换债券等。这些规定为主并购公司通过发行债券为并购筹资提供了可能,同时也进行了限制。

(4)发行认股权证。认股权证通常和公司的长期债券一起发行,以吸引投资者来购买利率低于正常水平的长期债券。由于认股权证代表了长期选择权,所以附有认股权证的债券或股票,往往对投资者有较大的吸引力。

2. 股票和混合证券支付的筹资方式

在并购中,主并购公司用股票或混合证券支付时,发行的证券要求是已经或者将要上市的。因为只有这样,证券才有流动性,并有一定的市场价格作为换股参考。

(1)发行普通股。主并公司可以通过将以前的库存股重新发售或者增发新股给目标公司的股东,换取目标公司的股权。普通股支付有两种方式:一是由主并公司出资收购目标公司的全部股权或部分股权,目标公司取得资金后认购主并购公司的增资股,并购双方不需再另筹资金即可完成并购交易;另一种方式是由主并公司收购目标公司的全部资产或部分资产,目标公司认购主并公司的增资股,这样也达到了股权置换的目的。新发行的给目标公司股东的股票应该与主并公司原来的股票同股同权同利。

(2)发行优先股。有时向目标公司发行优先股可能会是主并公司更好的选择。比如,如果目标公司原来的股利政策是发放较高的股息,为了保证目标公司股东的收益不会因并购而减少,目标公司可能会提出保持原来的股利支付率的要求。对于主并公司而言,如果其原来的股利支付率低于目标公司的股利支付率,提高股利支付率的话,则意味着新老股东的股利都要增加,这会给主并公司的财务带来很大的压力。这时,发行优先股就可以避免这种情况。

(3)发行债券。有时主并公司也会向目标公司发行债券,以保证公司清算解体时,债务人可先于股东得到偿还。债券的利息一般会高于普通股票的股息,这样对目标公司的股东就会有吸引力。而对主并公司而言,收购来一部分资产,股本额仍保持原来的水平,增加的只是负债,从长期来看,股东权益未被稀释。因此,发行债券对并购双方都是有利的。

二、并购整合

(一)并购整合的含义

所谓并购整合,就是并购双方在并购战略愿景的驱动下,通过采取一系列战略措施、手段和方法,对公司要素进行系统性融合和重构,并以此来创造和增加公司价值的过程。

在并购过程中,战略准备阶段的风险概率为30%,而谈判交易阶段的风险概率为17%,在并购整合阶段的风险概率最大,约为53%。因此在公司并购行为结束后,能否将并购的资源与公司原有的资源进行有效地整合,是公司并购战略成败的决定性因素。

(二)并购整合体系

并购整合体系(Post merger integration)是指当收购方获得目标公司的资产所有权、股权和经营控制权之后进行的资产、组织结构、人力资源等公司要素的整体系统性安排。是将原有两个或者更多公司的不同的运作体系(管理、生产、营销、服务、公司文化等)有机地结合成为一个整体,并迅速有效地运转。包括经营业务整合、资产负债整合、组织整合、人力资源整合和文化整合。

1. 经营业务组合

经营业务的重组就是要追求经营上的协同效应。这个过程是并购公司按照并购动机,从战略角度对被并购公司进行资产、管理一体化重新组合。其目标是合理利用资源,把资源配置到利用效率最高的位置。

2. 资产债务组合

公司并购是由并购方为获取目标公司可用资产而引起,也是目标公司摆脱困境、调整债务结构、减轻负债的一种选择途径。根据并购协议,调整并购双方资产债务是并购后整合的重要内容。

3. 组织整合

组织整合是文化整合、人力资源整合的战略真正得以顺利进行的保证。组织整合可以从三个方面来进行:一是重构组织愿景;二是重构组织结构,包括组织的职位分析、部门设置和人员配备。三是实现组织资源的快速和有效转移,以避免由于时间的延长,使正面有利的影响消失。

4. 人力资源整合

人力资源是公司活的资源,对公司并购后生产力效率的发挥起着决定性的作用。留住人才、稳定人才从而整合人才,以减少因并购引起的人员震荡,成为人力资源整合的首要问题。在并购完成后,应根据员工的实际能力和水平,定机构、定岗位和定人员,通过考核,使他们适才录用。基于核心能力构建和培育的人力资源整合的目标是协同并购双方专业分工的差异,建立一个有竞争力的管理团队。

5. 文化整合

由于并购双方公司的发展轨迹和演变过程不同,文化的变迁、冲突和碰撞是不可避免的,管理者应把握这种变迁的方向,探索双方发生文化冲突和碰撞的可能性和影响程度,发现和寻找公司文化风险的控制手段,在公司的各个层次上建立起彼此信任的关系,塑造公司共同的价值观,有意识地将公司文化塑造成一种理想的模式。

第三节 并购的风险分析

公司在并购过程中,除了要考虑筹资等活动外,更要重视并购过程中的各种风险。

一、非系统风险

公司并购的非系统风险主要包括营运风险、信息风险、融资风险和反并购风险。

1. 营运风险

并购方在并购完成后,由于对目标公司价值的预测与评估不当,对并购成本的估算不足,对并购后可能产生的并购收益过分乐观等,可能无法使整个公司集团产生经营协同效应、财务协同效应、市场份额效应,难以实现规模经济和经验共享互补。通过并购形成的新公司因规模过于庞大而产生规模不经济,甚至整个公司集团的经营业绩都为被并购公司所拖累,这样就出现了营运风险。

2. 信息风险

在公司并购中,信息是非常重要的,信息的充分与否决定着公司并购成本的大小。及时与真实的信息可以降低公司的并购成本,从而大大提高公司并购的成功率。

3. 融资风险

公司并购需要大量的现金,所以并购决策会对公司资金规模和资本结构产生重大的影响。公司融资风险主要包括:①是否可以筹集到并购所需要的资金;②并购后的财务风险是否可控;③现金支付是否影响公司正常的生产经营。

4. 反并购风险

在通常情况下,被并购公司对他方的收购行为往往持不欢迎或不合作态度,特别在面临敌意收购时,他们可能会不惜一切代价组织反收购。一般说来,被并购公司主要是采取经济手段和法律手段来实施接管防御的。其主要手段有:①提高收购者的收购成本;②降低收购者的收购收益或增加收购者风险。

二、系统风险

公司并购的系统风险主要包括法律风险、体制风险等。

1. 法律风险

针对公司的并购行为,各国都有不同的法律法规,一般都是通过增加并购成本而提高并购难度,防止公司通过并购实现行业垄断和恶意并购的现象发生。如由证监会发布的上市公司收购的法规中规定,要求收购方持有一家上市公司5%的股票后,即必须公告并暂停买卖(针对上市公司非发起人),以后每递增5%就要重复该过程,持有30%股份后,即被要求发出全面收购要约。这套程序造成的收购成本过高,收购风险过大。

2. 体制风险

国有公司资本运营过程中相当一部分公司并购行为,都是由政府部门强行撮合而实现的。尽管大规模的公司并购活动离不开政府的支持和引导,但是并购行为毕竟是一种市场行为,如果政府依靠行政手段对公司并购大包大揽,不仅背离市场原则,难以达到预期效果,而且往往还会给并购公司带来风险,使公司并购偏离资产最优组合目标。

本章小结

1. 公司并购是指公司的兼并和收购。并购的动因主要包括经营协同、管理协同、财务协同、多样化经营、公司发展战略动机等内容。并购的类型有横向并购、纵向并购、混合并购、现金并购、股票并购、综合证券并购、杠杆并购、非杠杆并购等。

2. 预测并购资金需要量时主要考虑以下四项因素:并购支付对价、承担目标公司表外负债和或有负债的支出、并购交易费用、整合与运营成本。并购筹资方式要从两个方面分析:①现金支付时的筹资方式;②股票和混合证券支付的筹资方式。所谓并购整合,就是并购双方在并购战略愿景的驱动下,通过采取一系列战略措施、手段和方法,对公司要素进行系统性融合和重构,并以此来创造和增加公司价值的过程。

3. 公司在并购过程中,除了要考虑筹资等活动外,更要重视并购过程中的各种风险。分为非系统风险和系统风险,其中非系统风险包括:营运风险、信息风险、融资风险、反并购风险;系统风险包括:法律风险和体制风险。

复习思考题

1. 并购的含义及类型？
2. 公司并购的筹资方式有哪些？
3. 公司并购整合的含义？并购整合包括哪些内容？
4. 哪些风险属于公司并购过程中的非系统风险？

【案例分析】

卡夫并购吉百利："美国食王"吞下"英国糖果"

2010年1月19日，一起巨型并购案惊动了世界。美国卡夫食品公司与英国吉百利公司终于达成协议，前者以195亿美元收购后者，世界第二大糖果公司成为世界第二大食品公司的一部分。"美国食王"吞下了"英国糖果"，无疑具有划时代的意义。

这是一次国际企业的大手笔并购。根据双方协议，收购以现金加换股的方式进行。吉百利每股价格为850便士（合14美元），其中500便士以现金方式支付，其余为卡夫的股票。卡夫董事长兼首席执行官伊瑞恩·罗森菲尔德宣称，这起交易将使卡夫成为"糖果、饼干、规模、创新机会的世界领导者"。

两巨头的"前生今世"

卡夫的历史可以追溯到1903年，创始人詹姆斯·卡夫在芝加哥最早以上门推销奶酪起家，通过100多年的发展，卡夫成为美国最大的食品和饮料企业、世界第二大食品公司。

与卡夫相比，吉百利的历史更牛。1824年，约翰·吉百利在英国伯明翰销售茶叶和咖啡，并在短短的几年中将可可和巧克力变为公司的主导产品。吉百利是英国最有名的糖果公司。卡夫和吉百利的年龄加起来近300岁，丰厚的资历、超凡的实力、众多的品牌，无疑将打造出一家集食品、糖果、饮料于一身的世界超一流企业。

"联姻"来之不易

这是一桩颇费周折、来之不易的买卖。卡夫于去年9月初就开始向吉百利"求爱"，最初报价为170亿美元，被吉百利方面斥之为"敌意收购"。双方你来我往，"口水战"一度打得不亦乐乎。不过，闹归闹，双方的谈判并未完全中断。

据英国《金融时报》报道，卡夫为了吃下吉百利，可谓下足了本钱。近5个月的交易谈判中，在咨询、资金筹措手续费方面就花了3.8亿美元。在英国监管部门设定的协议最后期限19日到来之前，卡夫高层与吉百利方面进行了最后24小时的紧张谈判，最终以上调报价和提高付费现金等优惠敲定了这桩"婚姻"。

其实，吉百利被卡夫收购也不算冤。卡夫年收入高达420亿美元，而吉百利只有80亿美元。被一家收入高过5倍、雇员多2倍的公司纳于麾下，对吉百利来说，并不算丢人。再说，两巨头合二为一，可谓"强强联合"。市场方面来看，卡夫在北美独占鳌头，吉百利则是誉满欧盟。卡夫在巴西、俄罗斯、中国推销甚广，吉百利在印度广受欢迎。双方成为一家，旗下产品无疑会在这些市场上顺利扩张。再从削减成本方面来看，根据卡夫的计划，合并后的新公司将在营运费用上节省3亿美元，行政管理上减少2.5亿美元，市场和广告方面降低1.25亿美元。

各有顾虑

不过，这毕竟是一桩惊动美国、英国的超大并购案。卡夫方面尽显赢家的喜悦，罗斯菲尔德女士志得意满地说，这笔交易对股东和职员来说，都是"好消息"。而吉百利方面则表现出万般的无奈，该公司董事长罗杰·卡尔说，作出达成协议的决定是"一个充满酸甜苦辣的时刻"。

对股东来说，这是一笔体现了良好价值的交易。但合并后的新公司肯定要削减成本，裁员"不可避免"。也许由于吉百利在英国实在是家喻户晓的大品牌，4 500名英国职员的饭碗连首相布朗和商务大臣曼德尔森都惊动了。布朗表示，"我们决心尽力确保吉百利在英国投资水平不变"，"尽力确保吉百利职员的岗位安全"。曼德尔森也说，罗斯菲尔德给他写信保证将尊重吉百利的遗产和职员，他将邀请罗进一步讨论卡夫未来计划的细节，讨论结果将向吉百利职员公布。

困扰吉百利职员的不只是常见的"并购后遗症"——裁员，还有对这家200年老字号的不舍和英国传统的珍爱。1月19日公布协议当天，在该厂工作了31年的一位妇人感叹："这不只是担忧工作，还关乎英国的本分。这是一个伟大的英国公司的结束。"吉百利创始人家族的曾孙女费利西蒂在接受路透社记者采访时说得更狠：这桩交易绝对是一个悲剧，如果听说吉百利被一家"汉堡奶酪"公司收购，"我的爷爷、爷爷的父亲、爷爷的爷爷都会气得在坟墓里打滚"。

问题：

请分析美国卡夫公司并购英国吉百利公司所采取的筹资方式，并分析并购动因及产生效应。

附 表

附表1 复利终值系数表

期数	1%	2%	3%	4%	5%	6%	7%	8%
1	1.010 0	1.020 0	1.030 0	1.040 0	1.050 0	1.060 0	1.070 0	1.080 0
2	1.020 1	1.040 4	1.060 9	1.081 6	1.102 5	1.123 6	1.144 9	1.166 4
3	1.030 3	1.061 2	1.092 7	1.124 9	1.157 6	1.191 0	1.225 0	1.259 7
4	1.040 6	1.082 4	1.125 5	1.169 9	1.215 5	1.262 5	1.310 8	1.360 5
5	1.051 0	1.104 1	1.159 3	1.216 7	1.276 3	1.338 2	1.402 6	1.469 3
6	1.061 5	1.126 2	1.194 1	1.265 3	1.340 1	1.418 5	1.500 7	1.586 9
7	1.072 1	1.148 7	1.229 9	1.315 9	1.407 1	1.503 6	1.605 8	1.713 8
8	1.082 9	1.171 7	1.266 8	1.368 6	1.477 5	1.593 8	1.718 2	1.850 9
9	1.093 7	1.195 1	1.304 8	1.423 3	1.551 3	1.689 5	1.838 5	1.999 0
10	1.104 6	1.219 0	1.343 9	1.480 2	1.628 9	1.790 8	1.967 2	2.158 9
11	1.115 7	1.243 4	1.384 2	1.539 5	1.710 3	1.898 3	2.104 9	2.331 6
12	1.126 8	1.268 2	1.425 8	1.601 0	1.795 9	2.012 2	2.252 2	2.518 2
13	1.138 1	1.293 6	1.468 5	1.665 1	1.885 6	2.132 9	2.409 8	2.719 6
14	1.149 5	1.319 5	1.512 6	1.731 7	1.979 9	2.260 9	2.578 5	2.937 2
15	1.161 0	1.345 9	1.558 0	1.800 9	2.078 9	2.396 6	2.759 0	3.172 2
16	1.172 6	1.372 8	1.604 7	1.873 0	2.182 9	2.540 4	2.952 2	3.425 9
17	1.184 3	1.400 2	1.652 8	1.947 9	2.292 0	2.692 8	3.158 8	3.700 0
18	1.196 1	1.428 2	1.702 4	2.025 8	2.406 6	2.854 3	3.379 9	3.996 0
19	1.208 1	1.456 8	1.753 5	2.106 8	2.527 0	3.025 6	3.616 5	4.315 7
20	1.220 2	1.485 9	1.806 1	2.191 1	2.653 3	3.207 1	3.869 7	4.661 0
21	1.232 4	1.515 7	1.860 3	2.278 8	2.786 0	3.399 6	4.140 6	5.033 8
22	1.244 7	1.546 0	1.916 1	2.369 9	2.925 3	3.603 5	4.430 4	5.436 5
23	1.257 2	1.576 9	1.973 6	2.464 7	3.071 5	3.819 7	4.740 5	5.871 5
24	1.269 7	1.608 4	2.032 8	2.563 3	3.225 1	4.048 9	5.072 4	6.341 2
25	1.282 4	1.640 6	2.093 8	2.665 8	3.386 4	4.291 9	5.427 4	6.848 5
26	1.295 3	1.673 4	2.156 6	2.772 5	3.555 7	4.549 4	5.807 4	7.396 4
27	1.308 2	1.706 9	2.221 3	2.883 4	3.733 5	4.822 3	6.213 9	7.988 1
28	1.321 3	1.741 0	2.287 9	2.998 7	3.920 1	5.111 7	6.648 8	8.627 1
29	1.334 5	1.775 8	2.356 6	3.118 7	4.116 1	5.418 4	7.114 3	9.317 3
30	1.347 8	1.811 4	2.427 3	3.243 4	4.321 9	5.743 5	7.612 3	10.062 7

续附表1

期数	9%	10%	11%	12%	13%	14%	15%	16%
1	1.090 0	1.100 0	1.110 0	1.120 0	1.130 0	1.140 0	1.150 0	1.160 0
2	1.188 1	1.210 0	1.232 1	1.254 4	1.276 9	1.299 6	1.322 5	1.345 6
3	1.295 0	1.331 0	1.367 6	1.404 9	1.442 9	1.481 5	1.520 9	1.560 9
4	1.411 6	1.464 1	1.518 1	1.573 5	1.630 5	1.689 0	1.749 0	1.810 6
5	1.538 6	1.610 5	1.685 1	1.762 3	1.842 4	1.925 4	2.011 4	2.100 3
6	1.677 1	1.771 6	1.870 4	1.973 8	2.082 0	2.195 0	2.313 1	2.436 4
7	1.828 0	1.948 7	2.076 2	2.210 7	2.352 6	2.502 3	2.660 0	2.826 2
8	1.992 6	2.143 6	2.304 5	2.476 0	2.658 4	2.852 6	3.059 0	3.278 4
9	2.171 9	2.357 9	2.558 0	2.773 1	3.004 0	3.251 9	3.517 9	3.803 0
10	2.367 4	2.593 7	2.839 4	3.105 8	3.394 6	3.707 2	4.045 6	4.411 4
11	2.580 4	2.853 1	3.151 8	3.478 6	3.835 9	4.226 2	4.652 4	5.117 3
12	2.812 7	3.138 4	3.498 5	3.896 0	4.334 5	4.817 9	5.350 3	5.936 0
13	3.065 8	3.452 3	3.883 3	4.363 5	4.898 0	5.492 4	6.152 8	6.885 8
14	3.341 7	3.797 5	4.310 4	4.887 1	5.534 8	6.261 3	7.075 7	7.987 5
15	3.642 5	4.177 2	4.784 6	5.473 6	6.254 3	7.137 9	8.137 1	9.265 5
16	3.970 3	4.595 0	5.310 9	6.130 4	7.067 3	8.137 2	9.357 6	10.748 0
17	4.327 6	5.054 5	5.895 1	6.866 0	7.986 1	9.276 5	10.761 3	12.467 7
18	4.717 1	5.559 9	6.543 6	7.690 0	9.024 3	10.575 2	12.375 5	14.462 5
19	5.141 7	6.115 9	7.263 3	8.612 8	10.197 4	12.055 7	14.231 8	16.776 5
20	5.604 4	6.727 5	8.062 3	9.646 3	11.523 1	13.743 5	16.366 5	19.460 8
21	6.108 8	7.400 2	8.949 2	10.803 8	13.021 1	15.667 6	18.821 5	22.574 5
22	6.658 6	8.140 3	9.933 6	12.100 3	14.713 8	17.861 0	21.644 7	26.186 4
23	7.257 9	8.954 3	11.026 3	13.552 3	16.626 6	20.361 6	24.891 5	30.376 2
24	7.911 1	9.849 7	12.239 2	15.178 6	18.788 1	23.212 2	28.625 2	35.236 4
25	8.623 1	10.834 7	13.585 5	17.000 1	21.230 5	26.461 9	32.919 0	40.874 2
26	9.399 2	11.918 2	15.079 9	19.040 1	23.990 5	30.166 6	37.856 8	47.414 1
27	10.245 1	13.110 0	16.738 7	21.324 9	27.109 3	34.389 9	43.535 3	55.000 4
28	11.167 1	14.421 0	18.579 9	23.883 9	30.633 5	39.204 5	50.065 6	63.800 4
29	12.172 2	15.863 1	20.623 7	26.749 9	34.615 8	44.693 1	57.575 5	74.008 5
30	13.267 7	17.449 4	22.892 3	29.959 9	39.115 9	50.950 2	66.211 8	85.849 9

续附表 1

期数	17%	18%	19%	20%	21%	22%	23%	24%
1	1.170 0	1.180 0	1.190 0	1.200 0	1.210 0	1.220 0	1.230 0	1.240 0
2	1.368 9	1.392 4	1.416 1	1.440 0	1.464 1	1.488 4	1.512 9	1.537 6
3	1.601 6	1.643 0	1.685 2	1.728 0	1.771 6	1.815 8	1.860 9	1.906 6
4	1.873 9	1.938 8	2.005 3	2.073 6	2.143 6	2.215 3	2.288 9	2.364 2
5	2.192 4	2.287 8	2.386 4	2.488 3	2.593 7	2.702 7	2.815 3	2.931 6
6	2.565 2	2.699 6	2.839 8	2.986 0	3.138 4	3.297 3	3.462 8	3.635 2
7	3.001 2	3.185 5	3.379 3	3.583 2	3.797 5	4.022 7	4.259 3	4.507 7
8	3.511 5	3.758 9	4.021 4	4.299 8	4.595 0	4.907 7	5.238 9	5.589 5
9	4.108 4	4.435 5	4.785 4	5.159 8	5.559 9	5.987 4	6.443 9	6.931 0
10	4.806 8	5.233 8	5.694 7	6.191 7	6.727 5	7.304 6	7.925 9	8.594 4
11	5.624 0	6.175 9	6.776 7	7.430 1	8.140 3	8.911 7	9.748 9	10.657 1
12	6.580 1	7.287 6	8.064 2	8.916 1	9.849 7	10.872 2	11.991 2	13.214 8
13	7.698 7	8.599 4	9.596 4	10.699 3	11.918 2	13.264 1	14.749 1	16.386 3
14	9.007 5	10.147 2	11.419 8	12.839 2	14.421 0	16.182 2	18.141 4	20.319 1
15	10.538 7	11.973 7	13.589 5	15.407 0	17.449 4	19.742 3	22.314 0	25.195 6
16	12.330 3	14.129 0	16.171 5	18.488 4	21.113 8	24.085 6	27.446 2	31.242 6
17	14.426 5	16.672 2	19.244 1	22.186 1	25.547 7	29.384 4	33.758 8	38.740 8
18	16.879 0	19.673 3	22.900 5	26.623 3	30.912 7	35.849 0	41.523 3	48.038 6
19	19.748 4	23.214 4	27.251 6	31.948 0	37.404 3	43.735 8	51.073 7	59.567 9
20	23.105 6	27.393 0	32.429 4	38.337 6	45.259 3	53.357 6	62.820 6	73.864 1
21	27.033 6	32.323 8	38.591 0	46.005 1	54.763 7	65.096 3	77.269 4	91.591 5
22	31.629 3	38.142 1	45.923 3	55.206 1	66.264 1	79.417 5	95.041 3	113.573 5
23	37.006 2	45.007 6	54.648 7	66.247 4	80.179 5	96.889 4	116.900 8	140.831 2
24	43.297 3	53.109 0	65.032 0	79.496 8	97.017 2	118.205 0	143.788 0	174.630 6
25	50.657 8	62.668 6	77.388 1	95.396 2	117.390 9	144.210 1	176.859 3	216.542 0
26	59.269 7	73.949 0	92.091 8	114.475 5	142.042 9	175.936 4	217.536 9	268.512 1
27	69.345 5	87.259 8	109.589 3	137.370 6	171.871 9	214.642 4	267.570 4	332.955 0
28	81.134 2	102.966 6	130.411 2	164.844 7	207.965 1	261.863 7	329.111 5	412.864 2
29	94.927 1	121.500 5	155.189 3	197.813 6	251.637 7	319.473 7	404.807 2	511.951 6
30	111.064 7	143.370 6	184.675 3	237.376 3	304.481 6	389.757 9	497.912 9	634.819 9

续附表1

期数	25%	26%	27%	28%	29%	30%
1	1.250 0	1.260 0	1.270 0	1.280 0	1.290 0	1.300 0
2	1.562 5	1.587 6	1.612 9	1.638 4	1.664 1	1.690 0
3	1.953 1	2.000 4	2.048 4	2.097 2	2.146 7	2.197 0
4	2.441 4	2.520 5	2.601 4	2.684 4	2.769 2	2.856 1
5	3.051 8	3.175 8	3.303 8	3.436 0	3.572 3	3.712 9
6	3.814 7	4.001 5	4.195 9	4.398 0	4.608 3	4.826 8
7	4.768 4	5.041 9	5.328 8	5.629 5	5.944 7	6.274 9
8	5.960 5	6.352 8	6.767 5	7.205 8	7.668 6	8.157 3
9	7.450 6	8.004 5	8.594 8	9.223 4	9.892 5	10.604 5
10	9.313 2	10.085 7	10.915 3	11.805 9	12.761 4	13.785 8
11	11.641 5	12.708 0	13.862 5	15.111 6	16.462 2	17.921 6
12	14.551 9	16.012 0	17.605 3	19.342 8	21.236 2	23.298 1
13	18.189 9	20.175 2	22.358 8	24.758 8	27.394 7	30.287 5
14	22.737 4	25.420 7	28.395 7	31.691 3	35.339 1	39.373 8
15	28.421 7	32.030 1	36.062 5	40.564 8	45.587 5	51.185 9
16	35.527 1	40.357 9	45.799 4	51.923 0	58.807 9	66.541 7
17	44.408 9	50.851 0	58.165 2	66.461 4	75.862 1	86.504 2
18	55.511 2	64.072 2	73.869 8	85.070 6	97.862 2	112.455 4
19	69.388 9	80.731 0	93.814 7	108.890 4	126.242 2	146.192 0
20	86.736 2	101.721 1	119.144 6	139.379 7	162.852 4	190.049 6
21	108.420 2	128.168 5	151.313 7	178.406 0	210.079 6	247.064 5
22	135.525 3	161.492 4	192.168 3	228.359 6	271.002 7	321.183 9
23	169.406 6	203.480 4	244.053 8	292.300 3	349.593 5	417.539 1
24	211.758 2	256.385 3	309.948 3	374.144 4	450.975 6	542.800 8
25	264.697 8	323.045 4	393.634 4	478.904 9	581.758 5	705.641 0
26	330.872 2	407.037 3	499.915 7	612.998 2	750.468 5	917.333 3
27	413.590 3	512.867 0	634.892 9	784.637 7	968.104 4	1 192.533 3
28	516.987 9	646.212 4	806.314 0	1 004.336 3	1248.854 6	1 550.293 3
29	646.234 9	814.227 6	1 024.018 7	1 285.550 4	1 611.022 5	2 015.381 3
30	807.793 6	1 025.926 7	1 300.503 8	1 645.504 6	2 078.219 0	2 619.995 6

附表 2　复利现值系数表

期数	1%	2%	3%	4%	5%	6%	7%	8%
1	0.990 1	0.980 4	0.970 9	0.961 5	0.952 4	0.943 4	0.934 6	0.925 9
2	0.980 3	0.961 2	0.942 6	0.924 6	0.907 0	0.890 0	0.873 4	0.857 3
3	0.970 6	0.942 3	0.915 1	0.889 0	0.863 8	0.839 6	0.816 3	0.793 8
4	0.961 0	0.923 8	0.888 5	0.854 8	0.822 7	0.792 1	0.762 9	0.735 0
5	0.951 5	0.905 7	0.862 6	0.821 9	0.783 5	0.747 3	0.713 0	0.680 6
6	0.942 0	0.888 0	0.837 5	0.790 3	0.746 2	0.705 0	0.666 3	0.630 2
7	0.932 7	0.870 6	0.813 1	0.759 9	0.710 7	0.665 1	0.622 7	0.583 5
8	0.923 5	0.853 5	0.789 4	0.730 7	0.676 8	0.627 4	0.582 0	0.540 3
9	0.914 3	0.836 8	0.766 4	0.702 6	0.644 6	0.591 9	0.543 9	0.500 2
10	0.905 3	0.820 3	0.744 1	0.675 6	0.613 9	0.558 4	0.508 3	0.463 2
11	0.896 3	0.804 3	0.722 4	0.649 6	0.584 7	0.526 8	0.475 1	0.428 9
12	0.887 4	0.788 5	0.701 4	0.624 6	0.556 8	0.497 0	0.444 0	0.397 1
13	0.878 7	0.773 0	0.681 0	0.600 6	0.530 3	0.468 8	0.415 0	0.367 7
14	0.870 0	0.757 9	0.661 1	0.577 5	0.505 1	0.442 3	0.387 8	0.340 5
15	0.861 3	0.743 0	0.641 9	0.555 3	0.481 0	0.417 3	0.362 4	0.315 2
16	0.852 8	0.728 4	0.623 2	0.533 9	0.458 1	0.393 6	0.338 7	0.291 9
17	0.844 4	0.714 2	0.605 0	0.513 4	0.436 3	0.371 4	0.316 6	0.270 3
18	0.836 0	0.700 2	0.587 4	0.493 6	0.415 5	0.350 3	0.295 9	0.250 2
19	0.827 7	0.686 4	0.570 3	0.474 6	0.395 7	0.330 5	0.276 5	0.231 7
20	0.819 5	0.673 0	0.553 7	0.456 4	0.376 9	0.311 8	0.258 4	0.214 5
21	0.811 4	0.659 8	0.537 5	0.438 8	0.358 9	0.294 2	0.241 5	0.198 7
22	0.803 4	0.646 8	0.521 9	0.422 0	0.341 8	0.277 5	0.225 7	0.183 9
23	0.795 4	0.634 2	0.506 7	0.405 7	0.325 6	0.261 8	0.210 9	0.170 3
24	0.787 6	0.621 7	0.491 9	0.390 1	0.310 1	0.247 0	0.197 1	0.157 7
25	0.779 8	0.609 5	0.477 6	0.375 1	0.295 3	0.233 0	0.184 2	0.146 0
26	0.772 0	0.597 6	0.463 7	0.360 7	0.281 2	0.219 8	0.172 2	0.135 2
27	0.764 4	0.585 9	0.450 2	0.346 8	0.267 8	0.207 4	0.160 9	0.125 2
28	0.756 8	0.574 4	0.437 1	0.333 5	0.255 1	0.195 6	0.150 4	0.115 9
29	0.749 3	0.563 1	0.424 3	0.320 7	0.242 9	0.184 6	0.140 6	0.107 3
30	0.741 9	0.552 1	0.412 0	0.308 3	0.231 4	0.174 1	0.131 4	0.099 4

续附表 2

期数	9%	10%	11%	12%	13%	14%	15%	16%
1	0.917 4	0.909 1	0.900 9	0.892 9	0.885 0	0.877 2	0.869 6	0.862 1
2	0.841 7	0.826 4	0.811 6	0.797 2	0.783 1	0.769 5	0.756 1	0.743 2
3	0.772 2	0.751 3	0.731 2	0.711 8	0.693 1	0.675 0	0.657 0	0.640 7
4	0.708 4	0.683 0	0.658 7	0.635 5	0.613 3	0.592 1	0.571 8	0.552 3
5	0.649 9	0.620 9	0.593 5	0.567 4	0.542 8	0.519 4	0.497 2	0.476 1
6	0.596 3	0.564 5	0.534 6	0.506 6	0.480 3	0.455 6	0.432 3	0.410 4
7	0.547 0	0.513 2	0.481 7	0.452 3	0.425 1	0.399 6	0.375 9	0.353 8
8	0.501 9	0.466 5	0.433 9	0.403 9	0.376 2	0.350 6	0.326 9	0.305 0
9	0.460 4	0.424 1	0.390 9	0.360 6	0.332 9	0.307 5	0.284 3	0.263 0
10	0.422 4	0.385 5	0.352 2	0.322 0	0.294 6	0.269 7	0.247 2	0.226 7
11	0.387 5	0.350 5	0.317 3	0.287 5	0.260 7	0.236 6	0.214 9	0.195 4
12	0.355 5	0.318 6	0.285 8	0.256 7	0.230 7	0.207 6	0.186 9	0.168 5
13	0.326 2	0.289 7	0.257 5	0.229 2	0.204 2	0.182 1	0.162 5	0.145 2
14	0.299 2	0.263 3	0.232 0	0.204 6	0.180 7	0.159 7	0.141 3	0.125 2
15	0.274 5	0.239 4	0.209 0	0.182 7	0.159 9	0.140 1	0.122 9	0.107 9
16	0.251 9	0.217 6	0.188 3	0.163 1	0.141 5	0.122 9	0.106 9	0.093 0
17	0.231 1	0.197 8	0.169 6	0.145 6	0.125 2	0.107 8	0.092 9	0.080 2
18	0.212	0.179 9	0.152 8	0.130 0	0.110 8	0.094 6	0.080 8	0.069 1
19	0.194 5	0.163 5	0.137 7	0.116 1	0.098 1	0.082 9	0.070 3	0.059 6
20	0.178 4	0.148 6	0.124 0	0.103 7	0.086 8	0.072 8	0.061 1	0.051 4
21	0.163 7	0.135 1	0.111 7	0.092 6	0.076 8	0.063 8	0.053 1	0.044 3
22	0.150 2	0.122 8	0.100 7	0.082 6	0.068	0.056	0.046 2	0.038 2
23	0.137 8	0.111 7	0.090 7	0.073 8	0.060 1	0.049 1	0.040 2	0.032 9
24	0.126 4	0.101 5	0.081 7	0.065 9	0.053 2	0.043 1	0.034 9	0.028 4
25	0.116 0	0.092 3	0.073 6	0.058 8	0.047 1	0.037 8	0.030 4	0.024 5
26	0.106 4	0.083 9	0.066 3	0.052 5	0.041 7	0.033 1	0.026 4	0.021 1
27	0.097 6	0.076 3	0.059 7	0.046 9	0.036 9	0.029 1	0.023 0	0.018 2
28	0.089 5	0.069 3	0.053 8	0.041 9	0.032 6	0.025 5	0.020 0	0.015 7
29	0.082 2	0.063	0.048 5	0.037 4	0.028 9	0.022 4	0.017 4	0.013 5
30	0.075 4	0.057 3	0.043 7	0.033 4	0.025 6	0.019 6	0.015 1	0.011 6

续附表 2

期数	17%	18%	19%	20%	21%	22%	23%	24%
1	0.854 7	0.847 5	0.840 3	0.833 3	0.826 4	0.819 7	0.813 0	0.806 5
2	0.730 5	0.718 2	0.706 2	0.694 4	0.683 0	0.671 9	0.661 0	0.650 4
3	0.624 4	0.608 6	0.593 4	0.578 7	0.564 5	0.550 7	0.537 4	0.524 5
4	0.533 7	0.515 8	0.498 7	0.482 3	0.466 5	0.451 4	0.436 9	0.423 0
5	0.456 1	0.437 1	0.419 0	0.401 9	0.385 5	0.370 0	0.355 2	0.341 1
6	0.389 8	0.370 4	0.352 1	0.334 9	0.318 6	0.303 3	0.288 8	0.275 1
7	0.333 2	0.313 9	0.295 9	0.279 1	0.263 3	0.248 6	0.234 8	0.221 8
8	0.284 8	0.266 0	0.248 7	0.232 6	0.217 6	0.203 8	0.190 9	0.178 9
9	0.243 4	0.225 5	0.209 0	0.193 8	0.179 9	0.167 0	0.155 2	0.144 3
10	0.208 0	0.191 1	0.175 6	0.161 5	0.148 6	0.136 9	0.126 2	0.116 4
11	0.177 8	0.161 9	0.147 6	0.134 6	0.122 8	0.112 2	0.102 6	0.093 8
12	0.152 0	0.137 2	0.124 0	0.112 2	0.101 5	0.092 0	0.083 4	0.075 7
13	0.129 9	0.116 3	0.104 2	0.093 5	0.083 9	0.075 4	0.067 8	0.061 0
14	0.111 0	0.098 5	0.087 6	0.077 9	0.069 3	0.061 8	0.055 1	0.049 2
15	0.094 9	0.083 5	0.073 6	0.064 9	0.057 3	0.050 7	0.044 8	0.039 7
16	0.081 1	0.070 8	0.061 8	0.054 1	0.047 4	0.041 5	0.036 4	0.032 0
17	0.069 3	0.060 0	0.052 0	0.045 1	0.039 1	0.034 0	0.029 6	0.025 8
18	0.059 2	0.050 8	0.043 7	0.037 6	0.032 3	0.027 9	0.024 1	0.020 8
19	0.050 6	0.043 1	0.036 7	0.031 3	0.026 7	0.022 9	0.019 6	0.016 8
20	0.043 3	0.036 5	0.030 8	0.026 1	0.022 1	0.018 7	0.015 9	0.013 5
21	0.037 0	0.030 9	0.025 9	0.021 7	0.018 3	0.015 4	0.012 9	0.010 9
22	0.031 6	0.026 2	0.021 8	0.018 1	0.015 1	0.012 6	0.010 5	0.008 8
23	0.027 0	0.022 2	0.018 3	0.015 1	0.012 5	0.010 3	0.008 6	0.007 1
24	0.023 1	0.018 8	0.015 4	0.012 6	0.010 3	0.008 5	0.007 0	0.005 7
25	0.019 7	0.016 0	0.012 9	0.010 5	0.008 5	0.006 9	0.005 7	0.004 6
26	0.016 9	0.013 5	0.010 9	0.008 7	0.007 0	0.005 7	0.004 6	0.003 7
27	0.014 4	0.011 5	0.009 1	0.007 3	0.005 8	0.004 7	0.003 7	0.003 0
28	0.012 3	0.009 7	0.007 7	0.006 1	0.004 8	0.003 8	0.003 0	0.002 4
29	0.010 5	0.008 2	0.006 4	0.005 1	0.004 0	0.003 1	0.002 5	0.002 0
30	0.009 0	0.007 0	0.005 4	0.004 2	0.003 3	0.002 6	0.002 0	0.001 6

续附表2

期数	25%	26%	27%	28%	29%	30%
1	0.800 0	0.793 7	0.787 4	0.781 3	0.775 2	0.769 2
2	0.640 0	0.629 9	0.620 0	0.610 4	0.600 9	0.591 7
3	0.512 0	0.499 9	0.488 2	0.476 8	0.465 8	0.455 2
4	0.409 6	0.396 8	0.384 4	0.372 5	0.361 1	0.350 1
5	0.327 7	0.314 9	0.302 7	0.291 0	0.279 9	0.269 3
6	0.262 1	0.249 9	0.238 3	0.227 4	0.217 0	0.207 2
7	0.209 7	0.198 3	0.187 7	0.177 6	0.168 2	0.159 4
8	0.167 8	0.157 4	0.147 8	0.138 8	0.130 4	0.122 6
9	0.134 2	0.124 9	0.116 4	0.108 4	0.101 1	0.094 3
10	0.107 4	0.099 2	0.091 6	0.084 7	0.078 4	0.072 5
11	0.085 9	0.078 7	0.072 1	0.066 2	0.060 7	0.055 8
12	0.068 7	0.062 5	0.056 8	0.051 7	0.047 1	0.042 9
13	0.055 0	0.049 6	0.044 7	0.040 4	0.036 5	0.033 0
14	0.044 0	0.039 3	0.035 2	0.031 6	0.028 3	0.025 4
15	0.035 2	0.031 2	0.027 7	0.024 7	0.021 9	0.019 5
16	0.028 1	0.024 8	0.021 8	0.019 3	0.017 0	0.015 0
17	0.022 5	0.019 7	0.017 2	0.015 0	0.013 2	0.011 6
18	0.018 0	0.015 6	0.013 5	0.011 8	0.010 2	0.008 9
19	0.014 4	0.012 4	0.010 7	0.009 2	0.007 9	0.006 8
20	0.011 5	0.009 8	0.008 4	0.007 2	0.006 1	0.005 3
21	0.009 2	0.007 8	0.006 6	0.005 6	0.004 8	0.004 0
22	0.007 4	0.006 2	0.005 2	0.004 4	0.003 7	0.003 1
23	0.005 9	0.004 9	0.004 1	0.003 4	0.002 9	0.002 4
24	0.004 7	0.003 9	0.003 2	0.002 7	0.002 2	0.001 8
25	0.003 8	0.003 1	0.002 5	0.002 1	0.001 7	0.001 4
26	0.003 0	0.002 5	0.002 0	0.001 6	0.001 3	0.001 1
27	0.002 4	0.001 9	0.001 6	0.001 3	0.001 0	0.000 8
28	0.001 9	0.001 5	0.001 2	0.001 0	0.000 8	0.000 6
29	0.001 5	0.001 2	0.001 0	0.000 8	0.000 6	0.000 5
30	0.001 2	0.001 0	0.000 8	0.000 6	0.000 5	0.000 4

附表3　年金终值系数表

期数	1%	2%	3%	4%	5%	6%	7%	8%
1	1.000 0	1.000 0	1.000 0	1.000 0	1.000 0	1.000 0	1.000 0	1.000 0
2	2.010 0	2.020 0	2.030 0	2.040 0	2.050 0	2.060 0	2.070 0	2.080 0
3	3.030 1	3.060 4	3.090 9	3.121 6	3.152 5	3.183 6	3.214 9	3.246 4
4	4.060 4	4.121 6	4.183 6	4.246 5	4.310 1	4.374 6	4.439 9	4.506 1
5	5.101 0	5.204 0	5.309 1	5.416 3	5.525 6	5.637 1	5.750 7	5.866 6
6	6.152 0	6.308 1	6.468 4	6.633 0	6.801 9	6.975 3	7.153 3	7.335 9
7	7.213 5	7.434 3	7.662 5	7.898 3	8.142 0	8.393 8	8.654 0	8.922 8
8	8.285 7	8.583 0	8.892 3	9.214 2	9.549 1	9.897 5	10.259 8	10.636 6
9	9.368 5	9.754 6	10.159 1	10.582 8	11.026 6	11.491 3	11.978 0	12.487 6
10	10.462 2	10.949 7	11.463 9	12.006 1	12.577 9	13.180 8	13.816 4	14.486 6
11	11.566 8	12.168 7	12.807 8	13.486 4	14.206 8	14.971 6	15.783 6	16.645 5
12	12.682 5	13.412 1	14.192 0	15.025 8	15.917 1	16.869 9	17.888 5	18.977 1
13	13.809 3	14.680 3	15.617 8	16.626 8	17.713 0	18.882 1	20.140 6	21.495 3
14	14.947 4	15.973 9	17.086 3	18.291 9	19.598 6	21.015 1	22.550 5	24.214 9
15	16.096 9	17.293 4	18.598 9	20.023 6	21.578 6	23.276 0	25.129 0	27.152 1
16	17.257 9	18.639 3	20.156 9	21.824 5	23.657 5	25.672 5	27.888 1	30.324 3
17	18.430 4	20.012 1	21.761 6	23.697 5	25.840 4	28.212 9	30.840 2	33.750 2
18	19.614 7	21.412 3	23.414 4	25.645 4	28.132 4	30.905 7	33.999 0	37.450 2
19	20.810 9	22.840 6	25.116 9	27.671 2	30.539 0	33.760 0	37.379 0	41.446 3
20	22.019 0	24.297 4	26.870 4	29.778 1	33.066 0	36.785 6	40.995 5	45.762 0
21	23.239 2	25.783 3	28.676 5	31.969 2	35.719 3	39.992 7	44.865 2	50.422 9
22	24.471 6	27.299 0	30.536 8	34.248 0	38.505 2	43.392 3	49.005 7	55.456 8
23	25.716 3	28.845 0	32.452 9	36.617 9	41.430 5	46.995 8	53.436 1	60.893 3
24	26.973 5	30.421 9	34.426 5	39.082 6	44.502 0	50.815 6	58.176 7	66.764 8
25	28.243 2	32.030 3	36.459 3	41.645 9	47.727 1	54.864 5	63.249 0	73.105 9
26	29.525 6	33.670 9	38.553 0	44.311 7	51.113 5	59.156 4	68.676 5	79.954 4
27	30.820 9	35.344 3	40.709 6	47.084 2	54.669 1	63.705 8	74.483 8	87.350 8
28	32.129 1	37.051 2	42.930 9	49.967 6	58.402 6	68.528 1	80.697 7	95.338 8
29	33.450 4	38.792 2	45.218 9	52.966 3	62.322 7	73.639 8	87.346 5	103.965 9
30	34.784 9	40.568 1	47.575 4	56.084 9	66.438 8	79.058 2	94.460 8	113.283 2

续附表 3

期数	9%	10%	11%	12%	13%	14%	15%	16%
1	1.000 0	1.000 0	1.000 0	1.000 0	1.000 0	1.000 0	1.000 0	1.000 0
2	2.090 0	2.100 0	2.110 0	2.120 0	2.130 0	2.140 0	2.150 0	2.160 0
3	3.278 1	3.310 0	3.342 1	3.374 4	3.406 9	3.439 6	3.472 5	3.505 6
4	4.573 1	4.641 0	4.709 7	4.779 3	4.849 8	4.921 1	4.993 4	5.066 5
5	5.984 7	6.105 1	6.227 8	6.352 8	6.480 3	6.610 1	6.742 4	6.877 1
6	7.523 3	7.715 6	7.912 9	8.115 2	8.322 7	8.535 5	8.753 7	8.977 5
7	9.200 4	9.487 2	9.783 3	10.089 0	10.404 7	10.730 5	11.066 8	11.413 9
8	11.028 5	11.435 9	11.859 4	12.299 7	12.757 3	13.232 8	13.726 8	14.240 1
9	13.021 0	13.579 5	14.164 0	14.775 7	15.415 7	16.085 3	16.785 8	17.518 5
10	15.192 9	15.937 4	16.722 0	17.548 7	18.419 7	19.337 3	20.303 7	21.321 5
11	17.560 3	18.531 2	19.561 4	20.654 6	21.814 3	23.044 5	24.349 3	25.732 9
12	20.140 7	21.384 3	22.713 2	24.133 1	25.650 2	27.270 7	29.001 7	30.850 2
13	22.953 4	24.522 7	26.211 6	28.029 1	29.984 7	32.088 7	34.351 9	36.786 2
14	26.019 2	27.975 0	30.094 9	32.392 6	34.882 7	37.581 1	40.504 7	43.672 0
15	29.360 9	31.772 5	34.405 4	37.279 7	40.417 5	43.842 4	47.580 4	51.659 5
16	33.003 4	35.949 7	39.189 9	42.753 3	46.671 7	50.980 4	55.717 5	60.925 0
17	36.973 7	40.544 7	44.500 8	48.883 7	53.739 1	59.117 6	65.075 1	71.673 0
18	41.301 3	45.599 2	50.395 9	55.749 7	61.725 1	68.394 1	75.836 4	84.140 7
19	46.018 5	51.159 1	56.939 5	63.439 7	70.749 4	78.969 2	88.211 8	98.603 2
20	51.160 1	57.275 0	64.202 8	72.052 4	80.946 8	91.024 9	102.443 6	115.379 7
21	56.764 5	64.002 5	72.265 1	81.698 7	92.469 9	104.768 4	118.810 1	134.840 5
22	62.873 3	71.402 7	81.214 3	92.502 6	105.491 0	120.436 0	137.631 6	157.415 0
23	69.531 9	79.543 0	91.147 9	104.602 9	120.204 8	138.297 0	159.276 4	183.601 4
24	76.789 8	88.497 3	102.174 2	118.155 2	136.831 5	158.658 6	184.167 8	213.977 6
25	84.700 9	98.347 1	114.413 3	133.333 9	155.619 6	181.870 8	212.793 0	249.214 0
26	93.324 0	109.181 8	127.998 8	150.333 9	176.850 1	208.332 7	245.712 0	290.088 3
27	102.723 1	121.099 9	143.078 6	169.374 0	200.840 6	238.499 3	283.568 8	337.502 4
28	112.968 2	134.209 9	159.817 3	190.698 9	227.949 9	272.889 2	327.104 1	392.502 8
29	124.135 4	148.630 9	178.397 2	214.582 8	258.583 4	312.093 7	377.169 7	456.303 2
30	136.307 5	164.494 0	199.020 9	241.332 7	293.199 2	356.786 8	434.745 1	530.311 7

续附表 3

期数	17%	18%	19%	20%	21%	22%	23%	24%
1	1.000 0	1.000 0	1.000 0	1.000 0	1.000 0	1.000 0	1.000 0	1.000 0
2	2.170 0	2.180 0	2.190 0	2.200 0	2.210 0	2.220 0	2.230 0	2.240 0
3	3.538 9	3.572 4	3.606 1	3.640 0	3.674 1	3.708 4	3.742 9	3.777 6
4	5.140 5	5.215 4	5.291 3	5.368 0	5.445 7	5.524 2	5.603 8	5.684 2
5	7.014 4	7.154 2	7.296 6	7.441 6	7.589 2	7.739 6	7.892 6	8.048 4
6	9.206 8	9.442 0	9.683 0	9.929 9	10.183 0	10.442 3	10.707 9	10.980 1
7	11.772 0	12.141 5	12.522 7	12.915 9	13.321 4	13.739 6	14.170 8	14.615 3
8	14.773 3	15.327 0	15.902 0	16.499 1	17.118 9	17.762 3	18.430 0	19.122 9
9	18.284 7	19.085 9	19.923 4	20.798 9	21.713 9	22.670 0	23.669 0	24.712 5
10	22.393 1	23.521 3	24.708 9	25.958 7	27.273 8	28.657 4	30.112 8	31.643 4
11	27.199 9	28.755 1	30.403 5	32.150 4	34.001 3	35.962 0	38.038 8	40.237 9
12	32.823 9	34.931 1	37.180 2	39.580 5	42.141 6	44.873 7	47.787 7	50.895 0
13	39.404 0	42.218 7	45.244 5	48.496 6	51.991 3	55.745 9	59.778 8	64.109 7
14	47.102 7	50.818 0	54.840 9	59.195 9	63.909 5	69.010 0	74.528 0	80.496 1
15	56.110 1	60.965 3	66.260 7	72.035 1	78.330 5	85.192 2	92.669 4	100.815 1
16	66.648 8	72.939 0	79.850 2	87.442 1	95.779 9	104.934 5	114.983 4	126.010 8
17	78.979 2	87.068 0	96.021 8	105.930 6	116.893 7	129.020 1	142.429 5	157.253 4
18	93.405 6	103.740 3	115.265 9	128.116 7	142.441 3	158.404 5	176.188 3	195.994 2
19	110.284 6	123.413 5	138.166 4	154.740 0	173.354 0	194.253 5	217.711 6	244.032 8
20	130.032 9	146.628 0	165.418 0	186.688 0	210.758 4	237.989 3	268.785 3	303.600 6
21	153.138 5	174.021 0	197.847 4	225.025 6	256.017 6	291.346 9	331.605 9	377.464 8
22	180.172 1	206.344 8	236.438 5	271.030 7	310.781 3	356.443 2	408.875 3	469.056 3
23	211.801 3	244.486 8	282.361 8	326.236 9	377.045 4	435.860 7	503.916 6	582.629 8
24	248.807 6	289.494 5	337.010 5	392.484 2	457.224 9	532.750 1	620.817 4	723.461 0
25	292.104 9	342.603 5	402.042 5	471.981 1	554.242 2	650.955 1	764.605 4	898.091 6
26	342.762 7	405.272 1	479.430 6	567.377 3	671.633 0	795.165 3	941.464 7	1 114.633 6
27	402.032 3	479.221 1	571.522 4	681.852 8	813.675 9	971.101 6	1 159.001 6	1 383.145 7
28	471.377 8	566.480 9	681.111 6	819.223 3	985.547 9	1 185.744 0	1 426.571 9	1 716.100 7
29	552.512 1	669.447 5	811.522 8	984.068 0	1 193.512 9	1 447.607 7	1 755.683 5	2 128.964 8
30	647.439 1	790.948 0	966.712 2	1 181.881 6	1 445.150 7	1 767.081 3	2 160.490 7	2 640.916 4

续附表3

期数	25%	26%	27%	28%	29%	30%
1	1.000 0	1.000 0	1.000 0	1.000 0	1.000 0	1.000 0
2	2.250 0	2.260 0	2.270 0	2.280 0	2.290 0	2.300 0
3	3.812 5	3.847 6	3.882 9	3.918 4	3.954 1	3.990 0
4	5.765 6	5.848	5.931 3	6.015 6	6.100 8	6.187 0
5	8.207 0	8.368 4	8.532 7	8.699 9	8.870 0	9.043 1
6	11.258 8	11.544 2	11.836 6	12.135 9	12.442 3	12.756 0
7	15.073 5	15.545 8	16.032 4	16.533 9	17.050 6	17.582 8
8	19.841 9	20.587 6	21.361 2	22.163 4	22.995 3	23.857 7
9	25.802 3	26.940 4	28.128 7	29.369 2	30.663 9	32.015 0
10	33.252 9	34.944 9	36.723 5	38.592 6	40.556 4	42.619 5
11	42.566 1	45.030 6	47.638 8	50.398 5	53.317 8	56.405 3
12	54.207 7	57.738 6	61.501 3	65.510 0	69.780 0	74.327 0
13	68.759 6	73.750 6	79.106 6	84.852 9	91.016 1	97.625 0
14	86.949 5	93.925 8	101.465 4	109.611 7	118.410 8	127.912 5
15	109.686 8	119.346 5	129.861 1	141.302 9	153.750 0	167.286 3
16	138.108 5	151.376 6	165.923 6	181.867 7	199.337 4	218.472 2
17	173.635 7	191.734 5	211.723 0	233.790 7	258.145 3	285.013 9
18	218.044 6	242.585 5	269.888 2	300.252 1	334.007 4	371.518 0
19	273.555 8	306.657 7	343.758 0	385.322 7	431.869 6	483.973 4
20	342.944 7	387.388 7	437.572 6	494.213 1	558.111 8	630.165 5
21	429.680 9	489.109 8	556.717 3	633.592 7	720.964 2	820.215 1
22	538.101 1	617.278 3	708.030 9	811.998 7	931.043 8	1 067.279 6
23	673.626 4	778.770 7	900.199 3	1 040.358 3	1 202.046 5	1 388.463 5
24	843.032 9	982.251 1	1 144.253 1	1 332.658 6	1 551.640 0	1 806.002 6
25	1 054.791 2	1 238.636 3	1 454.201 4	1 706.803 1	2 002.615 6	2 348.803 3
26	1 319.489 0	1 561.681 8	1 847.835 8	2 185.707 9	2 584.374 1	3 054.444 3
27	1 650.361 2	1 968.719 1	2 347.751 5	2 798.706 1	3 334.842 9	3 971.777 6
28	2 063.951 5	2 481.586 0	2 982.644 4	3 583.343 8	4 302.947 0	5 164.310 9
29	2 580.939 4	3 127.798 4	3 788.958 3	4 587.680 1	5 551.801 6	6 714.604 2
30	3 227.174 3	3 942.026 0	4 812.977 1	5 873.230 6	7 162.824 1	8 729.985 5

附表4　年金现值系数表

期数	1%	2%	3%	4%	5%	6%	7%	8%
1	0.990 1	0.980 4	0.970 9	0.961 5	0.952 4	0.943 4	0.934 6	0.925 9
2	1.970 4	1.941 6	1.913 5	1.886 1	1.859 4	1.833 4	1.808 0	1.783 3
3	2.941 0	2.883 9	2.828 6	2.775 1	2.723 2	2.673 0	2.624 3	2.577 1
4	3.902 0	3.807 7	3.717 1	3.629 9	3.546 0	3.465 1	3.387 2	3.312 1
5	4.853 4	4.713 5	4.579 7	4.451 8	4.329 5	4.212 4	4.100 2	3.992 7
6	5.795 5	5.601 4	5.417 2	5.242 1	5.075 7	4.917 3	4.766 5	4.622 9
7	6.728 2	6.472 0	6.230 3	6.002 1	5.786 4	5.582 4	5.389 3	5.206 4
8	7.651 7	7.325 5	7.019 7	6.732 7	6.463 2	6.209 8	5.971 3	5.746 6
9	8.566 0	8.162 2	7.786 1	7.435 3	7.107 8	6.801 7	6.515 2	6.246 9
10	9.471 3	8.982 6	8.530 2	8.110 9	7.721 7	7.360 1	7.023 6	6.710 1
11	10.367 6	9.786 8	9.252 6	8.760 5	8.306 4	7.886 9	7.498 7	7.139 0
12	11.255 1	10.575 3	9.954 0	9.385 1	8.863 3	8.383 8	7.942 7	7.536 1
13	12.133 7	11.348 4	10.635 0	9.985 6	9.393 6	8.852 7	8.357 7	7.903 8
14	13.003 7	12.106 2	11.296 1	10.563 1	9.898 6	9.295 0	8.745 5	8.244 2
15	13.865 1	12.849 3	11.937 9	11.118 4	10.379 7	9.712 2	9.107 9	8.559 5
16	14.717 9	13.577 7	12.561 1	11.652 3	10.837 8	10.105 9	9.446 6	8.851 4
17	15.562 3	14.291 9	13.166 1	12.165 7	11.274 1	10.477 3	9.763 2	9.121 6
18	16.398 3	14.992 0	13.753 5	12.659 3	11.689 6	10.827 6	10.059 1	9.371 9
19	17.226 0	15.678 5	14.323 8	13.133 9	12.085 3	11.158 1	10.335 6	9.603 6
20	18.045 6	16.351 4	14.877 5	13.590 3	12.462 2	11.469 9	10.594 0	9.818 1
21	18.857 0	17.011 2	15.415 0	14.029 2	12.821 2	11.764 1	10.835 5	10.016 8
22	19.660 4	17.658 0	15.936 9	14.451 1	13.163 0	12.041 6	11.061 2	10.200 7
23	20.455 8	18.292 2	16.443 6	14.856 8	13.488 6	12.303 4	11.272 2	10.371 1
24	21.243 4	18.913 9	16.935 5	15.247 0	13.798 6	12.550 4	11.469 3	10.528 8
25	22.023 2	19.523 5	17.413 1	15.622 1	14.093 9	12.783 4	11.653 6	10.674 8
26	22.795 2	20.121 0	17.876 8	15.982 8	14.375 2	13.003 2	11.825 8	10.810 0
27	23.559 6	20.706 9	18.327 0	16.329 6	14.643 0	13.210 5	11.986 7	10.935 2
28	24.316 4	21.281 3	18.764 1	16.663 1	14.898 1	13.406 2	12.137 1	11.051 1
29	25.065 8	21.844 4	19.188 5	16.983 7	15.141 1	13.590 7	12.277 7	11.158 4
30	25.807 7	22.396 5	19.600 4	17.292 0	15.372 5	13.764 8	12.409 0	11.257 8

续附表 4

期数	9%	10%	11%	12%	13%	14%	15%	16%
1	0.917 4	0.909 1	0.900 9	0.892 9	0.885 0	0.877 2	0.869 6	0.862 1
2	1.759 1	1.735 5	1.712 5	1.690 1	1.668 1	1.646 7	1.625 7	1.605 2
3	2.531 3	2.486 9	2.443 7	2.401 8	2.361 2	2.321 6	2.283 2	2.245 9
4	3.239 7	3.169 9	3.102 4	3.037 3	2.974 5	2.913 7	2.855 0	2.798 2
5	3.889 7	3.790 8	3.695 9	3.604 8	3.517 2	3.433 1	3.352 2	3.274 3
6	4.485 9	4.355 3	4.230 5	4.111 4	3.997 5	3.888 7	3.784 5	3.684 7
7	5.033 0	4.868 4	4.712 2	4.563 8	4.422 6	4.288 3	4.160 4	4.038 6
8	5.534 8	5.334 9	5.146 1	4.967 6	4.798 8	4.638 9	4.487 3	4.343 6
9	5.995 2	5.759 0	5.537 0	5.328 2	5.131 7	4.946 4	4.771 6	4.606 5
10	6.417 7	6.144 6	5.889 2	5.650 2	5.426 2	5.216 1	5.018 8	4.833 2
11	6.805 2	6.495 1	6.206 5	5.937 7	5.686 9	5.452 7	5.233 7	5.028 6
12	7.160 7	6.813 7	6.492 4	6.194 4	5.917 6	5.660 3	5.420 6	5.197 1
13	7.486 9	7.103 4	6.749 9	6.423 5	6.121 8	5.842 4	5.583 1	5.342 3
14	7.786 2	7.366 7	6.981 9	6.628 2	6.302 5	6.002 1	5.724 5	5.467 5
15	8.060 7	7.606 1	7.190 9	6.810 9	6.462 4	6.142 2	5.847 4	5.575 5
16	8.312 6	7.823 7	7.379 2	6.974 0	6.603 9	6.265 1	5.954 2	5.668 5
17	8.543 6	8.021 6	7.548 8	7.119 6	6.729 1	6.372 9	6.047 2	5.748 7
18	8.755 6	8.201 4	7.701 6	7.249 7	6.839 9	6.467 4	6.128 0	5.817 8
19	8.950 1	8.364 9	7.839 3	7.365 8	6.938 0	6.550 4	6.198 2	5.877 5
20	9.128 5	8.513 6	7.963 3	7.469 4	7.024 8	6.623 1	6.259 3	5.928 8
21	9.292 2	8.648 7	8.075 1	7.562 0	7.101 6	6.687 0	6.312 5	5.973 1
22	9.442 4	8.771 5	8.175 7	7.644 6	7.169 5	6.742 9	6.358 7	6.011 3
23	9.580 2	8.883 2	8.266 4	7.718 4	7.229 7	6.792 1	6.398 8	6.044 2
24	9.706 6	8.984 7	8.348 1	7.784 3	7.282 9	6.835 1	6.433 8	6.072 6
25	9.822 6	9.077 0	8.421 7	7.843 1	7.330 0	6.872 9	6.464 1	6.097 1
26	9.929 0	9.160 9	8.488 1	7.895 7	7.371 7	6.906 1	6.490 6	6.118 2
27	10.026 6	9.237 2	8.547 8	7.942 6	7.408 6	6.935 2	6.513 5	6.136 4
28	10.116 1	9.306 6	8.601 6	7.984 4	7.441 2	6.960 7	6.533 5	6.152 0
29	10.198 3	9.369 6	8.650 1	8.021 8	7.470 1	6.983 0	6.550 9	6.165 6
30	10.273 7	9.426 9	8.693 8	8.055 2	7.495 7	7.002 7	6.566 0	6.177 2

续附表4

期数	17%	18%	19%	20%	21%	22%	23%	24%
1	0.854 7	0.847 5	0.840 3	0.833 3	0.826 4	0.819 7	0.813 0	0.806 5
2	1.585 2	1.565 6	1.546 5	1.527 8	1.509 5	1.491 5	1.474 0	1.456 8
3	2.209 6	2.174 3	2.139 9	2.106 5	2.073 9	2.042 2	2.011 4	1.981 3
4	2.743 2	2.690 1	2.638 6	2.588 7	2.540 4	2.493 6	2.448 3	2.404 3
5	3.199 3	3.127 2	3.057 6	2.990 6	2.926 0	2.863 6	2.803 5	2.745 4
6	3.589 2	3.497 6	3.409 8	3.325 5	3.244 6	3.166 9	3.092 3	3.020 5
7	3.922 4	3.811 5	3.705 7	3.604 6	3.507 9	3.415 5	3.327 0	3.242 3
8	4.207 2	4.077 6	3.954 4	3.837 2	3.725 6	3.619 3	3.517 9	3.421 2
9	4.450 6	4.303 0	4.163 3	4.031 0	3.905 4	3.786 3	3.673 1	3.565 5
10	4.658 6	4.494 1	4.338 9	4.192 5	4.054 1	3.923 2	3.799 3	3.681 9
11	4.836 4	4.656 0	4.486 5	4.327 1	4.176 9	4.035 4	3.901 8	3.775 7
12	4.988 4	4.793 2	4.610 5	4.439 2	4.278 4	4.127 4	3.985 2	3.851 4
13	5.118 3	4.909 5	4.714 7	4.532 7	4.362 4	4.202 8	4.053 0	3.912 4
14	5.229 3	5.008 1	4.802 3	4.610 6	4.431 7	4.264 6	4.108 2	3.961 6
15	5.324 2	5.091 6	4.875 9	4.675 5	4.489 0	4.315 2	4.153 0	4.001 3
16	5.405 3	5.162 4	4.937 7	4.729 6	4.536 4	4.356 7	4.189 4	4.033 3
17	5.474 6	5.222 3	4.989 7	4.774 6	4.575 5	4.390 8	4.219 0	4.059 1
18	5.533 9	5.273 2	5.033 3	4.812 2	4.607 9	4.418 7	4.243 1	4.079 9
19	5.584 5	5.316 2	5.070 0	4.843 5	4.634 6	4.441 5	4.262 7	4.096 7
20	5.627 8	5.352 7	5.100 9	4.869 6	4.656 7	4.460 3	4.278 6	4.110 3
21	5.664 8	5.383 7	5.126 8	4.891 3	4.675 0	4.475 6	4.291 6	4.121 2
22	5.696 4	5.409 9	5.148 6	4.909 4	4.690 0	4.488 2	4.302 1	4.130 0
23	5.723 4	5.432 1	5.166 8	4.924 5	4.702 5	4.498 5	4.310 6	4.137 1
24	5.746 5	5.450 9	5.182 2	4.937 1	4.712 8	4.507 0	4.317 6	4.142 8
25	5.766 2	5.466 9	5.195 1	4.947 6	4.721 3	4.513 9	4.323 2	4.147 4
26	5.783 1	5.480 4	5.206 0	4.956 3	4.728 4	4.519 6	4.327 8	4.151 1
27	5.797 5	5.491 9	5.215 1	4.963 6	4.734 2	4.524 3	4.331 6	4.154 2
28	5.809 9	5.501 6	5.222 8	4.969 7	4.739 0	4.528 1	4.334 6	4.156 6
29	5.820 4	5.509 8	5.229 2	4.974 7	4.743 0	4.531 2	4.337 1	4.158 5
30	5.829 4	5.516 8	5.234 7	4.978 9	4.746 3	4.533 8	4.339 1	4.160 1

续附表4

期数	25%	26%	27%	28%	29%	30%
1	0.800 0	0.793 7	0.787 4	0.781 3	0.775 2	0.769 2
2	1.440 0	1.423 5	1.407 4	1.391 6	1.376 1	1.360 9
3	1.952 0	1.923 4	1.895 6	1.868 4	1.842 0	1.816 1
4	2.361 6	2.320 2	2.280 0	2.241 0	2.203 1	2.166 2
5	2.689 3	2.635 1	2.582 7	2.532 0	2.483 0	2.435 6
6	2.951 4	2.885 0	2.821 0	2.759 4	2.700 0	2.642 7
7	3.161 1	3.083 3	3.008 7	2.937	2.868 2	2.802 1
8	3.328 9	3.240 7	3.156 4	3.075 8	2.998 6	2.924 7
9	3.463 1	3.365 7	3.272 8	3.184 2	3.099 7	3.019 0
10	3.570 5	3.464 8	3.364 4	3.268 9	3.178 1	3.091 5
11	3.656 4	3.543 5	3.436 5	3.335 1	3.238 8	3.147 3
12	3.725 1	3.605 9	3.493 3	3.386 8	3.285 9	3.190 3
13	3.780 1	3.655 5	3.538 1	3.427 2	3.322 4	3.223 3
14	3.824 1	3.694 9	3.573 3	3.458 7	3.350 7	3.248 7
15	3.859 3	3.726 1	3.601 0	3.483 4	3.372 6	3.268 2
16	3.887 4	3.750 9	3.622 8	3.502 6	3.389 6	3.283 2
17	3.909 9	3.770 5	3.640 0	3.517 7	3.402 8	3.294 8
18	3.927 9	3.786 1	3.653 6	3.529 4	3.413 0	3.303 7
19	3.942 4	3.798 5	3.664 2	3.538 6	3.421 0	3.310 5
20	3.953 9	3.808 3	3.672 6	3.545 8	3.427 1	3.315 8
21	3.963 1	3.816 1	3.679 2	3.551 4	3.431 9	3.319 8
22	3.970 5	3.822 3	3.684 4	3.555 8	3.435 6	3.323 0
23	3.976 4	3.827 3	3.688 5	3.559 2	3.438 5	3.325 4
24	3.981 1	3.831 2	3.691 8	3.561 9	3.440 6	3.327 2
25	3.984 9	3.834 2	3.694 3	3.564 0	3.442 3	3.328 6
26	3.987 9	3.836 7	3.696 3	3.565 6	3.443 7	3.329 7
27	3.990 3	3.838 7	3.697 9	3.566 9	3.444 7	3.330 5
28	3.992 3	3.840 2	3.699 1	3.567 9	3.445 5	3.331 2
29	3.993 8	3.841 4	3.700 1	3.568 7	3.446 1	3.331 7
30	3.995 0	3.842 4	3.700 9	3.569 3	3.446 6	3.332 1

参考文献

[1] 王玉春.财务管理[M].南京大学出版社,2016.
[2] 荆新.财务管理学[M].中国人民大学出版社,2017.
[3] 竺素娥.财务管理[M].东北财经大学出版社,2017.
[4] 中国注册会计师协会.财务成本管理[M].中国财政经济出版社,2017.
[5] 漆凡.财务管理[M].立信会计出版社,2017.
[6] 黎毅.财务管理[M].东北财经大学出版社,2015.
[7] 郭复初.财务管理学[M].高等教育出版社,2014.
[8] 王满.财务管理基础[M].东北财经大学出版社,2017.
[9] 刘淑莲.财务管理学[M].中国人民大学出版社,2016.
[10] 缪启军.财务管理[M].立信会计出版社。2014.
[11] 郭涛.财务管理[M].机械工业出版社,2016.
[12] 宋献中.中级财务管理[M].东北财经大学出版社,2016.
[13] 秦海敏.财务管理[M].立信会计出版社,2010.
[14] 格雷戈里·P.普拉斯塔克斯.管理决策理论与实践[M].清华大学出版社,2011.
[15] 尤金·F·布里格姆.中级财务管理[M].中国人民大学出版社,2013.
[16] 佟爱琴.中级财务管理[M].清华大学出版社,2016.
[17] 杨淑君.财务管理学[M].高等教育出版社,2015.